Miriam Gudrun Sieber

Männerleben

Die Erfahrung, die mich trägt

Eine biografische Arbeit

TELESCOPE VERLAG

Impressum

1. Auflage: März 2018

www.telescope-verlag.de

Fotos: Julius Claußnitzer
Foto von „Peter“: Peter Haschenz
CD: Alex Nickmann / www.hoerfelder.de

ISBN: 978-3-95915-039-2
Preis: 20,00 Euro

Inhalt

Vorwort

Im Jahre 2009 erschien meine erste biografische Arbeit „Sonnenblumenland“ - Von der Kraft gelebten Lebens. Es waren Lebenswege von Frauen aus dem Ostteil Deutschlands.
Zu dieser Zeit waren 20 Jahre nach der friedlichen Revolution vergangen und eine Welle der Ostalgie war ausgebrochen. Meine Absicht damals war, durch die Biografien der Frauen aus den Jahrgängen 1923 bis 1992, an das Land DDR zu erinnern, was für viele Menschen ein Zuhause gewesen ist und plötzlich nicht mehr existierte. Es ging mir um die erneute Bewältigung und Verarbeitung einer Zeit, die schon 20 Jahre zurück lag und durch die Schnelllebigkeit der Veränderungen kaum Beachtung gefunden hatte.
Bei meinen Lesungen überall im Lande war genau das der Erfolg. Die Zuhörer blieben noch lange nach der Lesung beieinander, um von sich selbst zu erzählen. In den alten Bundesländern waren die Menschen besonders offen und interessiert. Auch sie erzählten von sich und ihrer Zeit auf der anderen Seite der Grenze.
Mir wurde klar, dass Zuhören und sich Geschichten erzählen, Begegnung und Berührung schafft, Verständnis bringt und Mitgefühl. Es ist die eigentliche Friedensarbeit, die im Kleinen beginnt und zur Aussöhnung führt. Wir alle tragen in uns die gleichen blauen Flecken und Verletzungen, bloß durch andere Geschichten. Und alle Menschen sehnen sich danach, zu lieben und geliebt zu werden.

In mir kam der Wunsch auf, die biografische Arbeit fortzusetzen, und auch die Männer zu Wort kommen zu lassen.
Zunächst hatte ich leichte Bedenken ob es mit mir, einer Frau, möglich ist, dass die Männer von sich erzählen.
Bereits 2010 machte ich das erste Interview mit Ernst, Jahrgang 1924, der jetzt schon nicht mehr unter uns weilt. Ernst nahm mir alle Bedenken.

Er war einfach nur glücklich, dass ich mit so viel Interesse seinem Leben lauschen wollte.
Und so war es dann mit jedem Manne.
„Männerleben". Das Leben von „der anderen Seite des Mondes". Der andere Pol zu den Frauen. Der männliche Blick, Erfahrungen, Gefühle, Auseinandersetzungen, Herausforderungen, Widerstände, Kämpfe... kurz das Dasein aus der äußeren und inneren Welt des Mannes.
Ich bin unendlich dankbar für die Gespräche und ehrlichen Begegnungen, für die vielen Stunden, in denen ich Zuhörerin sein durfte. Ich bin berührt und bewegt worden. Voller Respekt verneige ich mich innerlich vor einem jeden Leben, wie auch immer es gewesen ist.
Wieder einmal machte ich die Erfahrung, dass Erzählen und Zuhören der Weg zum gegenseitigen Verstehen ist und zum echten Mitgefühl.
Für mich als Frau hatte ich eine tiefe Erkenntnis. So unterschiedlich Männer und Frauen auch sein mögen, ganz tief im Inneren durchleben wir die gleichen Gefühle. Angst ist Angst und Traurigkeit ist Traurigkeit, Freude ist Freude und Lust bleibt Lust... in Männern und Frauen. Unsere Herzensgefühle verbinden uns. Wir brauchen nur den Mut, tiefer zu lauschen, hinter die aufgebauten Schutzmauern zu schauen und die eigenen Mauern selber abzutragen. Wir brauchen den Mut, Macht- und Rollenspiele sein zu lassen, um mit ehrlichem Herzen aufeinander zuzugehen.
Wenn es eine neue ehrliche Chance an Lebendigkeit und Bindung in den Beziehungen zwischen Mann und Frau, aber auch zu den Kindern, sowie zwischen allen Menschen geben soll, dann ist das ein fruchtbarer Weg.
Ich danke allen Männern, die den Mut hatten, sich mir zu öffnen und der Welt von sich zu erzählen, indem sie ihre Lebensgeschichte der Öffentlichkeit schenken.
Es sind keine Romane. Es sind gelebte Schicksale und durchlebte Geschichten. Die Männer, sind keine Berühmtheiten. So wie die Frauen, sind es die Männer von nebenan.

Vieles wird sich den Lesern widerspiegeln im eigenen Erleben des Zeitgeschehens. Manches kann Mut machen für das eigene Leben.
Wieder sind es Männer aus dem Ostteil Deutschlands. Die Erinnerungen setzen die Schilderungen des Lebens in der DDR fort. Bis sie völlig verebben mit der jungen Generation.
Es sind 14 Biografien aus den Jahren 1923 bis 2000, also vier Generationen. Aus jedem Jahrzehnt erzählt mindestens ein Mann. Die politischen und sozialen Umstände können unterschiedlicher nicht sein. Dennoch gibt es eine geheimnisvolle Verbindung zwischen den Generationen, innere Zusammenhänge, die entschlüsselt werden wollen, damit Verständnis entstehen kann. Hat das Erleben des Urenkels noch mit dem Schicksal des Urgroßvaters zu tun?
Ich lasse die Männer von sich sprechen ohne Bewertung. Ein jedes Leben steht für sich und ist einmalig. Dennoch ist es nicht herausgelöst aus dem kollektiven Geschehen einer Zeit.

Auch diese biografische Arbeit bekommt ein sinnliches und für sich sprechendes Element durch die Hände der Männer. Sie zeigen Wesentliches und Körperliches, sprechen in Metaphern und stehen symbolisch für Handlungen, Gefühle und Erfahrungen. Auch besonders für Seelisches.
Ich danke Julius Claußnitzer für die fotografische Arbeit und seine wertvolle Unterstützung an diesem Buch.
Besonders freue ich mich über die musikalische Bereicherung durch meinen Sohn Alex Nickmann, der auf der CD „Lost Stories“, 15 Jahre seines Lebens widerspiegelt durch verschiedene innere Wahrnehmungen und Aggregatzustände.

Zum Schluss möchte ich meine Demut ausdrücken, die mich während dieser Arbeit ergriffen hat.
Es ist eine große Achtung und Liebe für das Leben selbst und unser menschliches Dasein. Alles scheint mir ein Geheimnis, das ich staunend betrachten darf und selbst Teil dessen bin.

Ich wünsche allen, die dieses Buch öffnen, bewegende und berührende Begegnungen mit den Männern von nebenan.

Friedebach am 28. Januar 2018

Ernst

Ernst lebte in der Zeit während des Interviews bei seiner Enkeltochter und deren Familie in der Nähe von Chemnitz, die sich rührend um den Großvater kümmerten. Er saß in seinem Lehnstuhl, still und zurückgezogen. Manchmal war er launisch und ungerecht, vor allem wenn es ihm nicht gut ging. Dann konnte es ihm keiner Recht machen. Er litt oft an Heimweh nach seiner Oberlausitz und trauerte um den Verlust seiner Frau, seiner Tochter und der Schwester. Das, was ihn dann tröstete, war sein Akkordeon.
Vor einiger Zeit ist er seinen Lieben gefolgt im Alter von 89 Jahren.

„Ich rege mich bis heute auf, dass es immer noch Kriege gibt."

Ich heiße Ernst, wie Gott. Der hat auch Ernst geheißen, das steht in der Bibel:
„Wenn du zu mir kommst, sollst du mich mit Ernst anrufen".
Geboren bin ich im Juli 1924 in einem kleinen Dorf an der Neiße, an der polnischen Grenze. In der Oberlausitz sozusagen. Ich bin der Mittlere von drei Kindern, mein Bruder ist zwei Jahre älter, meine Schwester sechs Jahre jünger.
Die Mutter war nichts von Beruf. Die hat gedient auf dem Rittergut bis sie geheiratet hat. Dann war sie nur für die Familie da, solange wir alle zusammen waren.
Dann war die Machtübernahme von Hitler 1933, genau an dem Tag ist mein Vater tödlich verunglückt. Mein Vater war Schmied in einer großen Glasfabrik. Sein Vater war in der Fabrik Hüttenmeister und mein Vater sollte die Tätigkeit übernehmen, weil der Großvater in Rente gehen wollte. Da passierte das. Es war Gasvergiftung. Er sollte eine Leitung reparieren. Der Vater war 35 Jahre alt, ich war damals neun Jahre alt. Das war sehr schlimm für unsere Familie und besonders für die Mutter.
Der Vater hat drei Tage zu Hause gelegen, in der Stube. Wie das so früher war und wir haben Abschied genommen. Das ganze Dorf kam. Ein großes Begräbnis war es, ein großes Begräbnis.
Ich habe sehr an meinem Vater gehangen. Er war Schmied und erbarmungslos hart. Ich habe einmal vom Vater eine einzige Ohrfeige gekriegt, da habe ich drei Tage die Finger auf der Gusche sehen können. Aber wir waren selber Schuld. Wir hatten auf der Straße Fußball gespielt und die Männer haben Skat gespielt. Da ist der Ball auf den Tisch gesprungen. Na ja, es tat weh aber es ist auch vergangen, man wusste ja warum.
Die Mutter begann sofort nach dem Tod des Vaters. in der Glasfabrik zu arbeiten, um die drei Kinder zu ernähren. Es musste ja weitergehen. Von der Waisenrente konnten wir nicht leben. Die Glasmacher haben alle gut verdient, meine Mutter war Glasschneiderin.
Nee, nee arm waren wir nicht, aber es waren schwere Zeiten. Wurscht gab es immer nur am Freitag, da war Löhnung in der Fabrik. Da kaufte die

Mutter immer ein Stück Wurscht und das wurde für alle aufgeteilt. Wir waren so gierig nach der Wurscht, wir Gören.
Ach manchmal könnte ich alles in Stücke hauen vor Wut. Die kommt einfach manchmal so an, ohne Grund...
Wir mussten kämpfen mit der Mutter, wie es früher war eben. Wir mussten beim Bauern helfen und Kartoffeln lesen, da gab es gar keine Diskussion.
Gewohnt haben wir in den Häusern der Glasfabrik. Eine ganze Straße lang, alles Werkswohnungen. Alle, die in der Fabrik arbeiteten, wohnten dort. Alles schöne Wohnungen.
Trockenklo draußen und gebadet wurde in der großen Blechwanne am Freitag oder Sonnabend in der Küche. Jedes Haus hatte ein Waschhaus. Das wurde gebraucht zum Schweine schlachten. Zu den Wohnungen hatten alle einen Schuppen mit Trog. Da war ein Schwein drinnen, das wurde das Jahr über gefüttert und im Herbst geschlachtet. Das war herrlich, wenn das losging mit dem Schlachten, wenn es kühler wurde. Das war für uns Kinder ein Erlebnis. Alle Angehörigen und die Nachbarn wurden eingeladen und alle kamen zum Wurschtbrühe holen oder Würschteln. Es gab das Pökel Fass, ein großes Holzfass zum Pökeln. Und dann hatten alle im Schornstein eine Kammer, das war die Räucherkammer für die Wurscht. Die haben da ewig gehangen und das hat gehalten. Ja, das war früher so. Das war eine fantastische Zeit. Die ist mit der heutigen Zeit überhaupt nicht zu vergleichen. Es gibt ja nichts Menschliches mehr, nichts Liebevolles. Gibt` s ja nicht mehr. Keine gegenseitige Hilfe und Unterstützung, gibt` s alles nicht mehr. Heute ist alles Neid, Zank, Hass, Zwietracht. Jeder will das meiste haben.
Es war wunderschön früher, auch vor allem Weihnachten. Das fing schon mit dem Adventskranz an und mit backen. Man traf sich öfter und wir haben viel gesungen, gelacht und getratscht. Ich kenne so viele Gedichte und Lieder noch aus dem Koppe, alles von früher.
Wir haben auch viel gespielt, Domino, Halma und so was. Das waren wunderschöne Abende. Wir haben heute eine arme Zeit mit all dem

Kram, den wir jetzt haben. Früher brachten sie zum Spielen alles mit, was sie selber gemacht haben, wie Eierlikör. Hauptsache es hat ein bisschen gezwitschert. Alle haben fürs Leben gerne gesungen.
Meine Mutter war ein seelensgutes Weib. Die hatte noch sechs Geschwister. Ihre Eltern waren auch so gut, gute Großeltern, die wir hatten. Meine Mutter traf sich oft mit ihren Schwestern und da waren wir Kinder dabei. Die Frauen kauften sich Kaffee, das war ein Mischkaffee, den schütteten sie auf den Tisch und lasen die guten Kaffeebohnen aus, der Rest kam in den Müll. Daraus machten sich die Weiber Bohnenkaffee und dabei hatten die Spaß und haben gesungen und geredet. Da war immer was los.
In der Adventszeit wurden Stollen gebacken, alles zu Hause. Ich musste dann früh um fünf aufstehen, um Teig zu kneten. Dann kam der Bruder meiner Mutter mit dem Pferdefuhrwerk und brachte den Teig zum Bäcker. Es gab den Stollen dann schon in der Adventszeit, der hielt sich ewig. Waren das schöne Zeiten!
Alles ist verloren gegangen, alles. Es bleibt nur die Erinnerung.
Am Heiligen Abend mussten wir einen Tannenbaum klauen. Da sind wir Wochen vorher schon gegangen, um den Baum auszusuchen und ein Bändel anzubinden. Na klar war das verboten, aber man kannte den Förster und den Ortspolizisten.
Klar bin ich kirchlich erzogen. Ich war Konfirmand. Das war schön, wir haben Blödsinn mit den Mädels gemacht und den Pfarrer zu Tode geärgert. Da war die Maikäfer Zeit zum Beispiel. Die Bäume waren damals voller Maikäfer. Wir haben die in Zigarrnskisten gesammelt und in der Kirche freigelassen. Das dauerte nicht lange, da war der Altar ein einziger Maikäfer. Wir waren ja viele Jugendliche. Aber der Pfarrer war seelensgut. Wir haben auch Stinkbomben ausgelegt. Das hat gestunken!! Wir haben so viel Mist gemacht. Das macht die Jugend heute nicht mehr. Ach, das war herrlich!
In der Schule waren früh vier Klassen und nachmittags vier Klassen. Wir waren immer 50 Kinder in der Klasse. Mal redete der Lehrer mit der einen Hälfte und die anderen mussten sich selbst beschäftigen, mal um-

gekehrt. Wenn wir Blödsinn gemacht hatten, mussten wir uns über die Bank legen und dann bekamen wir Hiebe auf den bloßen Hintern. Jede Woche schrieben wir ein Diktat. Da hatten wir ein Extraheft und jedes Mal, wenn wir einen Fehler gemacht haben, bekamen wir eins über die Finger gezogen, für jeden Fehler, da gab's kein Erbarmen. Aber wir passten das nächste Mal mehr auf. Wäre gerne auf ein Gymnasium gegangen, aber das hätte die Mutter nicht bezahlen können.

Unser Dorf hatte ungefähr 800 Einwohner. Durch die Glasfabrik gab es alle Gewerke, Schuster, Schneider, Fleischer, Bäcker, Einkaufsgeschäfte, fünf Kneipen, eine Schmiede, eine Mühle. Der Besitzer der Glasfabrik musste die Arbeiter ja halten.

Auch in der Weltwirtschaftskrise hatten alle Arbeit und sie wurden regelmäßig bezahlt. Ich kann mich erinnern, dass der Vater zu der Zeit am Freitag einen Rucksack voll Geld mit nach Hause brachte. Dann ist er gleich aufs Fahrrad und zum Bäcker, damit er davon wenigstens noch ein Brot bekam. Dann haben wir Zuckerrüben geklaut und meine Mutter hat im Waschkessel Zuckerrübensirup gekocht. So sind wir groß geworden. Kartoffelplinsen war auch ein feines Essen. Viel später erst bin ich zum Bauern gefahren und habe richtige gute Butter geholt. Das war Butter! Wie Schlagsahne so fein, frisch aus dem Butterfass!! Butter und Brot durften wir essen genug, nur Belag hatten wir nicht. Wir hatten immer zu essen und haben nie gejammert, nicht so wie die Leute heute. Hatten oft Fett und Salz aufs frische Brot, da waren wir glücklich.

Wir hatten alle Kinderkrankheiten, aber zum Arzt ist keiner gegangen. Wir hatten gute Hausärzte, so richtige alte Hausärzte, die machten alles und konnten alles. Der eine hatte in seinem Wartezimmer einen Teller mit Pfannkuchen. Der war sofort geleert von uns Kindern. Dann rief der Arzt, dass er nicht glaubt, dass wir krank sind, sonst hätten wir nicht solch einen Appetit.

Ja, damals lebten Menschen. Heute leben doch nur noch Figuren! Personen! Ein Unterschied wie Tag und Nacht!

Mein Vater starb also bei der Machtübernahme. Er war noch in der SS.

Es gab einen Militärverein, da waren die Ausgemusterten drin, das war ein wichtiger Verein. Dann gab es noch den „Stahlhelm“, die organisierten die Jugend. Alle Gruppen bekamen Fahnen und Namen, wie Hirsch, Bär, Wolf und so weiter. Wir trafen uns in Heimen zu Abenden, die waren sehr schön. Das waren Leseabende oder Geschichtsabende. Dann wurden wir Jungvolk. Die Jungens kauften Morseapparate und haben morsen gelernt. Hitler brachte einen großen Aufschwung für alle. Was haben wir auch viel getanzt und geturnt. Wir haben Theater gespielt, gesungen und Volkstanz gemacht. Da war jeder dabei! Jeder war bei der Sache.
Die Kommunisten wurden von uns nicht belästigt, das gab's nicht. Die sind Kommunisten geblieben. Juden gab es bei uns nicht, deshalb wussten wir nichts von der Reichskristallnacht. Man hat davon gehört, mehr nicht.

Am 1. April 1939 habe ich meine Lehre begonnen bei der Bahn und bin über 50 Jahre und drei Monate geblieben. Später war ich Oberrat.
Doch meine Lehre begann als Junghelfer. Die Eisenbahn ist ein Betrieb mit 150 Berufen. Ich lernte drei Jahre, dann wurde ich eingezogen, 1942. Ich war 18 Jahre alt.
War in Frankreich an der Atlantikküste bis Bordeaux. Wurde als Offiziersbewerber dort ausgebildet und musste dann nach Russland in den Kaukasus. Habe alles mitgemacht. Sind jede zweite Nacht über 40 km marschiert zu Fuß. In der Karmückensteppe. Tags waren da 40 Grad Hitze und nachts waren 4 bis 5 Grad. Jeden Morgen mussten wir unsere Waffen wieder putzen, die waren verrostet.
Es war erbarmungslos dieser Krieg. Hatte einige Verwundungen. Als wir auf der Krim ankamen, war unsere Kompanie geschrumpft. Von 125 waren noch 22 Männer übrig. War nicht überzeugt von dem ganzen Krieg, aber was sollten wir machen.
Ich hatte einen Kopfsteckschuss und verlor mein Auge. Die Kugel von der Kalaschnikow steckt mir noch im Kopf, oberhalb der Nase. Das war die erste Verwundung, dann kamen noch zwei.

Ich kam wieder zurück zu meiner Truppe nach der ersten Verwundung und dem Lazarett. Wir hatten einen Einsatz in Rumänien. Es gab ein Artilleriefeuer und ein Granatsplitter zertrümmerte mir meine Augenprothese in Stücke und ich kam wieder ins Lazarett.
Dann kam ich wieder zur Truppe ins oberschlesische Kohlenrevier bei Krakau. Dort war der Ivan so schnell, da hat er uns eingeschlossen. Und wir waren 600 Soldaten auf einen Haufen versammelt. Wir sind mit Halloria durch die Front durchgerast. Dem Ivan ist es Angst geworden. Ich bekam wieder einen Steckschuss, durch den Oberschenkel diesmal.
Ein halber Meter Schnee, 20 Grad Kälte. Todesangst. Das Blut war in meinem Stiefel gefroren. Wir mussten die ganze Nacht laufen. Man hat keinen Schmerz, komischerweise. Dann fanden wir ein Fuhrwerk und das brachte mich ins Lazarett. Viele sind draußen verreckt, aber ich kam ins Lazarett.
Das war als Dresden bombardiert wurde. Ich lag in Bad Schandau und wir haben es die ganze Nacht gehört. Ein Ereignis war schlimmer als das andere, man konnte es kaum noch verkraften, aber irgendwie ging es. Der Mensch verkraftet viel, wenn er muss.
Angst haste nicht, damit kann man draußen nichts anfangen. Du hoffst, dass nichts passiert.
Man hofft immer, dass man überlebt. Das ist ein großes Problem, dass man an Grenzen stößt, wenn man schießen muss. Ein Mensch, der ein bisschen nachdenkt, kommt an die Grenze und fragt ständig: „Warum? Warum muss ich auf den da schießen, der hat mir doch nichts getan?" Aber der Knüppel lag beim Hunde. Tu ich es nicht, macht der es da drüben. Das ist das furchtbare, diese Gewissensbisse. Das ist was ganz Erbärmliches. Wer gibt mir das Recht, einen anderen Menschen umzuschießen? Das ist furchtbar. Der Gedanke ist schon furchtbar. Aber, es zu tun…!!!
Ich rege mich bis heute auf, dass es immer noch Krieg gibt. Ich versuche nicht an meine Erlebnisse zu denken, weil ich es nicht ändern kann.
An einen Herrgott habe ich nie geglaubt, den hat noch keiner gesehen.

Aber es gibt eine höhere Gewalt, an die der Mensch nicht ran kann. Ich glaube, dass der Lebensweg feststeht von jedem, wenn er geboren wird, darauf hat man keinen Einfluss.
In Karlsbad sind wir in amerikanische Gefangenschaft gekommen. Der Ami musste uns an den Russen ausliefern. Wir mussten von Karlsbad nach Dresden und dann nach Hoyerswerda laufen ins russische Gefangenenlager. Wir sind acht Tage gelaufen. Pfingstsonntag 1945 kamen wir an in dem Lager, 7000 Gefangene. Der Rest unserer gesamten Einheit unserer ganzen 20. Panzerdivision. Zwanzig Mann in ein Zwölferzelt. Wir mussten auf der Seite liegen und alle drehten wir uns auf Kommando.
Wir bekamen einen Trinkbecher Verpflegung mit Fischmehl oder Zuckerrübenschnitzel. Für zwanzig Mann gab es ein Brot. Das waren Schlachten, die sich da abgespielt haben! Es wurden Handwaagen erfunden, damit jede Schnitte das gleiche Gewicht hatte. Zähne haben sie sich ausgeschlagen für das Brot. Unvorstellbar für jeden, der das nicht erlebt hat. Wir waren so schwach, dass wir uns nicht auf den Beinen halten konnten. Man überlebt irgendwie, man kann es nur nehmen wie es ist.
Mein Glück war, dass mein Auge zerstört war und es gab keinen Ersatz. Ich hatte keine Prothese und konnte die Augenhöhle nicht auswaschen. Ich sah furchtbar aus. Ich musste zu den russischen Ärzten und kam zu einem alten Oberst. Der schickte mich nach Hause. Einen Tag vor meinem Geburtstag war ich Zuhause.
Wir sind 80 km auf den Eisenbahnschienen nach Hause gelaufen. In der nächsten Wirtschaft haben wir um was zu essen gebettelt, auch dafür gearbeitet. Wir haben Holz gesetzt auf dem Hof. Die Bäuerin hat was gekocht. Es war eine Katastrophe. Wir bekamen ein schlesisches Nationalgericht mit Kartoffeln und Speck ausgelassen, dazu Buttermilch. Wir waren so gierig. Wir hätten es nicht essen sollen, wir haben die ganze Nacht gestanden mit Durchfall und Erbrechen.

Im Dorf habe ich meine Frau wieder gesehen. Meine Frau ist mit mir in die Schule gegangen. Wir sind zusammen aufgewachsen, haben auf einer

Schulbank gesessen. Im Krieg während meiner ersten Verletzung und auf Genesungsurlaub habe ich gesagt, dass bald geheiratet wird, wenn der Krieg zu Ende ist. Sie hat mir ins Feldlager Briefe geschrieben.

Wir waren dann 1946 die erste Hochzeit in unserem Ort, auf dem Standesamt und in der Kirche.

Meine Frau war ein Kaufmannsluder. Die war was tüchtig und ordentlich! Ihr Vater war Chef vom Raiffeisen. Ist auch nicht wieder gekommen aus dem Krieg.

Unser Dorf war sehr zerstört, da wir ja im Grenzgebiet lagen.

Ach es gibt nichts, was man nicht erlebt hätte, im Guten wie im Schlechten.

Wir lebten erst mal im Haus der Schwiegermutter. Das war auch sehr zerstört. Der Schwiegervater kam ja nicht wieder. Neben dem Haus, ca. 3 m entfernt, war ein riesengroßer Bombentrichter. Dadurch waren an unserem Haus die Fenster kaputt und das Dach, eine Wand war eingerissen. Das habe ich so nach und nach repariert und den Bombentrichter habe ich zugeschüttet.

Der erste Winter nach dem Krieg war so hart wie der 1944/45. Wie zum Hohn auf das Elend.

Die Liebe zwischen meiner Frau und mir war hervorragend, sonst hätten wir es nicht 60 Jahre miteinander ausgehalten. Am meisten mochte ich ihre perfekte Art, mit Geld umzugehen. Sie war ein Buchhalter vom alten Stil. Keine Probleme in finanziellen Fragen, ich habe mich nie darum gekümmert. Habe alles Geld hingegeben, wir kannten keine getrennten Kassen oder, dass wir uns was vorgerechnet hätten. Was gebraucht wurde, wurde genommen. Es gab keine selbstsüchtigen Sachen zwischen uns. Wir haben uns vertraut.

Vor der Geburt unserer Tochter 1948 hat meine Frau paar Jahre in einem Forstamt gearbeitet, danach in der Glasfabrik als Buchhalterin, über 30 Jahre. Leider hat sie später unseren Sohn verloren in der Schwangerschaft. Ich war ja bei der Bahn und wurde auch Oberrat. Wir haben gutes Geld zusammen gehabt.

Die ersten Jahre bis 1960 waren die besten Jahre. Der Krieg war zu Ende und alle Menschen froh. Wir hatten Lust, was aufzubauen. Menschlich war es sehr gut, die Hilfsbereitschaft und Freundlichkeit, das Miteinander und die Verbundenheit. Niemand besaß etwas. Alle fingen von vorne an. Wir sind Ähren lesen gewesen und haben die Körner in der Kaffeemühle gemahlen, damit wir eine Suppe machen konnten. Oder das Kochen von Zuckerrübensirup. Herrlich, dazu haben wir Plinsen auf der Herdplatte gebacken, denn Tiegel gab es nicht. Jeder hat Jedem geholfen. Das gibt`s alles nicht mehr.
Die ersten Jahre in der DDR ging es aufwärts, bis ca. 1960, doch dann war alles bald beendet, weil die Staatsreserven nicht ausreichten. In den Siebzigern hielt es sich gerade noch so, dann ging's abwärts. Wir hatten nichts zum Exportieren, keine Steinkohle, kein Stahl und kein Eisen. Dadurch wären wir pleite gegangen. Wir bekamen von den Russen Stahl, sonst wäre nichts gewesen. Wir konnten der Industrie von Westdeutschland nie Paroli bieten, die hatten Rohstoffe. Deshalb musste die Grenze gezogen werden, sonst wären wir schon eher pleite gewesen. Wir hatten keine Valuta, mussten Braunkohle und Kali verschachern.

Ich bekam einen Dienstposten bei der Reichsbahn für die Grenzgebiete Deutschland-Polen-CSSR. War zuständig für die Koordination zwischen den Ländern. War schön, sehr schöne Arbeit. Ich war Spezialist auf dem Gebiet der Regelung des Grenzverkehrs, habe sogar noch polnisch und tschechisch gelernt. Die ersten Jahre waren die Leute noch sehr sauer auf die Deutschen. Das war nicht einfach. Es gab jährlich zwei Konferenzen für die Verständigung.
Ich war in der SED, 50 Jahre lang. Gut gefunden habe ich die sozialistische Lebensweise, das Zusammengehörigkeitsgefühl, ehrlich zu arbeiten, sich gegenseitig zu unterstützen. Die Partei Intrigen konnte ich für den Tod nicht leiden, auch bei den Nachbarländern war das so.
Ich war Propagandist und habe viele Reden gehalten. Später nach der Wende haben die Leute gesagt, dass ich recht gehabt hätte damals, obwohl

sie es nie geglaubt haben, das mit dem Kapitalismus. Aber es ist wahr gewesen.

Man darf kein Politaffe werden. Es kommt immer darauf an, wie man es auslegt, es gibt viel Wahres in dem allen. Man muss bei jeder Lehre Mensch bleiben, das ist das Wichtigste.

Habe viel gearbeitet, weil ich oft sonst wohin musste. Es gab nie pünktlich Feierabend. Damals arbeitete man noch sonnabends.

Meine Frau war Exportchefin im Glaswerk und hat immer nur mit ausländischen Firmen verhandelt, Belgien, Frankreich, Amerika. Fünfzig mal war sie zur Messe. Die war Spitze meine Frau. Sie war von Natur aus ein Pfennigfuchser.

Wir sind jedes Jahr in die Sowjetunion in Urlaub geflogen. Wir haben jede Sowjetrepublik besucht und erlebt. Ich möchte keine dieser Reisen missen. Eine war schöner als die andere. Plätze waren rar. Meine Frau arbeitete im Export, das war unser Glück. Die Ausländer ließen Trinkgeld da, weil meine Frau immer behilflich war, gerade wenn die Ware erst spät abends oder nachts kam. Das Westgeld war unser Spickgeld, dafür bekamen wir die Reisen im Reisebüro.

Als unsere Tochter klein war, waren unsere Reiseziele das Riesengebirge und das Isergebirge. Das kennen wir wie unsere Westentasche. Ist alles nicht weit weg von hier.

Meine Tochter war eine gute Tochter und sehr klug. Sie studierte an der Humboldt in Berlin. Ist Lehrerin geworden. Hat einen guten Mann geheiratet und zwei Töchter geboren.

Ich habe bis Juli 1989 gearbeitet, bis zum 65. Geburtstag.

Dann kam die Wende. Ich bin als erstes mit meiner Frau zu meinem Bruder nach Lübeck. Ich hatte es gut, weil ich Rentner wurde. Mich hat dann nichts mehr interessiert. Die Idee des Sozialismus war wegen wirtschaftlichen Bankrotts verheizt.

Wir sind weiterhin viel verreist, alle Länder Europas haben wir gesehen. Das schönste Land war Russland. Das ärmste Land, aber menschlich wärmste Land. Unkompliziert und sehr menschlich.

Ich habe nichts zu klagen in meinem Leben.

Der Mann meiner Tochter hat sich das Leben genommen 1998. Er ist gescheitert an seiner Arbeit. Er war von Natur aus ein Pedant, da musste alles stimmen. Er hat vieles nicht mehr verkraftet, weil so viel Pfusch geliefert wurde. Es war hart.
Wenige Tage danach ist sein Enkel geboren, mein Urenkel.
Meine Tochter hat, glaube ich, den Tod ihres Mannes nicht richtig verkraftet. Sie ist 10 Jahre nach ihm an Krebs gestorben, meine Frau wenige Monate nach ihr. Der Tod unserer Tochter hat meine Frau gegriffen. Sie ist nachgegangen. An beiden Betten habe ich gesessen bis sie die Augen zumachten. Das tut weh. Nichts geht zu ersetzen. Niemals.
Vor einigen Tagen starb nun auch noch meine Schwester. Ich sitze hier alleine rum. Was soll es noch? Jeden Abend bete ich, dass der Tod mich holt.
Ich bin gut untergekommen bei meiner Enkelin. Die ganze Familie gibt sich alle Mühe und sind gut zu mir, aber es ist nicht meine Heimat. Einen alten Baum verpflanzt man nicht so leicht. Wäre gerne noch in unserem Haus geblieben, aber die Wohnung war zu groß und ich konnte es nicht mehr schaffen. Da kann man nichts ändern. Es ist schlimm alt zu sein.
Ich habe keine Angst vorm Sterben, es tut mir auch nicht leid. Ich hatte alles, was der Mensch haben kann. Meine Zeit ist rum. Das Leben der Familie ist mir oft zu laut und zu viel. Sie sind so lebendig. Ich sitze lieber hier in meinem Zimmer und bin still in meinen Erinnerungen.
Selbst das Essen ist anders hier, obwohl sich meine Enkeltochter große Mühe gibt. Das Essen von einem Landstrich ist wie die Seele der Menschen. Es sagt alles aus. Es ist wie der Dialekt, den können die anderen weder verstehen, noch so gut sprechen. So ist es auch mit den typischen Speisen und Gerichten. Den polnischen Borschtsch, kann man in Deutschland niemals so kochen wie es die Polen tun. Und Königsberger Klopse sind nun mal ein echt schlesisches Essen. Es sind die Eigenheiten, die aus der Seele und der Tradition kommen, die das Essen so typisch

machen. Das habe ich immer beobachtet. Bei uns machte man Arpernmauke, die war echt gut. Das kriegen die hier nicht hin.
Manchmal spiele ich auch Akkordeon so für mich. Das habe ich seit meinem neunten Lebensjahr gespielt. Vor dem Krieg habe ich im Kinder-und Jugendorchester gespielt. Für die Eltern auch, aber auch so. Ich hatte es sogar mit im Krieg. Später habe ich nächtelang Tanzmusik gespielt. Da ging die Post ab. Das war herrlich! Ich habe noch mein erstes Akkordeon. Schön war es.
Dann auch zu den Brigadefesten habe ich gespielt und Stimmung in die Bude gebracht...
Zuhause habe ich nur gespielt, wenn ich schlechte Laune hatte. Dann wusste meine Frau immer, was die Stunde geschlagen hatte. Musik hilft bei schlechter Laune.
Aber alle Familienfeiern habe ich mit meinem Akkordeon ausgestaltet. Da haben die Wände gewackelt, bis früh um drei, um vier. Im Volkschor war ich auch über 50 Jahre. Wir haben gesungen und dann gesoffen. Ach das war schön! Zu mancher Zeit habe ich in zwei Chören gesungen.

Alt werden ist schwer. Alle jungen Leute sollen die Zeit nutzen, ihre Jugend und Kraft. Leben soll man jeden Tag, als ob es der letzte Tag wäre. Wenn das Leben zu Ende ist, ist es zu spät. Das bereut man.
Ich möchte nie mit der heutigen Jugend tauschen. Auch wenn es ihnen noch so gut geht durch Technik und dem ganzen reichen Leben. Das ruhige, zarte, einfache Leben kennen sie gar nicht. Das habe ich erlebt. Diese Hektik heute und ständige Unruhe macht alle Menschen verrückt. Ich habe schwere Zeiten erlebt, aber die waren auch schön, weil alle Menschen sie erleben mussten. Dadurch haben wir uns geholfen und das menschliche Miteinander hat verbunden.
Das nehme ich mit ins Jenseits. Ich möchte so schnell wie möglich diese Reise antreten. Ich habe hier nichts mehr verloren.
Ich bereue nichts, nein ich bereue nichts. Würde alles wieder so tun. Habe keine Wünsche mehr. Ich will nichts mehr, mein Leben ist erfüllt.

Jakob

Jakob ist 80 Jahre alt und lebt mit seiner Frau am Rande eines Dorfes im Erzgebirge, auf einem wunderschönen Grundstück mit Tieren und einem immer blühenden Garten.
Er ist rüstig und dem Leben zugewandt. Bis vor kurzem leitete er noch Seminare für Selbsterfahrung. Sein Lebensraum ist immer auch ein Lebensraum für andere Menschen gewesen, die alle gerne zurück kehren wie in ein Zuhause.

Der Acker, den ich bestellt...

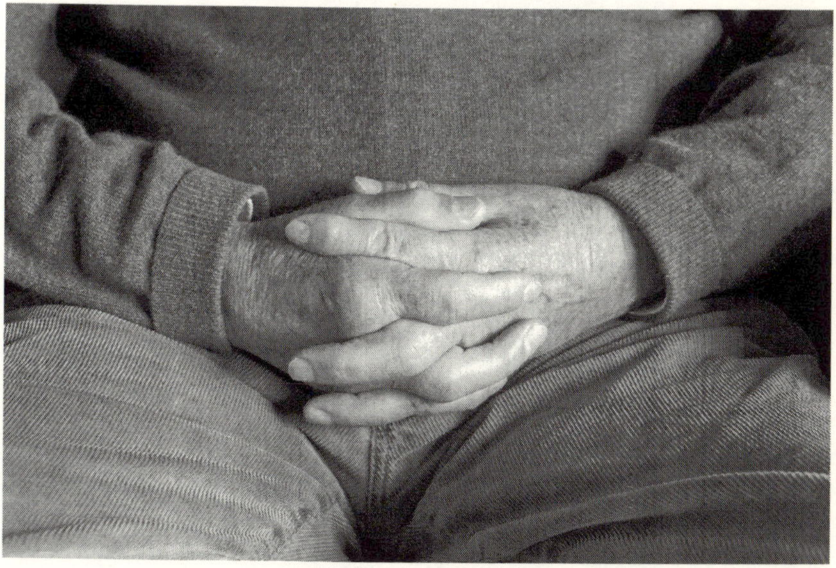

Meine tiefste und früheste Kindheitserinnerung ist die, dass ich auf den Armen meines Vaters sitze. Sein Oberkörper ist nackt, weil er als Bäcker in der warmen Backstube gearbeitet hat. Ich bin zwei Jahre alt. Meine Mutter nimmt mich von diesen Armen weg, der Ordnung halber. Es war Bettgehzeit. Bis heute habe ich das Gefühl, dass mich meine Mutter dem Paradies entrissen hat. Die Arme meines Vaters waren wohl das Paradies für mich.
Das nächste Bild ist wenig später. Es sind viele Leute im Raum, die sich schweigend fertig machen für ein Ereignis, alle in schwarzer Kleidung. Es war, glaube ich, das Begräbnis meines Vaters im Januar 1940.
Darauf folgt ein Bild, das ich durch ein Foto erinnere. Meine Mutter und ich gehen zum Friedhof, mitten im Winter. Ich sehe sehr traurig aus. Meine Mutter ist völlig schwarz gekleidet und lächelt unter dem schwarzen Gesichtsschleier – auf Wunsch des Fotografen, wie ich später erfragt habe. Sie war im sechsten Monat mit meinem Bruder schwanger als mein Vater starb, urplötzlich an einer Schilddrüsenerkrankung.
Ich sehe uns drei immer in tiefer Dunkelheit. Es war eine bedrückende Kindheit, die ich hatte. Meine Mutter immer in Trauer und schwarzen Sachen und meine Tante, ihre Schwester, auch. Sie war dann später die erste Kriegswitwe in unserem Dorf. Meine Mutter hat mich oft zum Friedhof mitgenommen ans Grab meines Vaters. Ihre Trauer war für mich sehr schwer. Einmal habe ich zu ihr gesagt: „Mama, weine nicht. Ich grabe ihn wieder aus.“

Mein Vater hatte eine Bäckerei gepachtet, obwohl es in dem Dorf, fast eine Kleinstadt im Erzgebirge auf der tschechischen Seite, noch andere Bäcker gab.
Meine Mutter ging mit 14 Jahren in eine andere Bäckerei in Stellung als Dienstmädchen. Sie war das siebente von zehn Kindern. Sie hatte schon vier Jahre lang, jeden Morgen vor der Schule für die Bäckerei Semmeln ausgetragen und die Bäckerleute wussten wie fleißig und sauber meine Mutter war. Dort musste sie sich um Haushalt und Kinder kümmern und

in der Backstube helfen. Sie hat doppelt und dreifach arbeiten müssen in so jungen Jahren.
Mein Vater hat meine Mutter, als sie siebzehn war, beim Tanzen gesucht und sie gefragt, ob sie als seine Ehefrau zu ihm käme, weil er die Arbeit in seiner Bäckerei nicht mehr schaffen konnte. Er musste backen, verkaufen und das Brot mit einem Hundefuhrwerk in Nachbardörfer fahren.
Sie war froh und nahm das Angebot an, weil sie damit den Nachstellungen ihres Chefs entgehen konnte.
Die ganze Verwandtschaft meines Vaters war froh, dass er eine Frau hatte und sie von der Hilfe erlöst waren.
Meine Mutter bekam eine Einladung von der Schwiegermutter. Sie sollte ihr Sparbuch mitbringen, das sie als Siebzehnjährige noch nicht hatte. Sie hat sich sehr geschämt dafür. Die Hochzeit wurde bestellt, sie durfte Schwiegermutter und „Sie" zu ihr sagen. Der Vater meiner Mutter musste das schriftliche Einverständnis geben, da sie noch nicht volljährig war.
Ein Jahr später bin ich geboren, 1937, im Wonnemonat Mai.
Wir hatten als Wohnung nur eine einzige Stube. Wenn meine Eltern aufstanden früh zeitig gegen zwei Uhr, wurde ich oft wach. Wenn ich heute in Stress komme, erwache ich immer noch zu dieser Zeit.
Ich habe großes Mitgefühl für meine Eltern. Meine Mutter war ein von einem Geschäftsmann missbrauchtes Mädchen , bei dem die Familie „anschreiben" lassen konnte. Meine Mutter durfte ab und zu bei ihm helfen. Er hat gesagt, sie solle die Augen schließen und die Hände vorhalten. Manchmal hat er Bonbons reingelegt und manchmal sein Geschlecht.
Meine Mutter besaß, als sie zu meinem Vater gezogen ist, eine Garnitur Wäsche zum Wechseln und von ihrem Ersparten hat sie eine Küchengarnitur gekauft - eine Tischdecke und einen Wandbehang.
Später habe ich oft gedacht, dass ich durch viele Diktaturen gegangen bin, doch am Anfang stand die Diktatur der Armut. Ich bin geboren in materielle, seelische und geistige Armut hinein.
Wenn ich zurückblicke, was da in den Familien so los war. Meine Urgroßmutter hatte sechs Kinder großgezogen und achtzehn Kinder sind

gestorben, das heißt, sie hat vierundzwanzig mal geboren. Und sie war eine kleine ausgewachsene Frau. Verheiratet mit einem harten Mann, der Advokat genannt wurde, weil er sich vor Gericht oft mit Leuten herum gezankt hat. Eine unglaubliche Zeit für die Menschen! Meine Großmutter lief immer verbissen herum. Zehn Kinder hat sie groß gezogen. Wollte ein Kind mal kuscheln, hat sie gesagt: „Dir kommt wohl die Lieb a...?" Frust, nur Frust...

Der Ur-Hunger nach Liebe, das ist die Wunde der Menschen. Alle suchen nach dem Stillen der Liebe und keiner kann das heilen.

Meine Mutter und alle jungen Frauen liefen schwarz herum, herb, verbittert, abgemagert und struppig. Das ist für uns Kinder schwer gewesen. Alles war dunkel und deprimierend. Die Frauen haben während des Krieges „ihren Mann gestanden", sie waren hart und brutal. Das wieder haben sie an den Kindern ausgelebt. Die Männer wurden wie Schlachtvieh gemordet.

Was mich zum Nachdenken bringt, ist, dass viele Diktatoren eine dramatische Kindheit hatten. Hitler, Stalin, Hussein usw.. Um den Kindern einen guten Start ins Leben zu geben, müssen die Mütter wieder mütterlich und die Väter väterlich werden.

Ich brauchte lange, um mich von dieser Armut zu befreien. Doch wenn ich mein Leben heute ansehe, was daraus geworden ist, kann ich nur den Schöpfer loben und preisen:

Wie ein sinnvolles und reiches Leben aus so viel Armut entstehen kann, das ist ein wahres Wunder.

1937 erreichte die Arbeitslosigkeit im Sudetenland ihren Höhepunkt. Die Deutschen wollten „heim ins Reich" und die tschechische Seite proklamierte am 13. September 1938 in unserem grenznahen Städtchen das Standrecht. Vor allem wehrpflichtige junge Männer reagierten mit einer Massenflucht nach Deutschland, um nicht zum tschechischen Militär einrücken zu müssen. Sie kehrten erst nach dem Einmarsch der deutschen Wehrmacht am 1. Oktober zurück; denn am 30. September 1938 war das Sudetenland durch das Münchner Abkommen an das Deutsche Reich an-

geschlossen worden. Auch mein Vater war in Deutschland untergetaucht (vermutlich in Ehrenfriedersdorf). Die Mutter musste die Bäckerei alleine weiter betreiben. Sie hat mit einem alten Rentner zusammen gebacken, um die Kunden und die Aufträge nicht zu verlieren.
1939 wurde mobil gemacht für den zweiten Weltkrieg. Mein Vater schloss die Bäckerei, um für die Einberufung bereit zu sein. Doch bei der Musterung wurde eine schwere Erkrankung der Schilddrüse und des Herzens festgestellt. Nach der Ausmusterung nahm er eine Arbeit als Rangierer eines Bahnhofs auf dem Erzgebirgskamm an. Er kam von der warmen Backstube in die eisige Kälte. Vielleicht war das alles zu viel. Er ist am 6. Januar 1940 mit 33 Jahren gestorben, nachts hat er dreimal tief Luft geholt, dann war er tot.
Mein Bruder wurde drei Monate nach dem Tod des Vaters geboren. Er war ein sehr nervöses Kind, hat mit dem Kopf geschüttelt und mit den Augen geblinzelt.
Ich hatte das Gefühl meine Mutter an den Bruder verloren zu haben. Ich hatte immer eine Abneigung gegen ihn.
Meine Mutter bekam von der Reichsbahn 8 Mark Rente für meinen Vater. Zum Glück hatte sie gelernt, Einkaufsnetze zu knüpfen. Wenn sie viel gearbeitet hatte, schaffte sie 10 Netze und bekam 90 Pfennig für ein Netz. Ich kenne meine Mutter in den Kriegsjahren hauptsächlich netzend.
Fünf Jahre hat sie keinen Mann angeguckt, war nur für uns Kinder da und fürs nackte Überleben.

Das Schwerste für mich als Kind in der Kriegszeit war, wie der gefallenen Soldaten in der Kirche gedacht wurde. Ihre Bilder wurden aufgestellt, Kränze niedergelegt, Kerzen angezündet und ein Gottesdienst für sie gehalten.
Meine geliebte Tante, die Schwester meiner Mutter, war die erste Kriegswitwe. Sie wurde gebeten, die Todesnachrichten mit dem Bürgermeister zu überbringen. Sie war eine so genannte „tapfere" Kriegswitwe. Sie war

sehr weich, aber hatte einen Überlebensmechanismus entwickelt, um das auszuhalten. 242 Todesnachrichten musste sie überbringen. Ihr Bruder ist auch gefallen. Ich war damals sieben Jahre alt. Wir sahen die Tante mit dem Bürgermeister kommen und alle fingen an zu weinen. Welcher von den Brüdern war gefallen? Es war der jüngste , der von allen geliebte. Um das alles auszuhalten, habe ich mich durch Erstarrung abgetötet. Erstarrung ist meine Form der Angstbewältigung, bis heute noch. Dann verkrampfen sich alle Muskeln und jeder Schritt ist mühsam.
Damals klagte meine Mutter, dass wir beiden Kinder so schlecht essen. Alle Lebensfunktionen hatten sich reduziert aufs Überleben. Ich war zu sensibel.
1945 haben wir den Feuerschein vom brennenden Dresden am Himmel im Erzgebirge gesehen. Doch ich konnte dabei nichts fühlen, es war zu viel nahes Leid zu bewältigen.
In Bewältigung steckt das Wort Gewalt. Ich erinnere mich an eine Begebenheit kurz vor Kriegsende. Die Wehrmachtpolizei hatte einen jungen polnischen Zwangsarbeiter, der fliehen wollte, erschossen und in der Erde verscharrt, hinterm Haus vom Großvater. Ein paar Wochen später hat der Hund einen Beutel mit Brot frei gebuddelt und im Mai wuchsen aus dem Grab Kartoffeln. Vermutlich hatte der junge Pole sich kurz vor seinem Tod was zu essen erbeutet.
Für mich als Kind war es auch sehr schwer, wenn die deutsche Wehrmachtpolizei die eigenen Menschen aufgehängt oder erschossen hat, wenn sie zu desertieren versuchten. Es fällt mir heute noch schwer darüber zu sprechen, wenn ich das alles erzähle.
Dann kam der Zusammenbruch im Mai 1945.
Es ist ein gutes Bild, alles brach zusammen, alle Illusionen, alle Kartenhäuser. Nach solch einem Ereignis wie dem zweiten Weltkrieg war das auch nötig.
Ich kann mich noch gut erinnern, wie meine Mutter geschockt war, als es hieß, der Führer sei tot. Er muss für sie ein unsterbliches Wesen gewesen sein, denn eigentlich spielte für sie Politik keine Rolle. Es hatte ja wirklich

etwas Dämonisches wie Hitler geredet hat. Aber alle die Menschen, die so sehr enttäuscht waren von ihren leiblichen Eltern, haben einen starken Vater gesucht. So kann ich mir diese irre Anhängerschaft erklären.

In den letzten Kriegstagen waren von den Deutschen Panzersperren auf den Straßen errichtet worden. Aber als die Rote Armee kam, fuhren sie mit ihren Fuhrwerken, vor die Banjo Pferdchen gespannt waren, einfach dazwischen durch. Es war so lächerlich.
Die Frauen hatten sich mit uns Kindern in den Wäldern versteckt. Wir gingen zurück und im Dorf wurde gefeiert. An den Häusern hingen weiße Fahnen. Es war ein großes Aufatmen. Ich glaube, es war eine Mischung von Trauer, Scham, unendlicher Befreiung und der Angst, was kommen würde. Von diesem Tag an mussten alle erwachsenen Deutschen weiße Armbinden tragen als Zeichen für die Niederlage.

Nach den Russen kamen die Tschechen und holten sich die alten Gebiete wieder. Es gab schwere Racheakte an der deutschen Bevölkerung. Angst herrschte. Viele Menschen begingen Selbstmord. Eine weitere Schwester meiner Mutter drehte mit ihrem Mann und den zwei kleinen Kindern den Gashahn auf.
Die Nazis wurden abgeholt. Einer meiner Onkel wurde erschossen.
Ein 15-jähriger Cousin von mir wurde mit zwei Klassenkameraden eingesperrt, weil sie eine Pistole versteckt hatten. Mitwisser hatten sie verraten. Meine Tante wollte ihn rausholen und das klären. Sie ist mit ihrem kleinen Sohn dort behalten worden, eingesperrt, geschlagen. Den kleinen Sohn haben sie dann frei gelassen. Die Mutter mit ihrem 15-jährigen Jungen und den beiden anderen wurden durchs Dorf geführt bis zur Friedhofsmauer. Dort mussten sie ihre Gräber schaufeln, dann wurden sie erschossen. Wir haben keine 300 m davon entfernt gewohnt.

Zu der Zeit war die Sehnsucht nach einem Vater in mir riesig groß. Ich war in der Vorpubertät und habe mir einen Beschützer gewünscht. Ich

war ein kleines schmächtiges Kind, körperlich schwach und musste so stark sein. Ich hatte Angst, das alles nicht mehr zu schaffen.
Alle Deutschen mussten Formulare ausfüllen. Im Dorf gab es einen Elektriker, der tschechisch konnte. Er kam in unser Haus, um die Formulare auszufüllen. Ich weiß diesen Moment noch sehr genau. Ich habe zu meiner Mutter gesagt: „Mama, wenn wir einen Vater hätten, dann brauchten wir keinen Fremden zu bitten."
Das hat den Mann stutzig gemacht, dem die Frau 1944 im Kindbett gestorben war. Er hatte drei Kinder und hielt um die Hand meiner Mutter an.
Da war der Witwer mit den drei Kindern und meine Mutter hatte uns zwei . Gleichzeitig tobte um uns herum der Zusammenbruch. Die ersten Vertreibungen hatten schon begonnen. Da hat die Mutter sicher aus Angst ihr Jawort gegeben. Es war eine soziale Entscheidung, denke ich mir heute. Sie war 27 Jahre alt. Und ich, mit meiner Sehnsucht nach einem Vater, habe mich gefreut.
Im Dezember 1945 haben die beiden geheiratet. Wir zogen zu dem neuen Vater. Das erste, was wir entdeckt haben, war der Ochsenziemer und ein Bambusstock, welchen die neuen Geschwister Nilpferdpeitsche nannten. Meine Mutter hat den Ochsenziemer in den Ofen gesteckt. Aber mit der Nilpferdpeitsche bekamen wir Prügel. Der neue Vater war brutal, sehr jähzornig und hat uns Kinder gedemütigt. Meine Mutter hat das alles ertragen, irgendwie. Sie wurde immer härter und ungerechter, vor allem den Stiefgeschwistern gegenüber.
Was hat meine Stiefschwester für Prügel bekommen, nur weil das Abwaschwasser zu kalt geworden war! Sie war sechs oder sieben Jahre. So ein Mädelchen musste den Abwasch machen für acht Leute. Statt ihr Mut zu machen, hat meine Mutter sie geschlagen. Schrecklich. Das hat mir die Achtung vor der eigenen Mutter genommen. Uns hat sie vor dem Stiefvater eher in Schutz genommen. Meine Sehnsucht nach dem Vater schlug um in große Enttäuschung.
Später bekamen meine Eltern noch zwei Kinder.

1945/46 war eine Zeit weiterer Verluste. Meine geliebte Tante und die Großeltern wurden ausgewiesen. Die Trennung war ein großer Schmerz für mich. Im Herbst 1946 wurden auch wir vertrieben. Die Heimat war das Allerletzte, was ich noch hatte. In den Jahren des Elends habe ich mich aufgebaut an der Natur, an der Landschaft, an dem Vertrauten...Ich hatte in der Natur meine Traumwelt und meine Gefühle leben können. Nun ging mir auch das noch verloren.

Als wir im Lager ankamen und ich die erste Nacht auf der Matratze lag, wurde mir übel und ich hatte einen totalen Zusammenbruch. Aus allen Öffnungen kamen die Körperflüssigkeiten. Alles brach aus mir heraus. Es war nichts mehr zu halten, ich musste alles loslassen.

Am nächsten Morgen habe ich meine Sachen ausgewaschen, bin noch zu einer Tante gegangen und habe sie gefragt, ob auch sie etwas auszuwaschen habe. Wie früh ich mir durch Helfen, Liebe holen wollte, mich beliebt machen wollte, Anerkennung brauchte! Das habe ich jahrzehntelang beibehalten. Erst viel später konnte ich mich von dem zwanghaften Helfen befreien.

Bald ging es auf Sammeltransport, die Erwachsenen alle mit den weißen Armbinden ...Wir waren viele Tage unterwegs, in Viehwaggons eingepfercht wie die Tiere. Die Waggons waren mit Säcken und Koffern bis zur Hälfte gefüllt. Jeder durfte 50 kg mitnehmen. Darauf saßen die Leute. Hinten in der Ecke war eine Kiste für die Notdurft. In den Viehwaggons waren oben schmale Luken, diese Plätze waren sehr begehrt, weil man dann was sehen konnte und nicht immer stumpfsinnig vor sich hin stieren musste.

Einmal gab es eine schreckliche Szene. Der Zug hielt, die Leute stürzten raus, um ihre Notdurft zu verrichten. Die Lokomotive pfiff und das begleitende Personal warf mit Steinen auf die Leute, die da in der Landschaft hockten. So was konnte ich schwer verkraften. Als ich dann Jahre später die Bilder von den Transporten in die Konzentrationslager gesehen habe, schämte ich mich , dass unser Transport für mich so schrecklich war. Das war doch gar kein Vergleich zu diesen Todestransporten...

Dann kamen wir an die deutsche Grenze und wir erkannten es an den weggeworfenen weißen Armbinden, die wie gesät auf der Erde lagen.
Irgendwann waren wir in Sonneberg in Thüringen in einem großen Flüchtlingslager angekommen. Von dort aus wurden die Familien verteilt.
Es gab eine Entlausung und Reinigung. Die Jungs bis 10 Jahre mussten mit bei den Frauen duschen. Die anderen durften zu den Männern. Ich habe mir so sehr gewünscht, bei den Männern zu duschen. Ich wollte nicht zu den Frauen und wusste nicht warum.
Wir bekamen eine Wohnung in Sonneberg. Es waren zwei Dachkammern. Unsere ersten Möbel bestanden aus einer Holzfußbank und einem Brett, das über die Hitsche gelegt wurde. Wir fünf Kinder saßen dann in Balance. Die Volkssolidarität kümmerte sich um uns Flüchtlinge und wir bekamen Möbel von Spendern.
Es gab in Sonneberg eine traumhaft schöne Villa, die von den Russen als Kommandantur beschlagnahmt worden war und einige Wochen nach unserer Ankunft für Flüchtlinge freigegeben wurde. Ich ging mit meiner schwangeren Mutter in diese Villa. Mir blieb vor Staunen die Spucke weg.
Ich habe uns sofort die Wohnung im ersten Stock besorgt, das Schlafzimmer, das Bad, das Kinderzimmer und die Bibliothek. Meine Mutter hat gleich reagiert und ich war glücklich, dass wir so schöne Räume hatten.
Mein Stiefvater bekam Arbeit als Beleuchter im Stadttheater.
Zum ersten Weihnachtsfest kaufte er eine halbe Tafel Schokolade für 80 Mark auf dem Schwarzmarkt, und von einem Arbeitskollegen bekam er zwei Äpfel geschenkt. Das war die Weihnachtsüberraschung für fünf Kinder. Es war eine Riesenfreude für uns.
Ich war ein sehr reger Junge und habe den ganzen Einkauf erledigt, bis ich 14 Jahre alt war.
Wir hatten viele Lebensmittelmarken und haben trotzdem gehungert, obwohl unsere Mutter das Essen sehr gut eingeteilt hat. Jeder bekam ein bis zwei Scheiben Brot. Ein Löffelchen Zucker wurde auf den Tisch gestreut und wir haben das Brot darein getitscht. Einmal sind wir zusammen in den Keller gegangen und die Mutter hat mit einem Kochtopf die Mengen

Kartoffeln abgemessen, damit sie wusste wie lange wir mit den Kartoffeln reichen. Das war für mich ein Erlebnis und ich hatte Hochachtung vor meiner Mutter und ihrer Tüchtigkeit.
In dieser Zeit ging ich mit einem Klassenkameraden auf Schleichwegen über die Grenze in den Westen, um Essen zu besorgen. Ich wollte tauschen, Dinge für Essen. Alles was in der Familie entbehrlich war, wie Seife, habe ich von Tür zu Tür angeboten, um etwas Essbares nach Hause zu bringen.
Meine Mutter lobte mich für meinen „Geschäftssinn". Meine Ahnen väterlicherseits waren fast alle Kaufleute.

Ostern 1948 sind wir nach Dresden gezogen. Mein Stiefvater hatte dort eine Arbeit bekommen.
Hier war meine Kindheit beendet. Ich habe mich älter gefühlt als vorher.
Dresden war noch sehr zerstört. Unsere Wohnung hatte in jedem Zimmer ein Fenster mit Glas und die anderen Fenster hatten Pappe.
Wenn die Schule zu Ende war, ging ich als Laufjunge in ein Eisenwarengeschäft.
Die Inhaber hatten sich in einer Ruine zwei Räume ausgebaut, inmitten von Trümmern.
Am ersten Tag musste ich Kohlen holen aus dem Keller der Ruine. Damals fand man immer noch Leichen in solchen Kellern und ich ging mit Angst hinein. Als sich meine Augen an die Dunkelheit gewöhnt hatten, sah ich auf einmal viele Gestalten liegen und an die Wand gelehnt. Ich lief vor Schreck davon. Doch ich erfuhr, dass es früher ein Modegeschäft gewesen war und die Gestalten Schaufensterpuppen.
Es war ein gutes Jahr für mich. Gleich nach der Schule ging ich hin, für einen Lohn von 30 Pfennig die Stunde. Samstags nach Ladenschluss bekam ich das Geld. Das waren so 4,50 Mark bis 5,10 Mark. Ich habe dann oft gleich für die Familie eingekauft, was wir dringend brauchten und was es gab. Ich hatte mir aber auch 15 Mark gespart, davon habe ich mir eine erste gebrauchte lange Hose gekauft. Allein erarbeitet, das hat mich stolz gemacht.

Noch gab es Lebensmittel nur auf Marken. Aber im ersten 1949 eröffneten HO - Laden Dresdens bekam ich zwei Gläser Apfelmus für zwei Wochenlöhne, ohne Lebensmittelmarken.
Meine Mutter war stolz auf mich. Mein Stiefvater auch. Er hat mich mehr geschätzt als seine eigenen Kinder. Das brachte mir auch keinen Segen.

Ich habe viele Jahre um den Verlust meiner Heimat getrauert. Das war für mich eine offene Wunde . Wir durften ja auch nicht hinfahren. Bis in die sechziger Jahre war die Grenze absolut dicht obwohl es ein „sozialistisches Bruderland" war. Ich wurde sogar Lehrer, weil ich geglaubt habe, dass dies ein Beruf sei, den ich später in der Heimat nach der erhofften Rückkehr gut ausüben könnte.
Später in der Selbsterfahrung zum Thema Erde mussten wir uns einmal auf die Erde legen und ich begann fürchterlich zu weinen. So sehr überkam mich das Heimweh. Ich dachte, wenn ich wieder Zuhause sein werde, will ich nur noch auf dem Erdboden liegen und das Glück spüren, wieder in der Heimat zu sein...
Dann endlich in den sechziger Jahren kam ich in meinen Heimatort. Er stand noch, bereits am Verfallen. Die Kirche auch. Ich habe auf dem Friedhof den Grabstein meines Vaters gefunden. Jahre später war alles gesprengt und überflutet. Heute liegt der Ort auf dem Grund eines Stausees. Jetzt habe ich Frieden damit, aber ehe so eine Talsperre voll wird, fließen viele Tränen und Bäche...

Mit 12 Jahren wurde ich zur Kur geschickt, das war auch der Höhepunkt meiner Pubertät. Ich interessierte mich schon eher für die Jungen, habe aber mit den Mädchen gespielt...Die Sehnsucht nach Jungen verunsicherte mich. Das Wort Homosexualität wurde kaum verwendet. Mein Stiefvater gebrauchte mal abfällig den Begriff: „Warme Brüder". Das hat mir Angst gemacht. Ich war in einem großen Konflikt mit mir, der mich innerlich quälte.
Juristisch war Homosexualität eine Straftat. In der Öffentlichkeit war es

eine Schande und religiös eine Sünde. Da soll so ein Junge mit sich selber klar kommen! Das alles ist für einen Menschen schwer. Ich musste mich gegen meine eigene Seele und meinen eigenen Körper stellen, denn die Ablehnung mir selbst gegenüber war ja auch in mir. Es hat mich sehr viel Kraft gekostet. Gleichzeitig nahm die Sehnsucht zu, eine Sehnsucht, die in der Gesellschaft minderwertig ist. So wuchs ich in einen Konflikt hinein zwischen Anspruch und innerer Realität.

So war es auch in der Politik.

Immer mehr begann ich mich, als politischen Menschen wahrzunehmen. 1949 wurde die DDR gegründet. Massenweise traten die Schüler in die Pionierorganisation ein. Das hat mich eher abgestoßen. Ich war enttäuscht von der widersprüchlichen politischen Entwicklung. Zeitgleich verlor ich auch durch einen Umzug den Kontakt zur Kirche. Mir fehlten ihre Rituale und etwas für meine Religiosität. Viele Menschen gingen in den Westen. Andere wurden eingesperrt. Das alles hielt mich auf Distanz und innerlich war ich verwirrt, denn es war ein System, was behauptet hat, antifaschistisch zu sein und alles besser zu machen als in der Vergangenheit. Sie wollten die Arbeiter und Bauern vertreten. Aus diesem Milieu kam ich ja. Aber ich war skeptisch und blieb in der Beobachtung.

Dann bekam ich als Arbeitersohn einen Platz in der EOS (heutiges Gymnasium).

Bedingung war der Eintritt in die FDJ. Ich bekam einen Internatsplatz. Für mich eine Chance, von der Familie und ihren Konflikten Abstand zu gewinnen. Ich kam nur noch am Wochenende nach Hause.

In der neunten Klasse wurde ich zum FDJ-Sekretär gewählt. Ich habe es gemacht, weil ich so erzogen war, Forderungen nachzukommen. Es war auch eine Aufwertung.

Als ich mich in der zehnten Klasse beim Abschlussball zum ersten Mal in ein Mädchen verliebte, bekam ich am Abend zu Hause einen Weinanfall. Ich dachte, weil ich verliebt war. Aber es war eher ein großer Schwall an angestauten, nicht gelebten Gefühlen, die sich Bahn gebrochen haben.

Am 17. Juni 1953 erlitt ich einen politischen Schock. Es gab den Aufstand der Arbeiter gegen staatliche Maßnahmen. Die Regierung antwortete mit Panzern. Meine Bereitschaft, mich zu engagieren, erstarb. Ich war ein Arbeiterkind und wollte Weltfrieden, wollte, dass alle Menschen Arbeit haben, dass es allen gut geht und dann auf einmal die Kugeln gegen die Arbeiter. Ich habe gleich mein Amt als FDJ Sekretär niedergelegt. Ich konnte das alles nicht mehr verkraften und wurde im Herbst zur Kur geschickt.

Beruflich wollte ich schnell auf eigenen Beinen stehen und unabhängig sein.

Ende August 1955 ging ich zum Studium nach Halle ans Pädagogische Institut.

Dort lernte ich meine Frau kennen. Sie war Sportstudentin. In der Straßenbahn habe ich sie das erste Mal gesehen. Ihr Gesicht war ernst, streng und zurückhaltend wie das meiner Mutter und sie hatte einen eher maskulinen Körper. Das war, glaube ich, gut für mich. Wir haben geheiratet und alles hatte für mich eine äußere Ordnung. Sie war auch ein traumatisiertes Mädchen, aber wir haben ein ganz normales Eheleben geführt. Ich konnte mich gut auf sie einstellen. Sie war distanziert und hat mich nicht durch zu viel Nähe bedrängt. Ich hatte auch das Gefühl, dass sie durch mich eine Erlebnis fähige Frau wurde. Ich habe mich gut gekümmert, weil ich als Mann ritterlich sein wollte. Wir haben uns gegenseitig geholfen und nach außen unsere Pflichten getan. Eine seelische Entwicklung gab es für uns nicht. Bewusstsein war ein politisches Wort. Es gab nur das richtige oder falsche politische Bewusstsein. Dass es ein inneres Bewusstsein gibt, haben wir damals nicht gewusst. Wir sind in seelischer und geistiger Armut geblieben.

Wir haben zwei prächtige Töchter bekommen. Ich war gerne Vater und gerne Lehrer für Biologie, Chemie und Mathematik. Zu den eigenen und fremden Kindern hatte ich ein gutes persönliches Verhältnis. Bis heute freuen sich meine ehemaligen Schüler, wenn wir uns begegnen.

Für meine Töchter war ich mehr Freund als Vater, jedenfalls haben sie es mir später so reflektiert.

1961 sollte ich mich „freiwillig“ zur Armee melden. Es gab noch keine Wehrpflicht und wir brauchten als DDR angeblich den „Antifaschistischen Schutzwall“. Ich wollte mich keinesfalls zur Armee melden und es gab harte Auseinandersetzungen und politischen Druck mit Partei-, Schul- und Gewerkschaftsleitung. Ich bin hart geblieben.
Es war für mich schrecklich, die Feigheit meiner Arbeitskollegen zu erleben, die sich öffentlich nicht auf meine Seite stellten, aber nach den Versammlungen mir beipflichteten, wenn es niemand sah. Ich war zum Klassenfeind erklärt worden und wollte nicht mehr an dieser Schule bleiben. Mein Wunsch wurde, Heimleiter zu werden und meine Frau und ich hatten auch ein ideales Heim gefunden. Ich wurde abgelehnt wegen „politischer Unreife“.
Die Schule habe ich gewechselt. Wir sind auf ein Dorf gegangen in der Sächsischen Schweiz.

1968 hatte der Prager Frühling neue Hoffnungen in mir geweckt. Einen Sozialismus mit menschlichem Antlitz, das haben sich damals viele Menschen gewünscht. Ich auch. Inzwischen hatte ich mich mit dem tschechischen Volk ausgesöhnt. In unserer Schule waren viele Lehrerkollegen verunsichert und schwiegen. Doch ich war sehr begeistert. Der Einmarsch der Ostblockarmee war für mich ein Schock, für die Parteigenossen eine Heldentat. Für mich brach eine große Hoffnung zusammen und ich wusste, von diesem System kann man nichts mehr erwarten.
Zu Beginn des neuen Schuljahrs musste ich vor meiner Klasse den Einmarsch rechtfertigen und gegen meine eigene Überzeugung sprechen, gegen meine Freude, meine Trauer, meine Hoffnung...Ich musste lügen. Im Klassenzimmer saßen zwei Kollegen aus der Schulleitung und kontrollierten meine Aussagen. Das war alles schrecklich. Nach der Stunde kam ein Schüler zu mir und meinte, dass „wir“ es gut hingekriegt hätten.

Sie kannten meine wirkliche Einstellung und es hat uns auch verbunden, dass wir uns verstanden, auch wenn wir es nicht öffentlich äußern konnten. Ich hatte gelernt, wie weit ich gehen konnte. Es war immer die Frage, wie viel ich riskieren wollte, wo man kämpfen musste, und wann es galt diplomatisch zu sein. Aber immer wieder kam ich an Grenzen.

Ein Jahr später lernte ich in Dresden einen Mann mit Vollbart kennen und fand das sehr männlich. Ich ließ mir einen Bart stehen und kam nach den großen Ferien so an die Schule. Das war ein politisches Delikt. Es hieß, es gibt einen Lehrer, der sieht aus wie Jesus.
Der Bart kommt ab! Das war Kampfansage an mich und es setzte Verfolgung gegen mich ein.
Es war strategische Kriegsführung gegen einen Bart.
Wieder stand ich am Pranger. Unendlich viele Versammlungen. Sogar im Elternabend sollten die Eltern gegen mich aussagen, doch sie taten es nicht. Einer zeigte sogar auf ein Bild von dem bärtigen Karl Marx und fragte, ob sie den kennen...
Zum Schluss saß ich vor sieben Funktionären wie der Angeklagte vor dem hohen Gericht. Mir wurde klar gemacht, dass ich nicht länger Lehrer sein kann, wenn ich den Bart trage, denn das sei eine Lebensgewohnheit des Klassenfeindes. Heute ist das lachhaft, aber damals konnten uns diese Menschen vernichten. Die Angst steckte tief in uns allen vor den Maßnahmen der Partei. Wir waren eine Diktatur, die Diktatur des Proletariats. Auch wenn man selbst einer aus dem Proletariat ist, sobald man nicht alles mitmacht, wird man zum Gegner. Meine Frau war auch am Ende, sie hatten sie ebenso in die Mangel genommen.
Ich nahm den Bart ab. Beim Rasieren floss mir das Blut übers Gesicht, ich sah mich im Spiegel „ausbluten“. Ich schämte mich sehr, es war eine Schmach. Dabei war ich kein Einzelfall. Wir waren der Macht ausgeliefert, ohne Chance.
Meine Wut brach sich Bahn und ich schrieb einen Beschwerdebrief an

das Zentralkomitee der SED, über 16 Seiten lang. Es kamen Leute vom Bezirk, die Sache aufzuklären. Ich bekam Recht, mit der Begründung einer Fehleinschätzung der zuständigen Vorgesetzten.
Meine Lust und die Freude am Lehrerberuf waren aber vorbei. Ich wollte nur raus aus dem Schuldienst, was nicht so leicht ging. Mit dem Lehrersein konnte man nicht einfach aufhören. Ich blieb Vertretungslehrer und fing gleichzeitig bei der Versicherung als Inspektor an zu arbeiten. Das war eine gute Zeit für mich, da ich als Teilzeitlehrer Versammlungen und den ganzen politischen Kram los war. Außerdem verdiente ich gutes Geld mit zwei Arbeitsverhältnissen. Mehr als der Kreisschulrat! Meine Anmeldung für den Trabant war nach 15 Jahren um und ich konnte ein Auto kaufen. Ich hatte so viel Geld, dass ich mir sogar einen „Dacia" kaufen konnte.

Die Arbeit als Inspektor mit dem vielen Unterwegssein hatte einen Vorteil für meine unterdrückte Homosexualität. Ich konnte mich immer mal mit Männern treffen. Das war aufregend für mich und auch dramatisch, weil es nicht heraus kommen sollte.
Meinen ersten festen Freund lernte ich an einem Schaufenster in Dresden kennen. Da war ich 33 Jahre alt. Es wurde eine fünfjährige gute Beziehung, zuerst heimlich, meine Frau wusste nichts.
Ich entdeckte , dass ich einen Mann anders lieben kann als eine Frau. Ich dachte zunächst, dass die Gefühle zu Männern intensiver seien – sie waren aber auch anders. Es gab für mich die Möglichkeit, ein emotionales Erleben zu haben, was so mit Frauen nicht ging. Es waren nicht nur sexuelle Begegnungen, sondern seelische...
Das war dann auch eine Rechtfertigung für mich.
In jener Zeit habe ich es nicht mehr geschafft, heimlich zu leben. Es hat mich belastet und ich fühlte mich schuldig meiner Frau gegenüber. Eines Abends saßen wir beieinander und ich gestand ihr alles. Sie war fassungslos, es war sehr schlimm für sie. Sie bat mich, sie nicht zu verlassen, und wir versuchten eine Beziehung zu dritt. Später habe ich mich um Woh-

nung, Arbeit, Auto für sie gekümmert, damit es ihr gut geht. Ich fühlte, dass ich trotz allem gehen musste.

1972 war es so weit. Meine erste Tochter war 14 Jahre alt, die jüngere acht und ich 35. Ich hatte alles vorbereitet, und nahm nur mit, was in einen Trabant passte.
Ich brauchte eine Wohnung, in der DDR unmöglich. Ein Bekannter lieh mir ein Mansarden - Stübchen für einige Zeit. Ich hatte ein erbärmliches Gefühl, ohne Familie, ohne Wohnung.
An einem Theaterabend lernte ich einen Mann kennen, der mir eine Tätigkeit als Nachlassverwalter anbot. Auch bekam ich eine Wohnung als Hausmeister bei der Kommunalen Wohnungsverwaltung. Das war mein zweiter Job. Dazu kam die Versicherung als dritte Arbeitsstelle. Ich habe immer gerne gearbeitet, das hat mir Spaß gemacht und ich kam wieder in Fluss mit meinem Leben.
Mit 38 Jahren lernte ich einen Mann kennen, mit dem ich eine eheähnliche Beziehung begann, an der auch meine beiden Töchter teil hatten.

Als fünf Jahre ins Land gegangen waren, merkte ich, dass das Leben im Betonhochhaus für mich zu Ende ging. die Natur zog mich an. Ich wollte aufs Land ziehen und mit meinem Partner etwas Neues gestalten, damit uns noch mehr verbindet. Wir fanden im Erzgebirge ein abgebranntes Bauernhaus, abseits des Dorfes. Es standen nur noch Trümmer und die alte Scheune.
Mein Partner wollte dann doch kein Haus, aber helfen wollte er.
Ich war 42 Jahre alt, als ich am 1. Mai 1980 in den abgebrannten Bauernhof eingezogen bin. Habe als erstes 10 Stiefmütterchen und vier Fliederbüsche gepflanzt und auf dem Heuboden der Scheune ein Zelt aufgeschlagen, weil das Dach undicht war. Über mir brütete ein Rotschwänzchen und ich hatte das Gefühl von Freiheit und Abenteuer trotz der Trümmerwüste um mich herum.

Ich bin stark in der Intuition, aber nicht sehr gut im Abwägen. Ich stürzte mich in das Landleben. Es war ein Segen, dass ich nicht wusste, was mich erwartete.
Das Leben auf dem Lande war ein neuer Lebensabschnitt. Ich legte sehr viel ab, was nicht mehr stimmte. Ich war dankbar, sehr dankbar und in mir formte sich eine Bitte im Gebet, dass an diesem Ort viele Menschen Frieden finden und glücklich werden sollten. Warum ich das formulierte, wusste ich damals nicht. Aber ich spürte von Anfang an, dass ein großer Segen auf allem lag. Alles, was ich begann, gedieh.
Es war richtig schwer zu DDR-Zeiten Baumaterial zu bekommen und es glückte mir trotzdem.
Ich nahm zum Beispiel einmal für die Frauen von der Baustoff - Versorgung frischen Kuchen mit und sagte ihnen, sie sollten sich mein Gesicht merken, denn ich käme jetzt öfter.
Das stärkte mir den Rücken. Ich war zuversichtlich, voller Vertrauen und guter Dinge.
Ich arbeitete nur noch als Nachlasspfleger, dabei konnte ich mir die Arbeitszeit selber einteilen und hatte viel Zeit zum Bauen. Nebenberuflich schloss ich noch Versicherungen ab. Da habe ich noch mal gut verdient. Helfer hatte ich genug für den Bau, das sprach sich schnell rum, dass es hier Arbeit und Geld gab. Es war eine wunderbare Zeit. Es hat mir, allen Helfern und dem Bauleiter viel Freude gemacht, aus dem Trümmerhaufen etwas Gutes zu gestalten. Ich kann sagen, es waren Jahre der Freude, obwohl sie angefüllt waren mit Arbeit. Habe mich gefühlt wie einen Mitschöpfer Gottes. Dieses Gefühl erlebte ich auch als ich 20 Jahre später das Grundstück durch Landzukauf vergrößerte und 2 ha Wald anpflanzte.
Nach reichlich zwei Jahren hatte ich mich beim Arbeiten am rechten Mittelfinger verletzt . Einen leichten Ritz in der Haut nahm selbst der Arzt nicht so ernst. Doch es wurde Wundbrand daraus. Der rote Streifen als Zeichen einer Blutvergiftung war schon unter der Achsel und ich musste im Aufnahmeraum des Krankenhauses sofort notoperiert werden. Es bestand höchste Lebensgefahr.

Am nächsten Tag bei der Visite sah ich die riesige Wunde. Ein Arzt schnitt dann noch das tote Gewebe ohne Narkose von der Wunde ab. Ich habe geschrien. Es gab schreckliche, stumpfe Instrumente, die nicht mehr richtig funktionierten. Auch im Krankenhaus mangelte es an Material... Später wurde mein Finger noch amputiert.

Trotzdem war mein Leben zu der Zeit voll und glücklich. Habe vom ersten Tag an auch Tiere gezüchtet und verkauft. Hatte sogar auch eine Stute gekauft, die fünf wunderbare Fohlen brachte und dadurch besaß ich vor der Wende eine Herde von vier schönen Haflinger Stuten jeden Alters. Musste viel arbeiten, das ist klar, Heu machen und Futter ran schaffen, Tiere versorgen und bauen und die Nachlässe bearbeiten. So hatte ich für jedes Wetter das passende Programm.

Mit meinem Freund lebte ich zusammen wie in einer Ehe. Wir hatten eine gute Zeit miteinander. Trotzdem habe ich Leere gefühlt in der Partnerschaft. Ich wusste nicht, was es war und konnte es nicht benennen. Heute weiß ich, dass es meine frühkindlichen nicht gestillten Sehnsüchte waren, die ich erfüllt haben wollte, die aber kein Mensch erfüllen kann. Damit habe ich mich und meine Partner überfordert. Heute weiß ich das alles, auch dass man andere Wege der Heilung suchen muss. Damals konnte ich das nicht erkennen. Wir trennten uns nach drei Jahren Leben an unserem neuen Ort.

Im Dezember 1983 bekam ich einen Brief. Ich sah gerade eine heitere Fernsehsendung. Ganz nebenbei öffnete ich den Brief und las. Meine jüngste Tochter schrieb mir, dass, wenn alles gut gegangen sei, sie bereits im Westen wäre, wenn ich diesen Brief lese. Ich erfasste nicht gleich, was ich da in diesem Augenblick gelesen hatte. Meine Tochter hatte Republikflucht begangen. Mein Gott!! Ich schlotterte am ganzen Körper.

Es kamen die Tage der Ungewissheit. Hat sie es geschafft? Hat man sie erwischt? Was das bedeutete, wusste jeder. Die Zeit verging und es kam keine Nachricht. Einen Tag vor Heilig Abend ging ich zur Polizei, um meine Tochter abzumelden. Ich wollte damit erfahren, ob sie was wissen. Ich

merkte gleich daran, wie sie mit mir umgingen, dass meine Tochter und auch ich für sie Gesetzesbrecher waren. Es dauerte ewig bis ich endlich erfuhr, dass sie es nicht geschafft hatte und im Gefängnis saß.
Ich verließ das Polizeipräsidium wie benommen. Sie war 19 Jahre alt. Es war ein Schmerz, unaussprechlich. Ich setzte mich in mein Auto. Schnee peitschte gegen die Windschutzscheibe, ich wusste nicht, wo ich hinfahre...Mein einziger Gedanke war: Was habe ich nur falsch gemacht?...Ich weinte und die Nase lief. Unser letztes gemeinsames Gespräch war über den Glauben gewesen, wo mir klar geworden war, dass ich viel über den Glauben rede, aber ihn noch nicht lebe.
In diesem Moment sehe ich im Schneesturm eine dunkle Gestalt laufen, eine Frau mit Einkaufstaschen, am Fuß einer langen Bergstraße. Obwohl ich nicht anhalten wollte, trat ich auf die Bremse. Sie war froh und dankbar mitgenommen zu werden. Als sie ausstieg, drehte sie sich um und sagte zu mir: „Jesus segne sie!“ Das traf mich wie ein Blitzstrahl in dieser Seelennot, mit dem Glauben ringend, in der Angst um mein Kind. Im ganzen Leben ist mir das nur einmal passiert, dort an dieser Stelle.
Nach Weihnachten bekam ich die offizielle Mitteilung, dass meine Tochter in Berlin im Gefängnis einsitzt. Später erfuhr ich, dass sie schwanger war und Blutungen bekommen hatte und keine ärztliche Hilfe. Ich habe um einen Besuch gebeten mit der Begründung, dass ich sie positiv beeinflussen will und ich bekam die Erlaubnis.
Ich fuhr einen Tag früher hin und ging am Abend zu dem Gefängnis. Ich sah die vielen Fenster, beleuchtet, und wusste hinter einem sitzt meine Tochter, weil sie in die Freiheit wollte...
Am nächsten Tag konnte ich endlich zu ihr. Wir saßen uns mit zwei Beamten als Zuhörern gegenüber. Zwischen uns eine Glaswand. Vorher wurde ich belehrt: Kein Wort zur Straftat und kein Wort zum Prozess. Als erstes sagte mir meine Tochter, dass sie sich aus einer Liste mit Rechtsanwälten einen Verteidiger ausgewählt hatte. Ihre Wahl war auf den Rechtsanwalt Vogel aus Berlin gefallen wegen seines Freiheit verheißenden Namens. Glücklich ließ ich sie wissen, dass ich sofort nach der Sprechzeit

einen Termin bei eben diesem Anwalt hatte. Er war der Staranwalt der DDR für den Freikauf von Häftlingen.
Sie saß 13 und einen halben Monat im Gefängnis. 24 Strafgefangene in einer Zelle von 48 Quadratmetern und sehr viele Kriminelle dabei. Sie wurde auch tätlich angegriffen von einem dieser Weiber, die sie während der Arbeitszeit in der Wäscherei in eine riesige Waschmaschine stecken wollte.
Es war eine schwere Zeit für mich. Zu ihrer Unterstützung habe ich ihr jeden Tag geschrieben. Einmal im Monat durfte ich zum „Sprecher" für eine halbe Stunde.
Einmal war im kalten Winter während der Fahrt der Vergaser meines Autos immer wieder eingefroren - eine Schwachstelle des Dacia. Die Angst, zu spät zu kommen, war groß. Ich kam eine Viertelstunde zu spät. Uns blieben also nur noch fünfzehn Minuten von der kostbaren Zeit.
Später saß sie in Leipzig - Markleeberg ein.
Es gab dort eine „Frau Offizier", die hat uns beide drangsaliert, weil ich meine Tochter unterstützt habe, wo es nur ging. Es war ihr in die Nase gefahren, dass ich den Gefängnisseelsorger ausfindig gemacht und um die seelsorgerliche Betreuung gebeten hatte.
Ich nahm auch Kontakt zu dem Mann auf, zu dem sie in den Westen gewollt hatte. Ich bat ihn, sein Wort zu halten und ihr zu helfen, bald die Ausreise in die Bundesrepublik zu bekommen. Er hat wirklich Wort gehalten und ist bis in das Büro von Franz Joseph Strauß vorgedrungen. Meine Tochter kam auf die Liste derer, die vom Westen frei gekauft wurden. Am 30. Januar 1985 saß sie in einem der zwei Busse, die regelmäßig in die Freiheit fuhren. Sie hat sich zwar später von dem Mann getrennt, aber sie ist im Westen geblieben, hat geheiratet und zwei Kinder bekommen, weitere Ausbildungen gemacht und sich mit ihrem zweiten Mann ein sehr gutes Leben aufgebaut.
In dieser schweren Zeit war meine andere Tochter eine große Unterstützung. Wir kämpften gemeinsamen und standen zueinander. Das war eine gute Erfahrung. Trotzdem bleibt diese Zeit in mir als ewige Narbe.

Wenn ein naher Mensch unschuldig so leiden muss, da wird man bitter gegen die Menschen, die ihm das angetan haben. Eine Diktatur zerstört die Menschen in ihren Seelen, entwürdigt sie und das ist Teil des Plans, um Menschen beherrschen und regieren zu können.

In dieser Zeit bin ich zu einer Psychiaterin gegangen und habe gesagt, dass ich das Leben so nicht mehr ertrage, dass ich nicht weiß, was ich machen soll, alles ist sinnlos und verlogen. Sie hat mir geantwortet, dass es ihr auch so geht. Sie könne mir Tabletten zur Beruhigung aufschreiben, mehr könne sie nicht für mich tun. Ich ging nach Hause mit einer Packung Faustan, die bekamen alle, die es mit den Nerven hatten.
Ostern 1985 haben meine Tochter und ich uns wiedergesehen. Wir haben uns in der CSSR getroffen und konnten uns endlich wieder umarmen.
Einen befriedigenden Abschluss erlebte ich kurz nach der Friedlichen Revolution. Auf einer zwölftägigen Fußwanderung vom Erzgebirge nach Halle zu einer Psychotherapie kam ich am Markleeberger Gefängnis vorbei. Es war kein Gefängnis mehr. Ich ging hinein in das Gelände. Es stand mannshoch das Unkraut. Ich bestieg einen alten Wachturm und sah aus dem Fenster hinaus in den Freigang, wo auch meine Tochter frische Luft schnappen durfte. Es packte mich die Wut und ich habe gebrüllt, getobt und geschrien. Habe einen Hocker genommen und ihn durch das alte Fenster geschleudert. Ich sah, dass ein Schmetterling, der dort im Raum eingesperrt war, in die Freiheit flog. Welch ein Zeichen! Dann zog ich meine Hose runter und entleerte meinen Körper. Ich fühlte mich befreit! Es war eine Katharsis.

Mitte der achtziger Jahre hatte ich von dem Konziliaren Prozess für Gerechtigkeit, Frieden und Bewahrung der Schöpfung in den Kirchen der DDR erfahren. In vielen thematischen Gruppen beschäftigten sich Menschen mit den heiklen Themen in unserem Land, zum Beispiel Wirtschaft, Gesundheitswesen, Erziehung, Umwelt, gewaltfreie Kommunikation, Homosexualität , Gruppenleitung, eigene Biografie und anderen. In einer dieser Gruppen lernte ich einen Pfarrer kennen, der in den zeitweiligen Ruhestand versetzt worden war, weil er sich zu seiner Homosexualität bekannt hatte. Wir befreundeten uns und nahmen gemeinsam an vielen dieser Gruppen teil. Wir lechzten nach gesellschaftlichen Veränderungen in unserem Land und konnten uns in der Kirche gut darauf vorbereiten. Das war eine produktive, spannende und hoffnungsvolle Zeit – auch für unsere Beziehung. Wir bestärkten uns gegenseitig, gaben uns Mut und Kraft für die aktive Teilnahme an der späteren Friedlichen Revolution.

Im Sommer 1989 hatte ich wieder einen Antrag gestellt für eine Besucherlaubnis in den Westen, diesmal zum 76. Geburtstag meiner Tante. Der Antrag zum 75. Geburtstag war einen Tag vor der geplanten Reise abgelehnt worden.
Ich wurde zum Polizeipräsidium nach Dresden bestellt und bekam meine Papiere. Ich konnte es nicht fassen! Ich ging mit den Papieren in die Kreuzkirche. Erst dort senkte sich die Nachricht bis auf den Grund meiner Seele...
Ich werde nie vergessen, wie still alle Menschen im Zug nach dem Westen wurden, je näher wir der Grenze kamen. Friedhofsstille! Alle hatten Angst, ich auch. Eine junge Familie saß im Abteil mit viel Gepäck und ich wusste, es war ihre Ausreise. Es ging mir durch und durch.
Als die Grenze durchfahren war, holte eine Frau ihre Thermosflasche raus. Ich bat sie um den Becher und goss den Geburtstagsschnaps ein, ein Geschenk meiner Mutter an ihre Schwester, und lud alle im Abteil ein, mit mir zu trinken. Ich hatte die Spannung nicht mehr ausgehalten und wir alle zusammen tranken die halbe Flasche leer. Es war dann ein Geburtstagsgag die andere halbe Flasche als Geschenk zu geben.
Als der Zug drüben durch die Dörfer und Städte fuhr, staunte ich über die Farben und darüber, wie schön und sauber alles war.

Auf dieser Fahrt musste ich aufschreiben, was ich fühlte, es ist ein kleines Gedicht geworden:

Das Theater geht dem Ende entgegen.
Es war eine gute Idee, aber ein schlechtes Stück.
Wer seine Rolle gespielt hat, geht schon zum Abschminken.
Ich habe die Perücke auf den Ständer gehängt,
entfernt sind die angeklebten Wimpern.
Wo der falsche Bart hing, ist das Gesicht gerötet.
Den Kleister reibe ich von den Wangen, wische die Schminke ab.
Das alles braucht seine Zeit.
Aus dem Zuschauerraum höre ich dürftiges Klatschen - es lässt mich kalt.
Die Beine schmerzen vom Tanzen nach der ungeliebten Musik,
die Kehle ist ausgetrocknet und wie zugeschnürt.
Im Spiegel sehe ich mein müdes Gesicht:
Schlaff, faltig, erschöpft, schon ein bisschen gestorben.
Vierzig Jahre sind eine lange Zeit...
Dennoch!
Ich lächle mir zu, weil ich wieder ich selbst werde.
Dankbar zünde ich eine Kerze an...

Im Mai 1989 waren Wahlen. Unser Friedenskreis beschloss, die Wahllokale während der Auszählungen aufzusuchen, um einen möglichen Betrug aufzudecken.
In meinem Lokal wurde 100 % gewählt, obwohl ich wusste, dass mein Freund und acht andere Einwohner nicht gewählt hatten. Ich ging zum Bürgermeister und forderte ihn auf den Betrug einzusehen. Er hat es nicht gemacht und ich habe den Vorfall beim Staatsanwalt angezeigt. Nach acht Wochen bekam ich Bescheid, dass alles geprüft wurde und kein Betrug vorgefallen wäre. Natürlich hatte ich wochenlang Angst, was man mit mir auf Grund der Anzeige machen würde, aber es war wohl überall im Lande so gewesen und viele Leute deckten den Wahlbetrug mit auf...

Die Wende kündigte sich für mich an durch viele kleine Lichter, die aufflackerten. Es war Hoffnung und Angst zugleich, aber mit jeder kleinen Aktivität wurde die Angst weniger. Es war ein langsames Sich-Erheben. Auf einem Plakat in der evangelischen Akademie in Meißen las ich: „Wer sich widersetzen will, muss vorher aufstehen." Das hat mir Mut gemacht. Es war die Zeit, in der das Neue Forum gegründet und vom Staat mit der Begründung, es gäbe keinen Bedarf, abgelehnt wurde. Das fand ich eine sehr große Frechheit. Ich schrieb ans Zentralkomitee der SED, dass ich Bedarf habe. Gleichzeitig meldete ich mich beim Neuen Forum in Berlin und bot unsere Unterstützung an.

Wenige Tage danach kamen Leute aus Chemnitz und Umgebung zu uns. Wir waren als Kontaktadresse angegeben worden. Wir waren eine kleine Zentrale hier in der Umgebung. Das Gefühl, nicht alleine zu sein, war sehr wichtig. Große Pläne konnten wir noch nicht machen, da fehlte uns der Überblick. Dienlich war uns, dass wir schon einige Jahre im Friedenskreis gearbeitet hatten.

Zu dieser Zeit wurde Honecker abgesetzt und Egon Krenz sollte seinen Platz einnehmen. Er hatte sich im Juni lobend über die Ermordung der Studenten auf dem Platz des Himmlischen Friedens in Peking ausgesprochen, weil der Sozialismus mit allen Mitteln verteidigt werden müsse. Ich fuhr mit zwei Plakaten im Trabant durch die Gegend. „Ich bin für unbe-Krenz-te Demokratie" und „Neues Forum finde ich gut".

Eines Tages wurde ich von der Stasi angehalten. Es war in Dresden in der Nähe vom Hotel Hilton, wo ich wegen eines Nachlasses mit Westberlinern ein Treffen hatte. Ich wurde in ein für die Stasi eingerichtetes Zimmer geführt und verhört. Der Stasi Mitarbeiter wollte mich überzeugen, dass diese Plakate staatsfeindlich sind.

Ich diskutierte mit ihm über die Ereignisse im Land, und weil ich mich nicht einschüchtern ließ, wechselte er das Thema. Er wies mich auf die abgefahrenen Reifen meines Autos hin. Es gab keine Reifen zu der Zeit. Eigentlich hätte ich so nicht mehr fahren dürfen. Er schickte mich ins Polizeipräsidium. Ich sollte mich da melden. In der Aktentasche hatte ich

allerdings Sprüche für Flugblätter liegen. Ich hatte Angst und war ratlos. Ich bat den Westberliner mir die Aktentasche mit den Texten aufzubewahren, doch er hatte auch Angst und lehnte ab. Auf der Straße kamen fremde Leute auf mich zu und sagten, dass sie gesehen hätten, was mit mir passiert sei und dass sie aufpassen wollen, was man mit mir macht. Ich war überglücklich über diese Solidarität und gab ihnen meine Adresse.
Auf der Fahrt zum Polizeipräsidium fragte ich mich, warum ich so folgsam bin. Ich machte also einen Umweg zu einer Bekannten und ließ die Materialien dort. Gleichzeitig schrieb ich an den Superintendenten eine Karte, dass er Nachforschungen anstellen solle, wenn ich in zwei Tagen keine Nachricht gebe.
Die Polizei sperrte meinen Trabant.
Dann kam ich in einen Zellen ähnlichen Warteraum. Vor mir saß ein Wachhabender. Ich befürchtete, in Angst zu versinken und begann ein Lied zu singen, mutig, laut und erhebend. Der Text war befreiend und hat mir geholfen. Er war neu gedichtet für die Freiheit und den Neubeginn, nach der Melodie: Die Gedanken sind frei.

Ich denk mir ein Haus aus Reimen und Noten,
wo keinem der Aus-und Eintritt verboten.
Die Türen stehen offen den Menschen, die hoffen.
Wer will, komm herbei, die Gedanken sind frei.

Ich denk mir ein Land mit tiefgrünen Wäldern,
mit sauberem Strand und Korn schweren Feldern,
wo See, Fluss und Tümpel sind frei von Gerümpel,
von Stickstoff und Blei, die Gedanken sind frei.

Ein Volk denk ich mir, das nicht schon erblindet,
bei Fernsehen und Bier nur Seligkeit findet,
das Mut hat zu streiten, wo auch Minderheiten
sich finden dabei und Gedanken sind frei.

Ich denk mir die Welt mit Tischen für jeden,
ein freundliches Zelt zum Essen und Reden.
Kein Hunger, kein Schweigen - ein fröhlicher Reigen
Und Menschlichkeit sei, und Gedanken sind frei.

Ich denk mir ein Lied aus Güte und Klarheit.
Da, wo es geschieht in Anspruch und Wahrheit,
nicht hart und verbittert, die Hirne vergittert,
das ohne Geschrei, die Gedanken sind frei.

Ingo Barz

Das brachte das ganze Revier in Aufruhr.
Der Wachhabende brachte mich rasch zu seinem Vorgesetzten zum Verhör.
Ich habe zu mir gestanden und zu dem, was sich gerade im Lande ändert und dass ich stolz drauf bin. So hatte ich das Gefühl, dass ich ihm nicht länger unterlegen war. Ich wurde entlassen, nachdem ich im Protokoll noch zahlreiche Rechtschreibfehler angestrichen hatte. Das war nur möglich, weil die Zeit der Veränderungen sehr fortgeschritten war.

Kurz darauf wurde ich von einem Pfarrer gebeten, in seinem Gottesdienst etwas über das Neue Forum zu sagen. Als ich zu diesem Fürbittgottesdienst kam, waren da an die 600 Menschen, alle Gänge verstopft. Mir wurde mulmig, ich hatte kein Konzept. Wir begannen mit dem oben genannten Lied, das ich in der Zelle gesungen hatte. In dieser Zeit hatte ich stets zahlreiche Kopien guter, kritischer, neuer Texte in der Aktentasche. Es war ein erhebendes Gefühl, 600 Menschen, die dieses Lied sangen. Dann habe ich die Menschen ermuntert, über ihre Träume und Hoffnungen zu sprechen. Es war sehr intensiv und mitreißend, ein neuer Geist, der alle erfasst hatte. Nach diesem Gottesdienst bekam ich viele Einladungen in andere Kirchen, um mit den Menschen zu sprechen. Das war mein Beitrag zur Friedlichen Revolution.

In dieser Zeit bekam ich eines Tages Besuch von zwei fremden Männern. Sie stellten sich als Reporter und Fotograf einer amerikanischen Zeitung vor. Wir hatten an dem Abend gerade Treff vom Neuen Forum in meinem Haus. Bis morgens um drei Uhr haben wir gesessen und geredet. Die beiden waren begeistert. Der Fotograf hat fotografiert, der Reporter alles aufgeschrieben. Alles war dokumentiert. Ich war blauäugig aber auch ehrlich gewesen. Danach hatte ich wochenlang schwerste Ängste, denn es hätten ja welche von der Stasi sein können.
Wenn man sich das überlegt, was wir so gewagt haben. Nie wussten wir genau, wem man trauen kann und wem nicht. Immer diese Angst, verhaftet zu werden.
Nach vielen Wochen kam eine Zeitung aus den USA, Sonderausgabe der Times-Picayoune, „Ostdeutschland jenseits der Mauer" vom 7. Dezember 1989 mit dem Bericht über die Friedliche Revolution in der DDR, darin auch der Bericht über die Arbeit des Neuen Forums in unserer ländlichen Gegend und mein Bild. Ich atmete auf.

Am 9. November als die Grenzen fielen, waren wir sehr überrascht und kaum einer konnte es fassen. Danach war alles anders, auch das nächste große Treffen vom Neuen Forum in Berlin. Wir fuhren in Kolonne nach Berlin, Auto an Auto. Plötzlich trennten sich die Wege. Unser kleiner Trabant fuhr nach rechts, die vielen anderen fuhren alle nach links Richtung Westen. Wenige interessierten sich jetzt noch fürs Neue Forum.
Am 18. März 1990 gab es die erste freie Wahl in der DDR. Die große Politik und alle Verantwortlichen hatten zu der Zeit noch Angst vor der Vereinigung Deutschlands, vor allem auch die Alliierten. Aber das erste Jahr war ein wunderbares Jahr des kreativen Neubeginns. Wir glaubten

ja auch nicht daran, dass wir ein vereintes Land werden könnten. Es ging zunächst um Erneuerung des östlichen Teils Deutschlands. Nach der Wahl war es klarer. Durch den Sieg der CDU wussten wir, dass es eine Vereinigung geben würde.

Diese friedliche Revolution war ein großes Glück, mein Leben hatte noch einmal neu begonnen.
In Leipzig fand ein Forum freier Pädagogen mit mehreren hundert Menschen statt. Dort stellten sich alternative Schulen vor. Es gab Debatten und Diskussionen zum Thema der Bildung unserer Kinder. Dort entschied ich mich wieder in den Schuldienst zu gehen, um bei der Umgestaltung der Schulen mit zu arbeiten.
Ich bekam eine Stelle bei der Abteilung Volksbildung in der Schulaufsicht mit 10 Stunden Unterrichtsverpflichtung. Das war erstaunlich schwer für mich. 16 Jahre hatte ich nicht mehr vor Schülern gestanden. Auch probierte ich neue Methoden aus, wie im Kreis sitzen, über sich sprechen und miteinander im Austausch sein ... Aber das glückte nur sehr begrenzt.

Ich war inzwischen fast Mitte fünfzig und kam aus vielen Gründen in Bedrängnis auf allen Gebieten. Meine Kräfte waren versiegt.
Ich begann eine Psychotherapie in Halle. Das war schmerzhaft und sehr wichtig. Es hat mein Leben verändert, habe viel an mir weiter gearbeitet. Habe auch mein politisches Mandat zurückgegeben, denn ich hatte gemerkt, dass die praktische Alltagspolitik nicht meine Stärke war.
In Vorruhestand bin ich 1992 gegangen, gerade 55 Jahre alt. Aber ich war froh. Hatte große Angst mit den vielen neuen Herausforderungen zu scheitern. Damals war das Scheitern noch nicht als wichtiger Bestandteil des Lebens in mein Leben integriert. Ich wollte damals nicht scheitern, hatte mich doch immer durchgekämpft durch alles.
Im Privaten hatte ich auch meine Probleme. Habe eine ältere Arbeitskollegin, die einen Schlaganfall gehabt hatte, in mein Haus zur Pflege genommen mit der Absicht, ihr einen schönen Lebensabschied zu gestalten. Ihr

ging es bald besser, sie lernte das Laufen, das Sprechen und lebte noch 4 1/2 Jahre in meinem Haus, anschließend noch 2 Jahre im Pflegeheim. Ich hatte also einen Pflegefall im Haus als meine Mutter auch bettlägerig wurde. Ich nahm auch sie auf, so dass wir zu viert lebten: mein Partner, ich und die beiden alten Frauen.
Dann kam noch ein Freund aus Rumänien zu Besuch, der nicht zurück wollte. Hilfe!
Damals konnte man nur durch Heirat in Deutschland bleiben. Meine alte Arbeitskollegin meinte daraufhin, dass eben geheiratet wird. Und sie wurde die Braut. Eine 85-jährige Braut und ein 35-jähriger Bräutigam. Meine innere Rechtfertigung war, dass die beiden wegen gegenseitiger Bedürfnisbefriedigung geheiratet haben. Die alte Dame hatte einen Pfleger und der junge Mann konnte im Land bleiben. Sie haben sich sehr gut verstanden und der junge Rumäne wurde in unser freundschaftliches Verhältnis im Haus aufgenommen.
Die beabsichtigte Eheschließung war vom Oberlandesgericht in Dresden geprüft und genehmigt worden. Die Trauung fand in unserem Wohnzimmer statt. Es war eine heitere Runde. Der Bürgermeister und die Standesbeamte kamen zu uns. So etwas hatten sie noch nicht erlebt. Wir haben alle etwas zu diesem feierlichen Akt beigetragen. So wurde es eine schöne Gesprächsrunde. Diese Ehe war eine gute Entscheidung. Der Ehemann hat seine Frau betreut bis in den Tod, auch noch im Pflegeheim. Später hat er eine junge Frau geheiratet mit zwei behinderten Kindern, die er mit groß gezogen hat. Ja, so spielt das Leben. Am Ende war alles rund.

Ab 1993 konnte ich mich mir selbst widmen. Ich spürte, wie verkrampft mein Körper war. Den linken Arm konnte ich kaum noch richtig heben. Damals habe ich eine Woche lang die erste Selbsterfahrungsmännergruppe in der alten Bundesrepublik besucht - ein Durchbruch für mich.
Daraus wurde ein einjähriges Selbsterfahrungstraining bei „Vision der Freude“, einem sehr fähigen Team in Süddeutschland. Es ging um viele Lebensthemen: Geburt, Kindheit, Schattenarbeit, Mann und Frau,Tod

und andere. Das war eine Kostbarkeit und meine Rettung. Ich erfuhr Befreiung und wieder mehr Leichtigkeit. Vertieft und ausgerichtet wurde dieses Gruppentraining durch Einzelanalyse in Dresden. Ich konnte mein ganzes Leben unter Anleitung durcharbeiten. Eine Tür nach der anderen öffnete sich mir. Ich bekam einen neuen Gang, eine neue Atmung, ich kleidete mich anders, meine Stimme wurde tiefer. Kurz, ich erlebte eine Neugeburt in meine zweite Lebenshälfte hinein.
Vieles wurde anders. Auch mein Partner und ich haben uns freundschaftlich getrennt. Ich war 58 Jahre alt.
In der letzten Gruppe von Vision der Freude arbeiteten wir an dem Thema: Das Erblühen der Vision. Meine Vision war, das Haus für Gruppen zu öffnen, um das, was ich erfahren habe und mir so gut getan hatte, weiterzugeben. Ich baute also noch einmal das Haus um zu einem kleinen Seminarhaus. Auch die antiken Möbel verkaufte ich und richtete alles neu ein. Das Haus und ich waren verwandelt. 1997 zu meinem 60. Geburtstag eröffnete ich mein Haus als Begegnungsstätte der Lebensfreude. Durch Massagen, Fasten, Meditation und psychische Themen konnten sich die Menschen für ihr Inneres öffnen, für Erleben, Entwicklung und Heilung. Darin hatten wir ehemaligen DDR Bürger einen großen Nachholbedarf.
Das ging 20 Jahre. Viele Teilnehmer sind aus diesen Gruppen hervorgegangen, die das Erfahrene und Erlebte weitertragen. Das ist für mich ein beglückendes Gefühl.
Es ist der Segen des Alters, von dem ich mit 40 geträumt habe und dessentwegen ich das Grundstück gekauft habe.
Ich staune immer wieder, welche Leichtigkeit mein Leben bekommen hat und bin dankbar. Ich habe mein Urvertrauen wieder gefunden in die eine große Kraft, der ich keinen Namen geben möchte.

Als ich mit den Selbsterfahrungsgruppen begonnen habe und froh damit war, hatte ich doch eine große Sehnsucht nach einem Menschen an meiner Seite. Ich wusste nicht genau, ob es in Zukunft ein Mann oder eine Frau sein würde. Ich fühlte mich in meiner Seele sehr jung, aber natürlich

wurde ich älter. Irgendwann war mir das klar. Das waren nicht sehr leichte Prozesse.
Zunächst gab ich eine Anzeige auf in der Zeitung, dass ich im Haus einen Helfer suche. Es meldete sich ein Flüchtling aus dem Irak, Angehöriger der Glaubensgemeinschaft der dort verfolgten Jesiden. Er lebte noch im Asylantenheim und war mir sympathisch. Er blieb ein Jahr in meinem Hause und lernte hier Deutsch und viele Arbeiten, die ich ihm gezeigt habe. Er war eine große Unterstützung, hat sogar gekocht und abgewaschen, wenn Gruppen kamen. Das hätte er in seiner irakischen Heimat nie gemacht.
Einmal erzählte er, dass er in der Heimat eine Frau und fünf kleine Kinder habe, die er alle nach Deutschland holen wolle.
Sein jüngster Sohn war zweieinhalb Jahre alt. So alt, wie ich war, als mein Vater starb. Das war der Moment, wo ich wusste, dass ich diesem Kind und der ganzen Familie helfen werde, in Deutschland vereint zu leben.
Wenig später kam dann meine jetzige Frau ins Haus.
Wir beide haben uns gemeinsam engagiert, dass die Familie nach Deutschland kommen konnte. Früher wollte ich die Welt verändern. Heute weiß ich, dass es reicht, sich für eine Sache ganz intensiv einzusetzen und das durchzuhalten. Das verlangt alle Kraft und alle Liebe.
Bis heute unterstütze ich Flüchtlingsfamilien bei deren Integration. Das muss ich tun, tief aus meinem Herzen, weil ich auch einmal Flüchtling gewesen bin und weiß, was das alles bedeutet. Ich weiß, wie es ist, die Heimat verlassen zu müssen und ohne Wurzeln zu sein.

Als meine Frau als Urlauberin in mein Haus kam, war ich so weit, einen Menschen zu finden, der zu meinem Alter passt. Ich war 63 Jahre alt. Sie hatte Interesse an mir. Ich erlebte sie als großes Angebot des Lebens. Sie machte auch Therapie und hatte TZI Ausbildung wie ich und sie war religiös.
Ich habe mich gern und bewusst auf sie eingelassen. Ich hatte auch Ängste. Ich wusste, dass Frauen mich emotional schrecken können und es

einen Mechanismus gibt, der mich Frauen gegenüber nicht unbefangen sein lässt. Es reizte mich aber auch die Entwicklungsmöglichkeit für meine männliche Seite. Und immer mehr freute ich mich über unsere Zweisamkeit, das gemeinsame Erleben und Wachsen, über die Möglichkeit, unsere Beziehung partnerschaftlich zu gestalten. Wir sind schon 12 Jahre verheiratet und führen immer noch unsere wöchentlichen Partnerschaftsgespräche.

Wenn ich in der Liebe bin, bezieht sich das nicht nur auf meine Frau, sondern auf das ganze Leben, auch wenn sie das Gefühl auslöst.

Es macht mich sehr glücklich, wenn sie mich anstrahlt und sagt: „Ich bin so glücklich“, manchmal einfach nur so, mitten im Alltag und ohne besonderen Anlass. Das ist ein großes Geschenk. Es ist wunderbar wie wir uns beide in unseren Entwicklungs- und Reifeprozessen erleben, allein gehen lassen, unterstützen und ergänzen.

Ich bin wunschlos, was das äußere Leben betrifft. Es zieht mich nicht mehr in die Welt hinaus. Ich lasse alle so wie sie sind und versuche nichts mehr zu bewerten. Ich bin rund und froh, habe so viel Gutes erlebt und erschaffen. Und ich bin immer noch neugierig, wie sich alles entwickelt, auch mit meinem Haus. Aber das überlasse ich der Führung des Lebens.

Wenn ich mein Leben zurückverfolge, kommt es mir vor, als gäbe es einen großen göttlichen Plan und ich bin ihn Schritt für Schritt gegangen.

Peter

Peter ist 68 Jahre alt, Rentner und sehr vital. Er lebt mit seiner Frau in Dresden und engagiert sich ehrenamtlich in vielen Organisationen und sozialen Einrichtungen, wo er sehr gefragt ist und gebraucht wird. Von Zeit zu Zeit liebt er es, in sein Leichtflugzeug einzusteigen und über der Welt zu schweben, von wo aus er Landschaften, Dörfer und Städte fotografiert.

„Leben ist was sehr Komplexes und man hat viele Möglichkeiten. Doch es ist wichtig, seine Wurzeln und Grenzen zu kennen. Das gibt dem Menschen die nötige Ruhe im Leben."

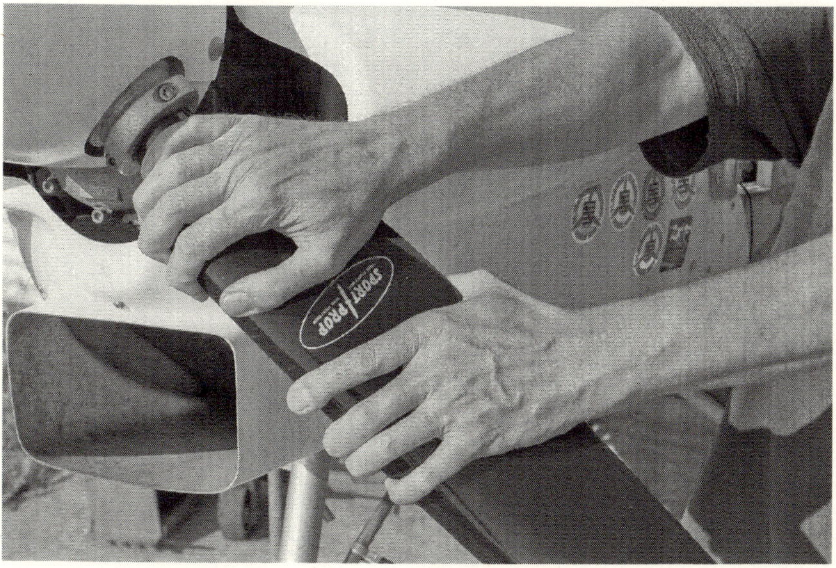

Geboren bin ich im April 1949. Ich sehe mich als sehr kleinen Jungen wie die Erwachsenen von mir wollen, dass ich „Wut" spielen soll. Dann sehe ich mich auf dem Bauernhof, wo ich geboren wurde, wie mir die Gänse hinterherlaufen und mich ins Bein zwicken. Da bin ich zwei Jahre alt. Wenig später sind wir umgezogen ins Erzgebirge. Mein Vater bekam eine neue Arbeit bei der Wismut. Wir lebten dort auch auf dem Lande und da hatte ich ein Huhn, mit dem ich geredet habe, dass es mir ein Ei legen soll.

Die Geschichte meiner Eltern ist sehr interessant. Meine Mutter ist mit ihren Eltern 1946 vertrieben worden aus Sudeten Deutschland. Sie hatte noch drei Geschwister. Sie kamen in den Ort, wo die Familie meines Vaters lebte. Ihre Mutter starb 1947. Von meinem Vater starb der Vater in einem sowjetischen Internierungslager wahrscheinlich schon 1946. Mein Vater war ihr einziges Kind. Die beiden übrig gebliebenen Elternteile haben sich zusammen getan. Meine Mutter ist 1929 und mein Vater 1926 geboren. Er war noch im Krieg, sehr jung. Er hat mir mal erzählt, dass er einen Russen angeschossen hat im Gefecht und noch gehört hat, wie der Mensch geschrien hat.

Die nächste Erinnerung ist dann schon in Dresden. Mein Vater ist in der Partei gewesen und wurde nach Dresden versetzt. Er wurde Baustabsleiter der Bezirksbehörde der Volkspolizei. Wir lebten erst mal in einer riesigen Villa, die immer hundekalt war. Meine Schwester und ich sind in den Zimmern mit dem Roller um den Tisch gefahren, so groß waren die Räume. Kurz danach mussten wir wieder umziehen. Aber es war eine angenehmere Wohnung.

Mein Vater hatte ein Dienstmotorrad, mit dem er mich manchmal mitnahm. Da gab es noch keine Vorschriften wie heute. Das wäre jetzt undenkbar, ein Kind ohne Sturzhelm vorn auf dem Tank mitzunehmen. Ich erinnere mich auch wie mein Vater seine Pistole putzt. Aber an dieses Ding hat er mich nicht ran gelassen. Da war er sehr vorsichtig.

Mein Vater gehört zu der Generation von Vätern, die immer gearbeitet haben und nie zu Hause waren. Er war viel auf Arbeit und wenn er von

der Arbeit kam, ging es erst mal in die Kneipe. Er war oft betrunken. Er war viel unterwegs und außer Sonntagsspaziergängen kann ich mich nicht erinnern, dass der Vater mal mit uns gespielt hätte.
Meine Oma, seine Mutter, hat uns vorgelesen. Die hat auch abends mit mir gebetet. Habe das Vaterunser auswendig gelernt und war sehr darauf bedacht, es gut auswendig zu können. Einen Zugang zur Religion habe ich damit nicht bekommen. War noch nicht mal neugierig zu erfahren ob es denn einen Gott überhaupt gibt. Es war mehr eine Anpassung an den Willen der Erwachsenen.
Meine Großeltern haben immer mit uns gelebt. Erst viel später haben sie sich eine eigene Wohnung genommen, weil es oft Differenzen gab zwischen meinem Vater und dem Großvater aus politischen Einstellungen heraus. Mein Vater war sehr mit dem System verbunden, aus innerer Überzeugung. Das habe ich als Kind im Positiven gesehen: Mein Vater als Mitgestalter einer neuen Zeit. Er soll sich sehr für die Menschen eingesetzt haben auf den Baustellen und hatte einen sehr guten Ruf, was das anging.
Meine Mutter hat sich um uns Kinder gekümmert. Ich bin der Älteste, dann kamen noch vier Schwestern. Meine Mutter sagte oft: "Junge, mach mir bloß nicht noch mehr Ärger, als ich ohnehin schon habe". Sie hatte wenig Zeit und immer viel zu tun. Sie hatte auch noch die Wäsche für die Großeltern zu waschen. Sie klagt heute noch über diese Zeit. Es muss für sie sehr schwer gewesen sein. Aber ich habe das nicht so wahrgenommen.
Was die Ehe meiner Eltern betraf, weiß ich nicht so recht. Sie haben sich umarmt und geküsst, wenn der Vater kam oder zur Arbeit ging. Das Bild habe ich noch in mir...
Andere Kindheitserinnerungen sind an Weihnachten. Wir Kinder saßen in der Küche und draußen ging der Weihnachtsmann vorbei. Der brachte die Geschenke. Das war spannend für uns.
Oder, die Schwestern habe ich immer im Kinderwagen ausgefahren und zwar so schnell, dass sie oft umgekippt sind.
Wir haben noch in den Trümmern der Ruinen gespielt. Es gab Bandenkriege und wir haben immer nur draußen gespielt. Alle Kinder spielten

draußen in der Wildnis. Nicht weit weg von unserem Haus gab es das Russenviertel und den Truppenübungsplatz. Das war ein Abenteuerplatz für uns Kinder. Wir Jungs waren oft dort und haben Abzeichen erbettelt. Wir haben manchmal Schnaps für die Russen gekauft, weil die ja nicht raus durften. Wir kannten dort jede Ecke und sind oft durch kaputte Zäune gekrochen. Wenn sich die Russenfrauen gewaschen haben, guckten wir im Wechsel durch ein Loch im weiß angestrichenen Fenster. Es gab ein Geschubse und Geträngle, jeder wollte mal. Einmal wäre ich beinah erschlagen worden, weil jemand von oben einen Ziegelstein auf uns geworfen hat. Es war ein großes Glück, dass wir ihn nicht abgekriegt haben; er schlug genau in einer kleinen Lücke zwischen uns auf die Erde. Da waren sie nicht zimperlich die Russen. Auf der anderen Seite haben sie uns auch verteidigt. Einmal hetzte der Sandgrubenwärter seinen bissigen Hund auf uns. Ein Offizier hat uns vor dem Mann verteidigt und seine Pistole auf den Hund gehalten.

Manchmal haben wir Munition gefunden und die ins Lagerfeuer geschmissen. Die Patronen flogen uns um die Ohren. Aber da hat damals keiner hingesehen.

Manche Russen haben uns als Faschisten beschimpft. Andere haben uns mit den Panzern mitgenommen. Es gab solche und solche.

Ich hatte mein eigenes Zimmer im Haus, abseits der Wohnung. Da bin ich abends sehr lange wach geblieben und früh gab es Ärger, wenn mich die Schwestern wecken kamen. Mit so vielen Mädchen aufzuwachsen war für mich kein Problem. Nur an Kleinigkeiten habe ich es manchmal gemerkt. Ich habe sehr lange Leibchen mit Strümpfen getragen und bin deswegen von meinen Spielkameraden gehänselt worden.

Wir waren eine der ersten Familien, die einen Fernseher hatten. Es muss etwa 1956 gewesen sein. Da kamen dann die Nachbarn und viele Kinder zum Fernsehen. Es war sowieso in unserem Haus eine große Gemeinschaft, die sich immer geholfen hat. Die Leute haben zusammengehalten und es gab eine Menge Kinder.

Diese Gemeinschaft zerbrach später am zunehmenden Wohlstand. Es ging ums Garagenbauen als die Hausgemeinschaft sich zerstritten hat. Das einträchtige Miteinander war dann zu Ende. Das habe ich sehr intensiv wahrgenommen.
Ich habe ein gutes Gefühl, wenn ich mich an meine Kindheit erinnere. Wir wurden niemals geschlagen oder sehr streng behandelt.
Es gab einen Unfall, den ich erwähnen möchte. Wollte auf dem Wäscheplatz von einer Erhöhung ins grüne Gras springen, weil es mich so sehr in das saftige hohe Gras gezogen hat. Ich holte Schwung und stieß beim Abspringen mit dem Kopf an den Holzbalken über mir, an den ich nicht gedacht hatte. Ich wurde ohnmächtig und erlebte, dass in mir ein Film ablief mit einer riesigen Geschwindigkeit. Heute denke ich, dass es eine Nah Tod Erfahrung war.
In der Schule war ich natürlich bei den Pionieren, das war klar. War gerne in der Schule, jedenfalls damals. Das ganze Politische hat mich damals nicht angehoben, so was wie Fahnenappell, der war ja regelmäßig. Habe nicht am Sozialismus gezweifelt. Schon durch meine Erziehung. Es gab von Omas Seite West Verwandte. Ab und zu sind sie zu Besuch gekommen und dann gab es immer Spannungen in der Familie. Ansonsten ist mir die Ost-West Situation nie ins Bewusstsein gekommen.
Einmal war ich schwer enttäuscht von einem Lehrer, den ich sehr geliebt habe. Der hat mich verspottet vor der gesamten Klasse, weil ich was nicht gebracht habe. Das hat mich tief erschüttert. Sicher ist das eine Erfahrung, die jeder machen muss.
Ich war in der Schule nicht sehr gut. War kein begabter Schüler. Bis zu dem Tag als mein Vater starb, 1963, eine Woche vor meiner Jugendweihe. Das geschah innerhalb sehr kurzer Zeit; in wenigen Stunden in unserer Wohnung. Er hatte sich früh kalt geduscht und war plötzlich ohnmächtig geworden. Der Notdienst ist trotz vieler Anrufe nicht gekommen. Die meinten, da es ein so junger Mann ist, da wäre es nicht nötig. Ich bin los gefahren mit meinem Fahrrad und habe in Krankenhäusern um Hilfe gebeten, doch die haben auch nicht dergleichen getan. Mein Vater kam

kurz wieder zu Bewusstsein und wir haben sogar miteinander geredet. Bis er wieder ohnmächtig wurde. Er hat zwei Stunden geröchelt. Kurz vor seinem Tode kam die SMH. Die hatten dann Panik und haben ihm noch eine Spritze in den Bauch gegeben, aber es war zu spät. Er hatte Gehirnbluten und Herzinfarkt. Unglaublich das ganze. Wir standen alle dabei und haben gesehen wie er starb. Sicher hätte er weiterleben können, wenn die SMH früher gekommen wäre.
Mein Vater war 37 Jahre alt. Es war schlimm für uns und für mich das einschneidendste Erlebnis in meiner Kindheit überhaupt. Von da an war alles anders. Ich habe erfasst, dass im Leben von jetzt auf gleich, plötzlich alles anders sein kann. Ich habe nicht mehr geglaubt, dass irgendetwas konstant bleibt. Das ist auch heute noch so.
Meine Mutter ist schreiend durchs Haus gerannt, hat sich auf die Treppen geworfen. Ich denke sie hatte panische Angst vor dem Alleinsein. Es war wie ein Weltuntergang und ich dachte, dass jetzt alles aus ist. Meine jüngste Schwester war gerade zwei Jahre alt. Auch für meine Oma war es ein Schock, denn es war ihr einziger Sohn.

Meine Kindheit war von einem Moment auf den anderen vorbei. Ich kam in die Verantwortung für die Familie. Habe mich sehr angestrengt und erreichte in der Schule sehr gute Leistungen. Fühlte, dass es auf mich ankommt. Da gab es niemanden mehr, der mir noch was abnehmen konnte. Es hat starke Kräfte in mir frei gesetzt, komischerweise. Aber ich hatte bestimmte Gefühle nicht mehr so wie andere Menschen, finde den Zugang nicht. Habe wunderbar funktioniert und wurde von allen gelobt. Das war ein Überlebensmechanismus. Später in den siebziger Jahren, nach meiner Studienzeit musste ich eine Therapie machen wegen Herzproblemen und dabei ist klar geworden, dass ich mich durch zu hohe Ansprüche selbst überfordert hatte. Viele Zusammenhänge sind mir hier erstmals bewusst geworden
Nach der Wendezeit war ich ja Jugendamtsleiter. Auch da ist es mir oft unmöglich gewesen, die Gefühle mancher Menschen (die Dramatik man-

cher Probleme) nachzuvollziehen. Das hatte immer noch mit der Verdrängungserfahrung durch den Tod meines Vaters zu tun. Bin sehr gespannt, was da noch so hochkommt mit den Jahren. Bestimmte Verhaltensweisen hängen auch damit zusammen.

Was das Mannwerden betraf war ich ein Spätentwickler. Lebte ja zwischen Mädchen und die Mutter hatte keinen Zugang zu den Gefühlen eines Jungen. Weiß nicht ob es anders oder besser gewesen wäre mit meinem Vater, glaube ich eher nicht. Die Aufklärung lief unter uns Freunden. Da wusste ich oft nichts mit den typischen männlichen Ausdrucksformen anzufangen. Aber ich habe nichts gesagt, um mich nicht zu blamieren.
War mal verliebt in ein Mädchen, aber ich war damals zu unscheinbar. Da hatten andere Jungs mehr Chancen. Den ersten Sex hatte ich erst mit 18 Jahren, da war ich schon bei der Armee.
Nach der Schule wurde ich 1966 Dreher (Zerspaner) in der Metallverarbeitung.
Wollte ja unbedingt Pilot werden. War seit dem 14. Lebensjahr bei den Segelfliegern und wollte zur Armee gehen, um mir meinen Traum zu erfüllen. Ich bestand die ärztliche Prüfung nicht wegen eines vermeintlichen Wirbelsäulenschadens. Heute weiß ich, dass auf diese Art unliebsame Leute ausgesondert wurden. Wir hatten ja West Verwandte. Es brach für mich eine heile Welt zusammen und mir wurde sichtbar, dass in diesem Lande nicht alles in Ordnung ist. Ich habe oft versucht, mich etwas anzupassen aber mich nie völlig zu verraten.
Ich lernte Gitarre spielen durch einen Freund während der Lehrzeit und ich lernte viele neue Leute kennen. Mein Horizont erweiterte sich, auch politisch. Ich hatte im Wohngebiet neue Freunde gefunden und wir schlossen uns zusammen und machten Musik von den Beatles, den Stones und so weiter.
Ein Parteimensch aus unserem Wohngebiet hatte erreicht, dass ein Jugendclub eröffnet werden konnte und mir hatte er die Leitung übertragen. Ich musste monatlich bei der FDJ-Stadtbezirksleitung Bericht erstatten.

Wir sollten „Schule der sozialistischen Arbeit“ machen. Das haben wir nicht gemacht, ich habe denen irgendwas erzählt. Die Leute bei der Kreisleitung der FDJ waren dümmliche Leute. Das gehörte richtig dazu. Der Staat wollte solche Leute, dumme Sklaven, die nicht nachdenken und denen hörig sind, die gerne nach unten Druck ausüben. Das war vor meiner Armeezeit und hat mich geformt.

Ich wollte jetzt nicht mehr Offizier werden und bin nur zum Grundwehrdienst gegangen. Kam zur Luftwaffe, obwohl man mir angedroht hatte zu den Panzern zu kommen wegen meiner Offiziersverweigerung.
Ich kam 1968 zur Armee. Ich wurde Funker, da konnte ich viel lernen.
In der Grundausbildung bekam ich einen Schock. Habe niemals gedacht, wozu Menschen in der Lage sein können. Wir wurden dermaßen drangsaliert. Die Offiziere kamen immer wieder und haben uns den Spinnt ausgeräumt, obwohl wir zum hundertsten Male alles richtig eingeräumt hatten. Bis spät in die Nacht ging das. Es war Schikane und ging darum, den Menschen seinen Willen zu brechen. Zum Glück hat es mir an der Substanz keinen Schaden gemacht. Es hat mir geholfen, Menschen, die man nicht kennt, mit Vorsicht zu betrachten. Das Gute war, dass ich auch gelernt hatte zum Beispiel ein Bett zu machen.
In der Zeit des Prager Frühlings hatten die Offiziere Angst vor uns. Wir hatten die Knarren nachts im Bett. Die Offiziere wurden freundlicher, der Drill weniger, denn wir hätten auch durchdrehen können.
Es gab die EK-Bewegung, die gegenseitige Schikane unter den Soldaten. Da waren wir alle keine Guten. Selbst ich habe manchmal mitgemacht, vor allem wenn wir getrunken hatten. Es ist wie ein Selbstläufer unter den Soldaten. Die EKs sind die Entlassungskandidaten und spielten ihre Macht den anderen gegenüber aus. Das alles im Beisein der Offiziere. Das war zwar inoffiziell, aber so hatten sie die Soldaten besser im Griff.

Nach der Armeezeit wollten die Jungs und ich richtig gute Musik machen und sind auch zur Einstufung gegangen mit eigenen Liedern und Kompo-

sitionen. Auf den Tanzsälen kamen wir mit unseren Eigenkompositionen nicht an.
Wir erfuhren, dass es in der Weinbergkirche einen Jugendpfarrer gibt, der ganz toll sein sollte. Dort haben wir erlebt, dass Menschen über sich reden, über Probleme, die sie angehen und so weiter, dass wir selber über uns reden dürfen und anderen zuhören. Das war etwas Besonderes. Wir haben in den Gesprächsrunden Gefühle artikuliert, die uns bis dahin nicht bewusst waren. Nächstenliebe, Zuneigung, Vergebung und Glaube, diese Worte gab es bis dahin gar nicht. Nirgendwo in der Gesellschaft, auch nicht an Schulen. In der FDJ wurde nur darüber gesprochen, zu einer sozialistischen Persönlichkeit erzogen zu werden. Wir lebten ohne Rüstzeug auf der ganzen Gefühlsebene. Ich habe angefangen, mich zu erkennen, den Umgang mit anderen, anders zu erleben. Es war ein sehr auslösender Funke. Das hat mein Leben entscheidend geprägt
Dieser Pfarrer jedenfalls fragte uns dann, ob wir nicht zu den Jugendgottesdiensten mit der Band spielen könnten. Das haben wir auch gemacht und dort kamen wir richtig gut an. Was wir einbrachten, kam gut an.
Wir hatten auch eine staatliche Spielerlaubnis aber uns wurde verboten, öffentlich zu spielen, wenn wir weiterhin in der Kirche spielen würden. Wir entschieden uns für das Spielen in der Kirche, fertig. Ich war damals der Bandchef, obwohl ich keine Genehmigung von meinem Brigadier bekommen hatte, in der Band zu spielen. Der Grund war, dass ich des Öfteren zu spät zur Arbeit kam, weil früh die Busse oft so überfüllt waren, dass niemand mehr einsteigen konnte. Sie fuhren an meiner Haltestelle dann einfach ohne anzuhalten vorbei. Das alles war sehr makaber.

Nach der Armee studierte ich Automatisierungstechnik in Senftenberg. Dort lernte ich meine erste Frau kennen. Gleich am ersten Tag. Zunächst waren wir mehr befreundet, weil sie noch einen Freund hatte, wo es auch einen Hochzeitstermin gab. Kurz vor der Eheschließung hat sie Schluss mit ihm gemacht und mich auserkoren. Das kann ich so sagen und ich war mächtig stolz darauf, dass sie mich wollte und sich auf mich einge-

lassen hat. Wir heirateten 1973 und bekamen unseren ersten Sohn noch während des Studiums 1974, das wollten wir auch so. Die beiden anderen Kinder wurden 1976 und 1979 geboren, auch Söhne.
Ich war sehr gerne Vater. Mit ihnen spielen und was mit ihnen unternehmen, das war für mich wunderbar. Habe zu der Zeit in der Band gespielt und sehr oft ein Kind mit auf Tour genommen.
Meine Frau hatte sehr jung ihre Mutter verloren und eine echte Stiefmutter gehabt, die sehr kalt war. Auch in meiner Familie wurden Emotionen nicht gefördert. Irgendwie war es unser Dilemma, dass wir in all den Jahren unsere Gefühle nicht zeigen konnten. Daran ist unsere Ehe letztendlich gescheitert. Mir gefiel an ihr ihre Unkompliziertheit, ihre Schönheit, die Art ihres Wesens überhaupt. Sie war keine anschmiegsame Frau. Eine Grundlage unserer Ehe damals, war zu glauben, den anderen verändern zu können. Das liegt sicher an der Jugend und an der geringen Erfahrung. Vielleicht ist es in der ersten Beziehung ganz normal. Vielleicht braucht man diese elementare Erfahrung. Ich kenne nur sehr wenige Beziehungen, die nach vielen Jahren noch gut sind. Oft finden sich die Leute damit ab und leben ein Konzept. Man riecht den Mief in allen Räumen, wenn man mal auf solch ein Paar trifft.
Ich habe nie Anspruch auf meine Frau und ihren Körper gehabt, jeder kann machen mit seinem Körper was er will. Wir hatten beide Seitensprünge.
Ich weiß, dass ich meine erste Frau nicht gerade gut behandelt habe, ziemlich achtlos und zu Vieles als selbstverständlich angesehen und nicht gewürdigt. Das hat sich so ergeben aus diesem ganzen Beziehungsgeflecht. Aus den unerfüllten Erwartungen, den nicht erfüllten Zärtlichkeiten, den emotionalen Verstrickungen. Sie wollte anders von mir geliebt sein, auch beim Sex. Ihre Art damit fertig zu werden war Liebesentzug. Ich habe darauf giftig reagiert.
Ich denke zwischen uns waren zu viele Unstimmigkeiten und es war Unerfahrenheit. Mit meiner jetzigen Frau gibt es viele gemeinsame Interessen, gleichzeitig achte ich sehr darauf, dass es ihr gut geht. Das ist eben

die Erfahrung und das Wissen, dass man eine Beziehung pflegen muss. Wenn man nichts dafür tut, lebt man von der Substanz und es wird immer weniger. Das ist immer wieder schwer, auch für sich zu sprechen. Man muss ja auch selber mit sich zufrieden sein, um eine gute Beziehung zu leben.

Nach der Trennung von meiner ersten Frau wurde mir das alles bewusst. Hatte immer angenommen ich sei ein „Gutmensch", der alles richtig macht. Ich musste mich ehrlich ansehen, das tat weh.

Wir haben uns 1989 getrennt wie viele Paare in der DDR zu dieser Zeit. Die Außengrenze fiel und wir standen vor unseren eigenen Problemen.

Vorher hatten wir immer mit dem Außen zu tun und keine Zeit für die eigene Entwicklung und Problematik gehabt. Vielleicht war`s auch ein unbewusstes Runterspielen. Das ist mir aber erst heute klar.

Das schlimmste an der Trennung war der Kontaktabbruch zu meinen Kindern. Sie blieben bei meiner Frau, da ich durch meine Jugendamtsleitertätigkeit keine Zeit hatte, mich richtig um sie zu kümmern. Es gab nur noch punktuell gemeinsame Unternehmungen. Daran bin ich fast zerbrochen. Habe Nächte lang geheult und war kurz davor, von der Brücke zu springen.

Das war nach dem Tod meines Vaters das zweite dramatische Erlebnis. Beim ersten war ich nur taub und habe nichts mehr gefühlt, beim zweiten hatte ich alle Schmerzen, die man sich vorstellen kann. Meine eigenen und die der Kinder.

Gleichzeitig war die Wende in der ehemaligen DDR, wo die Entwicklung wie ein Sturm über uns hinweg fegte. Die politische Lage in der DDR hatte sich merklich zugespitzt. Aber dass es schon bald zu einem Umbruch kommen würde, hätte keiner gedacht. Ich habe mich sehr bald engagiert um an Verbesserungen des gesellschaftlichen Zusammenlebens mitzuwirken. Das ging los mit der „Gruppenorientierten Gemeindearbeit", eine Ausbildung bei der Kirche, wo es um Gruppenprozesse ging. Das war ein Schlüsselerlebnis für mich. Dort gab es viele Kontakte und ich begann beim „Konziliaren Prozess" in den Kirchen mitzuarbeiten und auch in einer Friedensgruppe. Wir haben die Wahlkontrollen im Mai 1989 mitgemacht und die Wahlfälschung mit aufgedeckt. Ich habe in meinem Betrieb eine Liste mit Ergebnissen der kontrollierten Wahllokale aus gehangen und keiner hat sie weg genommen. Das war damals schon das Zeichen für die Veränderung, die Stasi hatte die Menge der Probleme nicht mehr unter Kontrolle. Ich war wissenschaftlicher Mitarbeiter in meinem Betrieb und es hätte mich früher Kopf und Kragen gekostet. Zu der Zeit wurde der „Sputnik" verboten, eine Zeitschrift aus der Sowjetunion, die viel umwälzende Gedanken veröffentlichte. Das hat alle aufgewühlt, auch die Intelligenz aus der Partei.

Dann kamen die Demonstrationen und die Unruhen. Ich hatte ein Schlüsselerlebnis als sich am Hauptbahnhof die Demonstranten und die Bereitschaftspolizei gegenüberstanden. Bei der Bereitschaftspolizei waren ja auch nur einfache Wehrpflichtige. Ich bin sehr nah an sie herangegangen und sah, dass sie vor Angst gezittert haben und ihre Schutzschilde haben dabei aneinander geschlagen. Da bin ich nach Hause gegangen und konnte keine Steine werfen.

Zu der Zeit war ich im „Neuen Forum". Ich konnte viel einbringen aus der Kirchenarbeit.

Am 9. November, als die Grenze geöffnet worden war, rief ein Freund aus dem Westen an, wie lange wir denn nun noch warten wollen, um sie endlich zu besuchen. Wir sind sofort gestartet mit unserem Wartburg, meine Frau, die drei Kinder und ich. Zwei Kanister mit je 20 Liter Benzin im Kofferraum und ab ging es. Die Autobahnen waren total verstopft mit Ostautos; wir haben neun Stunden gebraucht, die meiste Zeit sind wir Schritttempo gefahren. Es war dichter Rauch wegen der Abgase von Trabants und Wartburgs.

Nach der Wende habe ich lange noch was retten wollen. Aber ich wusste, als die D-Mark eingeführt wurde, dass uns heftige Turbulenzen bevorstehen. Es wurden Jointventure Unternehmen gegründet. Später merkte man aber, dass viele vermeintliche Helfer aus dem Westen nur auf die

Absatzmärkte und die Immobilien aus waren. Will nicht sagen, dass alles schlecht war. Es ging zu der Zeit nicht anders. Die DDR-Wirtschaft war marode und nicht lebensfähig.
Ich wurde Jugendamtsleiter, vom Stadtrat gewählt. Ein Job mit 16 Stunden Arbeitszeit. Damals haben wir uns alle gesagt, dass wir die Verantwortung für die Veränderung tragen müssen. Vorher in der Zeit der „Runden Tische" hatten wir die Illusion, dass wir jetzt endlich kreativ werden können, aber es wurde Verwaltung nach westlichem Vorbild, ein kompliziertes Gebilde von Gesetz und Struktur. Niemand sah durch und ich habe versucht zu ordnen. Es war alles unmöglich eigentlich. Meine Gesundheit wurde schlechter und ich hing den Posten an den Nagel nach fünf Jahren, der Aufbauphase. Ich war nicht geeignet für dieses Amt. War keine Galionsfigur. War kein guter Redner und hatte nicht die Geduld um die vielen Probleme in Ruhe zu lösen. Es ging drunter und drüber damals und auf einmal war ich Chef von 7000 Menschen, weil Kinderkrippen und -gärten dazu kamen. Es hat mich auch bedrückt, dass manche Freunde mich in dieser Position plötzlich als Gegner betrachteten. Ich glaube, dass ich Kritik annehmen kann, aber mit den persönlichen Angriffen konnte ich schlecht umgehen.
In der Zeit lernte ich meine jetzige Frau kennen. Erst viel später wuchs unsere Beziehung langsam zusammen... bis Amor seinen Pfeil abschoss. Sie hat zwei Kinder, deren Vater nie Alimente zahlte. Das mit den Kindern war manchmal nicht einfach, weil der Vater seine Trennungs-Nichtverarbeitung über die Kinder ausgetragen hat. Aber die Beziehung zwischen uns beiden ist sehr gut. Sie ist eine anschmiegsame Frau und das tut mir gut.
Unsere fünf Kinder haben unter den Trennungen sehr gelitten. Damit wir sie nun uneingeschränkt unterstützen können, verzichteten wir bewusst darauf, noch ein gemeinsames Kind zu zeugen.
Ich legte also mein Amt nieder und blieb in der Stadtverwaltung als Mitarbeiter. Ich verzichtete lieber auf Geld als auf meine Gesundheit.

Mein intensivstes Hobby ist jetzt das Fliegen. Meine Flugleidenschaft habe ich ja von Kind an. Mit 14 Jahren habe ich damit begonnen, in der GST. Dort habe ich die Erfahrung gemacht, dass ich durch eine Tätigkeit, von der ich selber begeistert war, Anerkennung bekommen habe und mir immer mehr zugetraut wurde. Es war eine Stärkung für mich. Bis zur Armee habe ich dort viel Freizeit verbracht.
Erst nach der Wende bin ich wieder geflogen. Das war eigenartig. Ich saß nach ca. 20 Jahren das erste Mal wieder im Flugzeug und habe mich sofort erinnert. Es war ein nahtloser Übergang und ich konnte wieder fliegen. Ich frage mich selbst, was meine Sehnsucht ausmacht. Von oben aus der Luft sieht die Welt heil aus, weil man die Details nicht sieht. Das ist ein wichtiger Aspekt, dem Kleinkram und Alltag zu entfliehen. Das nächste ist, dass ich meine Gedanken total konzentrieren muss, sodass alle anderen Probleme zurücktreten. Man ist ganz im Hier und Jetzt. Ich fliege Ultraleichtflugzeuge, alleine oder mit einem Passagier. Ich habe mein Flugzeug selbst gebaut aus einem Bausatz. Es ist nicht das modernste, aber für meine Zwecke, wie Luftbildfotografie und gelegentliche Reisen, ist es sehr gut geeignet. Ich fliege im Jahr ca. 40 bis 50 Stunden. Diese Art der Fliegerei ist nicht zu teuer. Etwa so wie ein kleines Boot mit Liegeplatz.

In der Zukunft möchte ich gern viel Zeit mit meiner Frau verbringen; unsere gemeinsamen Erlebnisse sind immer sehr schön. Es ist auch ein Wunsch von mir, in Europa noch einiges zu erkunden mit meinem Flugzeug. Außerdem möchte ich viel Zeit mit unseren Kindern und unseren neun Enkeln verbringen. Mit den Enkeln zusammen zu sein, ist ein innerer Kraftquell für mich. Es ist wunderbar, ihre Welt zu erleben und mit darin zu sein. Ich lasse ihnen nicht jeden Willen, ganz ohne Erziehung geht es eben auch nicht...Aber Opa ist anders als Vater sein.
Höher sind meine Träume nicht angebunden. Ich bin zufrieden mit meinem Leben.

Für die Erde wünsche ich mir eine alternative Lebensweise, die auf Wachstum verzichtet. Das ist der Krebsschaden, denke ich. Es ist ein Urproblem der Menschheit.
Wenn ich einmal sterbe, weiß ich, dass es eine andere Daseinsform gibt. Ich fühle manchmal ganz dunkel, dass ich schon mal ein Leben hatte, das mich geprägt hat. Ich will damit nicht behaupten, dass ich keine Angst vor dem Tod habe. Wenn es so weit ist, wird das vielleicht sein. Aber ich denke, dass die Seele reine Energie ist, dass es für sie weder Zeit noch Entfernungen gibt. Wenn ich an Verstorbene denke, sehe ich die Seele über mir. Ich meine, es selber schon mal erlebt zu haben. Mit dieser Vorstellung denke ich auch an meinen eigenen Tod, aber ob es ein Trost ist, weiß ich nicht so genau. Man muss ja sein Leben verabschieden und loslassen und das fällt sicher allen Menschen schwer.
Wenn ich meinen fünf Kindern was mitgeben könnte, dann:
Versucht es, euch selbst zu erkennen, und lernt daraus, dass bestimmte Dinge nicht so wesentlich sind wie sie erscheinen. Damit wünsche ich ihnen mehr Gelassenheit für das eigene Leben. Doch ich kann meinen Kindern nicht die eigenen Erfahrungen ersparen. Nur die eigenen Erfahrungen sind das wirkliche Lebenspotential.

Erwin

Erwin ist 65 Jahre alt. Ich lerne ihn auf der Bühne des Schauspielhauses Dresden kennen als einer der Betroffenen im Theaterstück „Der Weg ins Leben“, in dem es um die Aufarbeitung der schwarzen Pädagogik von Anton Makarenko im Sozialismus geht, speziell um den Jugendwerkhof Torgau. Schon sehr früh kommt er in die Fänge und Machenschaften der Jugendhilfe in der DDR, mit dem Ziel der sozialistischen Umerziehung.
Erwin lebt heute in Halle und unterstützt hilfsbedürftige Kinder und alte Menschen in Rumänien mit Hilfstransporten. Das macht ihn glücklich.

„Ich nehme alles an und betrachte es als mein Leben. Nichts kann ich rückgängig machen.“

Wenn ich an mein Leben denke, dann sage ich heute: Sie haben mich nicht klein gekriegt, weder körperlich noch seelisch.
Meine Jugendzeit war ein sich hart machen gegenüber den Strafen, die ich bekommen habe. Gewalt hat bei mir nur bewirkt, dass ich innerlich total zu gemacht habe und sehr hart geworden bin. Nur nichts ran lassen an sich, sonst zerbricht man. Nein, Härte hat nie was bewirkt bei mir.
Aber es gibt zwei Erinnerungen, die haben mich gepackt:
Im Kinderheim Blankenburg auf der Hofpause steht ein Lehrer, unser Musiklehrer, auf einem Podest und hat Hofwache. Seine angebissene Schnitte fällt ihm aus der Hand in den Dreck. Er hebt sie auf und sagt zu uns Kindern: „Hier, wer geniert sich, ich habe nur einmal abgebissen."
Das hat mir das Herz zerrissen. Wie kann man als Lehrer die Kinder so sehr erniedrigen?!
Die nächste Geschichte:
Im Jugendwerkhof Torgau mussten wir nach Norm arbeiten. Viele Jugendliche haben es nicht geschafft. Wir bekamen Noten. Die es nicht packten, bekamen eine Vier. Einmal beim Abendessen nahm ein Erzieher von einem kleinen schwachen Kerl, der seine Norm nicht geschafft hatte, ein Stück Wurst weg und legte sie mir auf den Teller. Ich stand auf, nahm das Stück Wurst und habe es auf den Teller des kleinen Kerls zurück gelegt. Der Erzieher hat nichts gesagt als ich vor ihm stand, er hat es nicht gewagt.
Mit so was hat man mich fix und alle gemacht, mit solchen gravierenden, krassen menschenverachtenden Dingen. Bis heute habe ich ein übersteigertes Gerechtigkeitsempfinden, was vielleicht auch nicht immer richtig ist.

Ich bin im Juli 1952 in Halle geboren, als zweites von fünf Kindern. Alles Schwestern. Meine älteste Schwester war aus der ersten Ehe meiner Mutter.
Meine Eltern waren verheiratet und blieben auch zusammen.
Meine ersten bewussten Erinnerungen habe ich als ich schon bei meiner

Oma und meiner Tante lebte. Mit vier Jahren bin ich dort hin gekommen, weil die elterliche Wohnung zu klein war. Wir hatten nur zwei Zimmer. Es gab doch keine Wohnungen.
Mein Vater war Schlosser bei der Reichsbahn, meine Mutter, glaube ich, hat nicht gearbeitet.
Bei Oma war ich der kleine Prinz und ich musste nur lallen, da bekam ich, was ich wollte. Meine Tante war die Schwester meines Vaters und lebte noch zu Hause. Sie war meine Patentante und hat mich zusätzlich verwöhnt.
Als ich zur Schule kam, bin ich zurück ins Elternhaus und war ganz konsterniert, dass ich meinen Schlitten und meinen Roller mit den Schwestern teilen musste.
Mein Vater hat damals 480 Mark verdient. Es hat immer gereicht, wir mussten nie hungern. Natürlich gab es nicht jeden Tag Schnitzel oder Roulade. Trotzdem sind wir alle groß und stark geworden.
Die Einschulung war mit einer großen Zuckertüte, das war damals was.
Ich konnte schon komplett lesen und schreiben, das hat mir meine große Schwester beigebracht. Darum habe ich mich in der Schule gelangweilt. In der zweiten Klasse hat mich der Mathelehrer in seine vierte Klasse mitgenommen und mich vorgeführt, was ich, einer aus der zweiten Klasse, schon alles kann. Das war nicht gut für mich. Ich habe mich nicht mehr am Unterricht beteiligt, gemacht, was ich wollte und hatte dann immer in Betragen eine Vier.
Es stand zur Debatte, dass ich von der zweiten Klasse in die vierte Klasse versetzt werden sollte. Das wurde vom Kreisschulrat abgelehnt wegen meiner schlechten Betragensnoten. Ich wäre sehr stolz gewesen, denke ich. Stattdessen war ich ziemlich frustriert und ich begann die Schule zu schwänzen. Es war alles langweilig für mich und ich stromerte in Halle auf dem Galgenberg herum, mit älteren Jungs. Ich war groß und stark und ziemlich schlau und die anderen hatten Respekt vor mir.
Von meinen Eltern setzte es dann schon mal ab und an was.
In der fünften und sechsten Klasse kam Russisch als Fach dazu und Natur-

wissenschaften, und das fiel mir auch alles sehr leicht. Russisch hatte ich gleich drauf, in Chemie stand ich total im Stoff, sodass mir der Lehrer die Klassenarbeit ersparte. Zu der Zeit hatte ich in allen Fächern nur noch Einsen.
Doch plötzlich bekam ich eine Zwei und ich war gefrustet. Ich lernte erst recht nicht, vor Trotz. Und es gab noch mehr Zweien, was mich wieder frustete. Ich hatte keinen Bock mehr auf Schule.
Wir hatten einen Schuldirektor, der war ein alter Nazi. Bei dem musste ich immer mal erscheinen. Der zog mich dann an den Haaren, genauer gesagt an den Koteletten. Die verdrehte er und das schmerzte mörderisch. Eines Tages habe ich ihm eins vor das Schienbein gegeben. Das tat ihm weh und mich hat es gefreut.
Später habe ich meinen Zeichenlehrer in den Schrank eingesperrt. Wenn ich gedemütigt wurde, habe ich angefangen, mich zu wehren.
Bis dann die Jugendhilfe kam. Sie kamen nach der Schule zu uns nach Hause und drei Stunden später war ich im Kinderheim Bad Blankenburg. Meine Eltern haben es gewusst und ich denke, sie haben es gewollt. Sie kamen auch nicht mehr richtig klar mit mir. Die Information war damals von der Schule zur Jugendhilfe gegangen und die haben meine Eltern bestellt.
„Ihr Junge kommt ins Heim, da im Elternhaus keine Umerziehung erfolgt. Erklären sie sich einverstanden oder nicht. Er kommt sowieso ins Heim und für die Erziehung ihres Sohnes ist es besser, wenn sie einverstanden sind und wir gemeinsam an einem Strang ziehen."
Meine Eltern erklärten sich einverstanden, weil sie das auch glaubten.

Damals habe ich das nicht gewusst und ich habe meine Eltern nicht hinterfragt. Wenn ich es erfahren hätte, wäre ich nie wieder nach Hause gegangen. Eine emotionale Bindung hatte ich irgendwie nicht zu meinen Eltern. Ich glaube nur zu meiner Oma, die habe ich immer vermisst.
Ich hatte bei meinen Eltern alle Freiheiten und ich weiß nicht, was mir gefehlt hat. Manchmal denke ich, es war die Anerkennung meines Vaters.

Ich habe viel Sport gemacht, was sie auch unterstützt haben. Ich bin Radrennen gefahren und habe auch geboxt. Mein Tagesablauf war durchgeplant. Ich war in beiden Sportarten gut und ich sollte mich entscheiden, um in einer Sportart noch besser zu werden. Ich bin damals in Berlin Jugendrekord mit dem Rad gefahren. Ich hätte mir gewünscht, dass mein Vater sich für mich interessiert oder stolz auf mich ist. Oder, dass er bei meinen Boxkämpfen am Ring steht. Doch ich habe das immer alles alleine durchgezogen.
Zum Beispiel bin ich auf der Achterbahn mal gestürzt und ich war sehr verwundet. Mein Trainer brachte mich nach Hause. Als mich meine Mutter so sah, bekam ich als erstes von ihr eine Ohrfeige. Das ist mir sehr nahe gegangen. Später hat sie sich entschuldigt, aber ich habe mich sehr geschämt vor meinem Trainer.
Es gibt noch ein tiefes Erlebnis. Einmal zu Nikolaus war in meinen Schuhen nur ein Zettel:
„Bessere dich!" Das tat weh. Meine Schwestern haben dann mit mir ihre Dinge geteilt.
Ich denke, dass meine Eltern mich geliebt haben, aber auf ihre Art. Sie versuchten, mich zu erziehen, mit Strafen, weil sie es nicht anders wussten. So was wie ins Bett bringen, gab es einfach nie.
Später, als ich erwachsen war, habe ich mit meinen Eltern darüber gesprochen, auch über das Kinderheim und den Jugendwerkhof.

Mit 14 kam ich also nach Bad Blankenburg ins Kinderheim. Ich habe nichts gefühlt als sie mich holten. Von nun an war natürlich auch mit dem Sport Schluss.
Es war ein ordentliches Heim und angenehm irgendwie. Ich bekam ein Zimmer mit vier anderen Jungs. Den ersten Abend bekam ich die obligatorische Gruppenkeile, die bekam jeder. Ich habe damals schon erkannt: nicht wehren, sonst überlebe ich den Tag nicht. Es war also meine Eignungsprüfung.
Am Kinderheim gab es eine eigene Schule, nach der Schule mussten wir

arbeiten. Sauber machen, Straße fegen, Rasen mähen, bei einem Erzieher Schafe scheren.
Ein einziges Mal haben mich meine Eltern besucht, weil ich im Heim Jugendweihe hatte. Nur dieses eine Mal. Nach Hause fahren durfte ich auch nur ein Mal, das war zur Hochzeit meiner großen Schwester.
In Bad Blankenburg wurde ich erstmalig kriminell.
Es waren zwei Mädchen abgehauen. Wir Jungs wurden aus den Betten geholt und sollten sie suchen. Wir waren ein kleiner Suchtrupp und haben erst mal einen Kiosk geknackt, Zigaretten und Kekse geklaut und uns gütlich getan. Die Mädchen wollten wir natürlich nicht finden.
Mein erstes sexuelles Erlebnis hatte ich mit vierzehn Jahren mit einem Mädchen aus dem Heim im Wald. Wir haben halt gevögelt, nichts mit verlieben und so.
Wir konnten uns relativ frei bewegen. Es gab auch eine Fußballmannschaft, wo wir sogar einen Städtepokal gewannen. In Bad Blankenburg hat es mir recht gut gefallen.

Nach Abschluss der achten Klasse, kam ich automatisch in den Jugendwerkhof.
Ich glaube, meine Eltern hätten versuchen können, mich raus zu holen. Doch sie haben es einfach nicht getan und so kam ich in die Umerziehungsmaßnahme der DDR nach Hennickendorf bei Berlin.
Es war kein schlechter Jugendwerkhof. Es gab zwei große Gruppen, Ziegelei und Maschinenbau. Ich musste in die Ziegelei. Es war harte Arbeit, sehr harte Arbeit. Die Ziegel werden vorgefertigt aus einem Ton - Lehm Gemisch und vorgetrocknet. Dann stapelt man sie zum Brennen in den Ofen und danach werden sie rausgefahren, was ich gemacht habe. Die Loren wurden beladen, das war sehr hart und wir hatten Normen wie Erwachsene. Doch wir haben sie locker geknackt die Norm, manchmal bis zu 50%. Wir waren ehrgeizig. Es gab gute Verpflegung von der Ziegelei und einen Liter Milch zusätzlich, denn die Arbeit war sehr gesundheitsschädigend. Wir erhielten die Woche fünf Mark. Das hat mich sehr geärgert.

Dort in Hennickendorf bin ich zwei Mal abgehauen, aus Freiheitslust. Doch ich wurde immer wieder zurück gebracht. Einmal habe ich und mein Kumpel in Gartenlauben gewohnt und Mädchen haben uns mit Stullenpaketen versorgt. Das Gefühl von Freiheit war herrlich!
Dann wurde ich sehr stark krank, mit 15 Jahren. Ich bekam Lungenentzündung und musste ins Krankenhaus. Bin dem Tod von der Schippe gesprungen. Hatte über 40 Grad Fieber und war zwei Tage im Koma. Das war kurz vor Weihnachten 1967.
Als es mir besser ging, fragte mich das Krankenhauspersonal, ob mich jemand abholen kann. Ich gab eine Telefonnummer an von einer Kneipe in der Nachbarschaft meiner Eltern, die nichts von meiner Krankheit gewusst hatten.
Zwei Tage später war mein Vater da und holte mich. Ich sagte ihm, im Jugendwerkhof sei keiner über Weihnachten, was nicht stimmte, und wir fuhren nach Hause. Da ich noch krank war, gab mir der Arzt einen Urlaubsschein, wo drauf stand: „Bis zur Genesung".
Ich hätte sowieso nicht mehr so hart arbeiten können, denn meine Lunge hatte einen Schaden.
Mein Vater versorgte mir eine Lehrstelle in seinem Betrieb, was auch geklappt hätte.
Nach zwei Wochen kam die Jugendhilfe nach Hause mit der Polizei, die holten mich ab und brachten mich wieder zurück in den Werkhof. Aber ich durfte dort nicht mehr arbeiten.
Bis heute habe ich COPD, eine unheilbare Lungen Krankheit. Das habe ich mir damals geholt.

Auf Grund meines Gesundheitszustandes bin ich nach Gerswalde in den Jugendwerkhof gekommen, in der Nähe von Templin, oben im Norden. Ein traumhaft schönes Objekt, ein älteres Gutshaus mit eigenem See und Insel. Eine eigene Gärtnerei und eine Schlosserei. Sehr schöne Zimmer, eigene Küche, wo Zivilfrauen kochten. Es gab gutes Essen. Ich arbeitete in der Gärtnerei, wegen meiner Gesundheit.

Am Wochenende halfen wir einem Erzieher beim Eigenheimbau. Wir haben uns danach gedrängelt.
Es gab gutes Essen, die Frau kochte gut, selbst Kuchen zum Kaffee, und wir bekamen 5 Mark pro Tag. Es war nicht schlecht in dem Jugendwerkhof.
Was schlimm gewesen ist, war ein Erzieher, der sehr bösartig war. Der stellte uns oft von hinten ein Bein, stichelte herum, packte uns brutal ohne Grund sehr provokant. Der lies seine Wut an uns aus. Einmal habe ich mich gewehrt, weil er mich die Treppe runter schubste. Ich versetzte ihm eins und kam 2 Tage in die Arrestzelle. Danach gleich in den Jugendwerkhof Torgau.

Torgau war der schlimmste Werkhof der gesamten DDR. Es war der einzige geschlossene Werkhof, der als Disziplinierungseinrichtung und „Endstation" im Erziehungssystem galt.
Gesetzlich festgelegt war das Aufnahmealter 14 bis 18 Jahre und eine Dauer von sechs Monaten. Einweisungsgründe waren laut Gesetz Verstöße gegen die Heimordnung in anderen Heimen, vor allem Fluchtversuche, Arbeits- oder Schulverweigerung, oder Kritik am gesellschaftlichen System der DDR. Alle redeten davon, doch wirklich vorstellen konnte es sich keiner. Es war schlimmer als ein Jugendgefängnis, denn es gab kein Gerichtsurteil, man konnte aus bloßer Willkür eingewiesen werden.
Alles brach in mir zusammen, was bis dahin noch ganz gewesen ist.
Es gab dort ein Aufnahmeritual: Eigene Sachen abgeben, Anstaltsanzug anziehen, Haare scheren bis zur Glatze und erst mal für drei Tage in die Arrestzelle mit Holzkübel, Pritsche und vergitterten Fenster. Es war die erste Umerziehungsmaßnahme, damit es klar war, wo es lang geht. Draußen brüllte es schrecklich laut in Kommandosprache. Ich blickte aus dem Fenster, da sah ich dann die anderen Jugendlichen in Arbeitskombis im Entengang laufen oder auf der Sturmbahn Runde um Runde drehen, über die Eskaladierwand und das alles. Ich ahnte, dass es hier um Leben und Tod geht. Man hatte ja schon gehört, dass sich manche das Leben

genommen haben in Torgau. Ich machte mich sofort hart: Mich kriegen sie hier nicht!

Es war ein Gefängnis! Wenn Essen kam, musste ich mich wie beim Militär hinstellen und Meldung machen. Dann sollte ich die Arrest Ordnung auswendig lernen. Dieser Arrest kann einen Menschen wahnsinnig machen. Die Pritsche wurde am Tag hoch geklappt, ich konnte nicht schlafen.

Jetzt im Nachhinein, wo ich schon lange lange erwachsen bin, staune ich wie ich das alles überlebt habe. Später wurde ja alles noch viel schlimmer. Im Jugendwerkhof Torgau wollten sie uns brechen, das war das Erziehungsziel, um uns umzuerziehen zu sozialistischen Persönlichkeiten.

Nach drei Tagen kam ich ins Kommando, in die Gruppe. Es gab einen Umkleideraum, dort lernten wir, die Kleidung zu einem akkuraten Päckchen zu legen. Und wehe, es stimmte nicht! Ich brachte es nicht, die anderen halfen mir.

Ich war nur noch wütend! Und ich habe nicht verstanden, was da abging. Der erste Abend im Umkleideraum, dort standen Hocker zum Sitzen, nebenan war der Schlafraum.

Kein bisschen was Wohnliches oder Gemütliches.

Der Tagesablauf war so:

Früh aufstehen, Zähne putzen, lange Frühsport, antreten, dann waschen, wieder antreten, sechs Uhr Nachrichten anhören, danach musste einer vortreten und die Nachrichten nachbeten, was politisch wichtig war. Erst dann gab es Frühstück. Einmal habe ich bei der Nachrichten-Nachbetung gesagt: Indira Gandhi ist schwanger. Alle lachten und ich bekam vom Erzieher den Schlüsselbund in die Rippen und dann drei Tage Arrest. Den habe ich abgebrummt, hatte aber alle Lacher auf meiner Seite, als ich rauskam. Alle gaben mir ein Schulterklopfen.

In den Arrest kam man wegen jeder Kleinigkeit.

Arbeiten mussten wir in der Metallverarbeitung, stanzen, fräsen, bohren. Sehr einfache Tätigkeiten, es wurde nicht viel verlangt.

In Torgau war Rauchen streng verboten. Die Erzieher provozierten uns,

indem sie an uns rauchend vorbei gingen. Echt krass. Das Essen war gut, die Frauen haben sich Mühe gegeben in der Küche.
Meine Gefühlslage war eine ständige untergründige Wut. Ich habe angefangen, den Staat zu hassen. Das wurde von Tag zu Tag, von Stunde zu Stunde schlimmer. Ich habe nicht begriffen, dass ein sogenannter sozialistischer Staat mit ganz normalen Jugendlichen, denn wir haben keinen umgebracht, und außer dass wir mal was geklaut haben auf unseren Fluchtversuchen, haben wir keine Verbrechen begangen..., dass dieser Staat mit uns so was tut. Sie predigten uns ständig, dass wir umerzogen werden sollten. Doch zu was und wozu? Wir waren Sklaven. Wir haben Sklavenarbeit gemacht ohne Entlohnung. Wenn wir es bezahlt bekommen hätten, wären wir reich geworden, denn wir haben wie die Tiere geschuftet. Wir haben acht Stunden täglich gearbeitet.
Wir hatten einen Freizeitraum mit Büchern und Brettspielen, den sahen wir nie oder selten von innen. In den gesamten vierzehn Monaten meines Aufenthaltes war ich drei Mal darin. Als Belobigung! Die ganze Quälerei und Ungerechtigkeit machte mich fertig.
Es gab auch eine Mädchengruppe, aber die sahen wir noch nicht einmal. Wir hörten sie aus der Ferne.
Dann kam ich das erste Mal in den Fuchsbau. Ich war im Arrest und der Erzieher Kühne brachte das Essen und stellte es mir auf den Boden mit der Bemerkung:
„Friss wie'n Hund vom Fußboden!“ Ich stieß gegen den Napf und alles wurde verschüttet, weil es Suppe gab. Ich habe zitternd da gestanden, bin aber nicht aus der Zelle raus.
Er schlug die Türe zu. 20 Minuten später kam der Chef Kretzschmar und noch einer mit einem Totschläger wie ihn die SS hatte, und ich bekam Schläge bis ich auf dem Boden lag. Dann schleiften sie mich mit Handschellen in den Fuchsbau. Ich war eine Woche darin.
Der Fuchsbau war 1,30 hoch, 1,50 breit und 1,50 lang. Ich konnte nicht aufstehen. Es gab einen Kübel, der stank in der Ecke vor sich hin. Man lag auf dem blanken Boden, mit seiner Arbeitskombi ohne Decke. Ein

menschliches Gefühl, gestattete ich mir nicht. Nur hart bleiben, nichts an mich ran lassen, irgendwie durchhalten und am Leben bleiben. Man kann ja nicht mehr schlafen, es ist so kalt. Die Zeit vergeht nicht. Wenn ich nicht so hart gewesen wäre, dann hätte ich angefangen zu betteln und zu bitten. Das wollten sie. Doch ich gab mir die Blöße nicht. Es ist mir ein Rätsel wie ich es überstanden habe.

Als Jugendlicher ist man doch kein bisschen gefestigt, weder emotional, noch geistig, auch nicht körperlich. Vielleicht verkraftet man das als Erwachsener noch besser. Aber als Erwachsener hätte ich diese Energie gar nicht mehr gehabt.

Jeden Tag sagte ich mir 100 Mal: „Ihr kriegt mich nicht!" Ich habe im Fuchsbau Liegestütze gemacht, gepumpt wie ein Weltmeister, täglich an die 400 Stück, um nicht zu verblöden. Ich wurde körperlich gestählt.

Ich war mehrmals im Fuchsbau.

Diese Verbrecher! Sie wollten mich kriegen.

Die Eltern schrieben mir und auch ich konnte schreiben, doch vieles wurde geschwärzt. Päckchen waren verboten.

Das erste Mal war ich fünfeinhalb Monate in Torgau.

Dann kam ich wieder nach Gerswalde zurück. Die anderen begegneten mir achtungsvoll. Der hat Torgau durchgemacht! Das bedeutete was für sie.

Der alte Erzieher war auch noch da und provozierte mich wieder auf fiese Weise.

Ich hielt es nicht mehr aus und haute ab, mit noch einem aus dem Jugendwerkhof, der aus Dresden war. Wir trampten bis Dresden. Natürlich lief schon die Fahndung und wir kamen in eine Polizeikontrolle. Das war es dann. Wir wurden erst mal in ein Durchgangsheim gebracht und waren eine Woche in einem Raum eingesperrt.

Doch dann kam die Polizei und ich musste wieder nach Torgau. 21 Tage Arrest, automatisch, weil ich das zweite Mal einsitzen musste. Das war 1969 im Sommer.

Wir mussten Arrest Sport machen, der war sauhart. Doch ich habe mich gefreut. Endlich raus aus der Zelle! Aus dem Fenster gucken war verboten. Manchmal war einer in der Nebenzelle. Dann haben wir uns unterhalten über die Heizungsrohre. Das war eine Wohltat: endlich mit jemand reden. Die es nicht durchgehalten haben vor Angst im Arrest oder im Fuchsbau und gebettelt haben, bekamen das Angebot, Funktionär zu werden. Das heißt andere quälen. Die Schwachen wurden Täter gegen ihre eigenen Leute. Sie bekamen auch Vergünstigungen.
Was ist das denn für eine Scheiße! Das ist der Erfolg der Umerziehung!
Die Funktionäre gaben Kommandos beim Sport, der Arbeit und so, hatten das Sagen und haben es mit uns getrieben. Machtausübung in der Sonderstellung als Funktionär, auch mit allen Vorteilen. Beim Essen bekamen sie noch Zuschlag.
Einmal hatten sie mich getriezt wie verrückt im Sport und nicht klein bekommen. Dann musste ich auf den berüchtigten Hocker. Der wurde umgedreht und dann drauf knien. Der Funktionär hat auf mich drauf gedrückt. Bis ich nicht mehr konnte. Das war ein wahnsinniger Schmerz. Der Funktionär bekam dann am nächsten Tag eine Ration mehr Essen.
Ich habe es abgelehnt, ich wäre nie ein Funktionär geworden. Die eigenen Kameraden quälen…nie! Dafür bin ich immer wieder in den Arrest gegangen, doch ich habe meine Ehre behalten.
Das Schlimmste war die kollektive Bestrafung. Wenn einer schlecht gearbeitet hatte oder was anderes ausgefressen, dann wurde das gesamte Kommando bestraft. Noch mehr Runden drehen oder das sogenannte Karussell laufen. Drei Treppen hoch im Entengang, oben Laufschritt, im Entengang wieder alle Treppen runter. An der Treppe standen die Erzieher mit Totschlägern und hauten auf uns drauf, wahllos. Das war schlimm, wirklich schlimm. Derjenige, der das der Gruppe eingebrockt hatte, wurde natürlich von allen verprügelt oder noch schlimmeres.
Jeden Samstag war Revier reinigen angesagt. Wir mussten den Boden scheuern mit Atta in der Hand. Die Hände verloren die Haut und wurden wund. Das tat mörderisch weh. Und mache dann mal Atta drauf!

Einmal wollte einer ein Pflaster haben und ging zu Kretzschmar, dem Chef. Der sagte: „Zeig mal" und haute mit dem Schlüsselbund drauf. „Man sieht doch gar nichts!" schrie der.
Er war ein Sadist und der Jugendwerkhof war sein Königreich. Am Tag der Maueröffnung ist er gestoben, noch relativ jung. Der kann froh sein! Sage ich da nur. Die vielen Jugendlichen, die der gequält hat!
Ich war gefühlsmäßig abgestumpft. Ich konnte nur alles abspalten, nichts mehr ran lassen.
Das zweite Mal war ich acht Monate und zehn Tage in Torgau, obwohl man nur sechs Monate drin sein darf, laut Gesetz.
Ich habe gewagt zu fragen, dass doch jetzt sechs Monate um sind und wann ich raus komme. Sie drehten mir die Arme um und ab in den Fuchsbau, wieder für eine Woche. Danach kam ich nicht zum Kommando zurück, sondern in die Arrestzelle.
Da konnte ich nicht mehr und bin in den Hungerstreik gegangen. Ich habe aufgehört zu essen und zu sprechen. Ich wurde jeden Tag geschlagen. Nach 10 Tagen kam ich ins Krankenrevier, an Händen und Füßen gefesselt und wurde künstlich ernährt. Danach habe ich wieder gegessen. Ich hätte nach den 10 Tagen nicht mehr aufgehört mit dem Hungern. Es war ein kritischer Punkt. Ich war nicht mehr richtig klar im Kopf, hatte körperlich und geistig abgeschaltet. Ich wäre gestorben. Es kam auch ein Arzt zu mir, der hat es mir ans Herz gelegt, wieder zu essen. Wenn ich weiter gemacht hätte, wäre der Schaden auf meiner Seite gewesen. Es hat nichts mehr gebracht. Sie waren stärker.
Ich kam zurück in den Arrest und habe angefangen zu essen.
Meine Stimmung war: Leckt mich!
Danach war ich noch vier Wochen auf Kommando.
Bis heute habe ich keine Erklärung bekommen, warum ich so lange im Jugendwerkhof Torgau einsitzen musste. Länger als das Gesetz gestattet. Wer sollte auch für mich sprechen und klagen?
Die in Torgau wollten mich endlich kaputt machen. Doch das ist ihnen nicht geglückt. Ich bin stolz, dass ich das überlebt habe.

Es gab viele Selbstmordversuche. Manche schluckten Schrauben und Schmierseife, versuchten sich zu erhängen, oder die Pulsadern durchzuschneiden.
Anton Makarenkos „pädagogischer“ Plan: Den Menschen brechen und sozialistische Persönlichkeit erziehen, das funktioniert nicht. Niemals so!

Dann kam ich raus mit siebzehneinhalb und bin zurück zu meinen Eltern. Meine schöne Jugendzeit war weg. Ich wollte nur noch nach vorne gucken. Aber wie? Wie weiter machen?
Die Familie hat sich gefreut. Vor allem meine Schwestern.
Ich kann nicht sagen, was ich gefühlt habe in dieser Zeit. Ich wollte nur leben und weiter machen.
Oft habe ich darüber nachgedacht, in den Westen abzuhauen. Aber ich hatte Angst, erschossen zu werden, da bin ich ganz ehrlich. Meine Wut auf den Sozialismus ist geblieben und bis heute auch gegen alles, was links ist.
Mein Vater hatte im Betrieb ein Ansehen, verdienter Aktivist und zu der Zeit noch in der Partei.
Ich hatte doch nichts gelernt. Er versorgte mir eine Lehrstelle als Werkzeugmacher im Betrieb, das war gut für mich und hat mir Spaß gemacht.
Ich wollte als Werkzeugmacher arbeiten, bekam aber Absagen, weil Werkzeugmacher viel Berufserfahrung braucht und der König der Berufe ist. Es gab wenig freie Arbeitsplätze und wenn, dann nahm man erfahrene Leute.
Ich habe dann als Dreher im Dreischichtsystem gearbeitet und sehr gutes Geld verdient, 850 Mark, das war ein Batzen in der DDR. Erst lebte ich noch zu Hause, dann zog ich aus, bekam ein Zimmer bei einem Studentenehepaar. Dort war ich mein eigener Herr.
Beziehungen wollte ich nicht. Ich lebte ein Lotterleben, jede Woche drei Frauen oder so. Ich machte zu der Zeit Musik. Ich spielte Gitarre und das in einer Band. Gitarre spielen habe ich mir selber beigebracht. An den Abenden ging es hoch her, mit Alkohol und Frauen oft bis in die Morgenstunden, war aber früh immer pünktlich zur Arbeit.
Meine Zeit war ausgefüllt. Arbeit in drei Schichten, Musik machen und

dann noch intensiven Sport, Kampfsport. Ein älterer Mann, der ehemals Legionär gewesen ist, trainierte uns damals.
Ich hatte keine Zeit, nach hinten zu denken. Es war sowieso nicht möglich in der DDR, ohne Konsequenzen nach hinten zu denken. Das kam viel später. Außerdem musste ich nach vorne denken, mein Leben sollte weiter gehen.

1976 lernte ich eine Frau kennen, die fand ich gut, die hatte auch ein kleines Mädchen und kinderlieb war ich schon immer. Sie war geschieden. Einmal holte ich sie von der Arbeit ab und wir gingen in eine Kneipe, wo meine Mutter saß mit meiner Schwester und ihrem Freund. Meine Mutter erzählte, dass meine Schwester heiratet und fragte, ob ich nicht gleich mit heiraten will.
Was wir auch machten. Wir kannten uns 20 Tage als die Hochzeit war, eine Doppelhochzeit. Bis heute habe ich das nicht bereut, obwohl die Ehe nicht gehalten hat.
Durch Beziehungen bekamen wir bald eine 4 Raum-Neubau-Wohnung, die wir uns schön machten.
Das war ein Lottogewinn, so eine Wohnung. Ich begann bei „Obst und Gemüse" zu arbeiten. Alle nannten wir den Laden „Obst und Gammel". Meine Frau war in der Datenerfassung tätig. Mit dem Mädchen hatte ich meine Freude, wir haben uns sehr gut verstanden.
Vor meiner Ehe hatte ich ab und an erste Kontakte zur Umwelt Bibliothek in Halle. Dort trafen sich die Andersdenkenden. Und nach und nach bröckelte meine Fassade, die ich aufgebaut hatte, um nach dem Jugendwerkhof weiterleben zu können. Durch die Wahrheiten über das System, kam alles wieder hoch und ich begann nachzudenken.
Wir begannen, die ersten Flugblätter zu verteilen, was ich richtig fand. Ich habe es sogar als meine Pflicht angesehen, dabei mit zu machen. In meiner Familie erzählte ich nichts, ich wollte niemand mit reinziehen.
Meine Frau wurde schwanger, es war ein Wunschkind. Im September 1977 ist mein Sohn geboren.

In der Zeit nahmen die politischen Aktivitäten zu. Wir haben ganz klar ausgedrückt, dass wir der DDR nicht feindlich gegenüber stehen, sondern positiv das Land verändern wollen. Ich habe sogar auf Arbeit mit allen darüber gesprochen, da habe ich kein Blatt vor den Mund genommen. Und ich fand das alles nicht schlimm. Die Flugblätter haben wir weiter verteilt.

Bis ich eines Tages zur Frühschicht von zwei Herren aufgesucht wurde: Staatssicherheit. Da schwante mir was. Sie nahmen mich mit in den „Roten Ochsen“, Stasi Gefängnis von Halle, und sperrten mich in eine Zelle. Dann Verhör und Vorlage der Flugblätter mit genauen Angaben, wo ich wann was gemacht habe. Es müssen unendlich viele Spitzel in unserer Gruppe gewesen sein! Was die alles wussten!
Bei dem Verhör habe ich kaum was gesagt.
Doch dann ging es zur Sache. Sie machten Ernst. Einzelhaft. Ausziehen, Körperkontrolle, Verhaltensmaßregeln, schlafen auf dem Rücken mit Hände auf der Bettdecke, wenn die Zelle aufgeht, stramm stehen an der Wand, mit Blick zur Wand.
Dann Verhöre. Ich habe nichts zugegeben.
Acht Wochen später hatte ich Verhandlung wegen staatsfeindlicher Hetze, Spionage und Staatsverleumdung. Es durfte niemand bei der Verhandlung dabei sein. Es gab kein Urteil und ich sah nie ein Gerichtsprotokoll.
Ich bekam 2 Jahre und acht Monate Knast.
Das war es dann mal wieder.
In Halle war ich drei Monate, dann ging es nach Bautzen II ins Stasi Gefängnis.
Dort fingen weitere Verhöre an. Sie wollten was wissen über die Halle'sche Gruppe, vor allem Namen. Ich gab nichts zu und sagte immer nur, dass ich nichts weiß. Sie wurden ausfällig und schlugen mich mit der Faust in den Magen. Das alles ging vier bis fünf Monate. Man nannte es „Psychische Folter“. In der Zeit war ich in Einzelhaft.
Psychische Folter bei der Stasi, im Haus II in Bautzen, war auch, gesunde Zähne bis aufs Zahnfleisch geschliffen zu bekommen, ohne Narkose,

damit man redet. Ich wurde auf einen Zahnarztstuhl gefesselt und bekam eine Mundsperre. Dann kam der Zahnarzt, Hauptmann Stein, den Namen werde ich nie vergessen, der schliff zwei meiner gesunden Backenzähne weg bis ins Zahnfleisch rein. Ich habe geschrien wie am Spieß!
„Sagen sie uns das und das und wir hören auf!!"
Ich habe keinen verraten. Nein, nie! Es ging um meine Ehre!
Ich hatte mich hart gemacht, ich war innerlich verschlossen. Das war ja schon in Torgau meine Devise gewesen.
Eine andere körperliche Qual war im Wasser stehen. Das war schlimm. 12 Stunden stehen in 1, 20m hohem Wasser. Eine Zelle, 90 cm x 90 cm und 2m hoch, kein Licht, wird abgeriegelt. Und dann kommt das Wasser, eiskalt.
Es glaubt keiner, wenn man das alles erzählt und doch war es so gewesen. Andere können vielleicht noch Schlimmeres erzählen. Diese Art der Folter waren die Hölle!
Nach der Zeit der psychischen Folter kam ich mit den anderen Gefangenen zusammen. Ich hatte dann ein Leben wie andere auch. Ich habe in der Schusterei gearbeitet.
Anfänglich hatte ich Kontakte zu meiner Frau. Mein Sohn war knapp ein Jahr. Doch nach einem Jahr kam die Scheidungsklage. Die Begründung: „Sie könne unter diesen Bedingungen die sozialistische Erziehung der Kinder nicht garantieren".
Ich nehme an, sie haben meine Frau unter Druck gesetzt, damit sie sich von mir lossagt. Sie nutzten ja die Sippenhaft.
Ich weiß nicht, was ich gefühlt habe. Ich habe mich auch da dicht gemacht.

Dann Entlassung, PM 12 mit Meldepflicht, Verbot, Halle zu verlassen und Berlin Verbot sowieso.
Ich hatte ja nun nichts mehr. Keine Wohnung, keine Familie, nichts...
Ich habe sehr um das kleine Mädchen getrauert, weniger um meinen eigenen Sohn. Zu dem hatte ich noch keine richtige Beziehung aufgebaut.

Zu Frau und Kindern hatte ich keinen Kontakt mehr.
Ich habe das Kapitel einfach abgeschlossen. Das war auch eine Schutzmaßnahme.
Ich habe wieder gearbeitet und Kontakt zu meinen Kumpels gefunden, Sport und Musik gemacht, eine Einraumwohnung eingerichtet. Ich habe Gitarre gespielt wie ein Wilder. Diese und jene Frau geliebt. Eine Beziehung wollte ich nicht. Es gab noch eine Affäre mit einer Frau, wir beiden waren total sexuell abhängig voneinander, das war irre. Aber sonst ging nichts. So was hält nicht, nur Sex reicht nicht.
Mein Vater starb 1984 mit 54 Jahren auf der Arbeit, umgefallen und Tod.
Ich kam wieder mit den Andersdenkenden in Kontakt, das war klar.
Ende 1984, es war schon kalt, haben wir in Halle am Händel Denkmal eine Mahnwache gehalten. Wir haben nichts gemacht, nur stumm mit brennenden Kerzen da gestanden.
Es kamen die Ellos, wir wurden drauf geschmissen, ab in U-Haft. Wir wurden alle 12 verurteilt.
Ich bekam 1 Jahr und vier Monate: Widerstand gegen die Staatsgewalt. Das war doch lächerlich!
Wir standen mit Kerzen da und sonst nichts!

Ich kam nach Brandenburg. Dort war alles gemixt, Politische, Kriminelle und Mörder.
Zwei Leute traf ich wieder aus dem Jugendwerkhof Hennickendorf.
Es reichte mir endlich und ich stellte den Ausreiseantrag.
Im Sommer 1985 hieß es Sachen packen und es ging in den Auslieferungsknast nach Karl-Marx-Stadt. Wir haben gejohlt und waren glücklich. Dann kam einer zu mir und erklärte mir, dass durch meine Ausreise meine Schwester, die ein Jahr jünger war als ich, Nachteile bekommt. Sie hatte sich auf dem Urlauber Schiff „Fritz Heckert“ als Köchin beworben, was dann natürlich nicht geht, wenn ihr Bruder die Ausreise in den Westen bekommt.
Ich Dussel habe daraufhin zurück gezogen.

Das ist wieder das: Ich bin ein harter Kerl und manchmal weich wie Butter in der Sonne. Mit gewissen emotionalen Dingen kann man mich kneten. Das haben meine Folterknechte von der Stasi oder die im Jugendwerkhof zum Glück nicht gewusst. Sie haben immer nur drauf gehauen, Gewalt, Gewalt, Gewalt! Doch das hat mich verschlossen. Wiederum, vielleicht wäre ich nicht mehr am Leben, wenn sie mich vom Menschlichen her gepackt hätten.
Also wieder zurück nach Brandenburg, in meine alte Zelle. Und die restliche Zeit abgesessen.
Dann raus und wieder von vorne angefangen. Neue Wohnung und so. Wieder PM 12, wieder jede Woche melden, wieder jede Menge Verbote.

1987 habe ich mich in der „Markt Kirchgemeinde" Halle konfirmieren lassen. Das wurde mein Zuhause.
Ich war in den Gesprächskreisen, was ganz normale Gesprächskreise waren. Ab und an wurde mal was aus der Bibel erörtert, aber hauptsächlich haben wir über Gott und die Welt gesprochen. Alle, die dort waren, haben sich geöffnet und von sich gesprochen, von ihren Sorgen und so, von Nöten und Problemen. Ich war fassungslos über die große Hilfsbereitschaft der Leute in diesen Kreisen. Das kannte ich bis dahin nicht. Es war wunderbar, was ich dort erlebt habe. Richtig wunderbar!!
Dann kamen im Mai 1989 die Kommunalwahlen. Im Anschluss an die Wahlen haben wir als Kirchgemeinde eine Anzeige erstattet wegen Wahlfälschung.
Dann begannen die ganzen Unruhen im Land, überall hat es gebrodelt und gekocht.
Es entstanden ja jede Menge Gruppierungen, die die DDR reformieren wollten. Ich schloss mich dem Demokratischen Aufbruch an und habe nach der Wende aktiv mitgearbeitet im Wahlkampfteam „Allianz für Deutschland, Sachsen Anhalt" und in der „Autoritären Kommission zur Auflösung des Staatssicherheitsamtes".
Dafür schäme ich mich ein bisschen, weil ich meine Macht missbraucht

habe. Es hat mir innerlich unendlich gut getan, den hohen Stasi Offizieren Befehle zu geben, Türen öffnen zu lassen oder Unterlagen vorlegen lassen. Tanzt nach meiner Pfeife! Es waren Rachegefühle, die ich hatte, obwohl ich für Gerechtigkeit bin. Keine Rache! Sondern Gerechtigkeit für die vielen Opfer des SED Regimes.
Deshalb schäme ich mich ein bisschen. Es war mein „ innerer Parteitag" als ich im Stasi Gebäude herumlief als freier Mann und diesmal auf der anderen Seite. Es war ein unbeschreibliches, befriedigendes Gefühl für mich!!!
Im März 1990 haben wir, Allianz für Deutschland, dann die Wahl gewonnen in Sachsen Anhalt und Deutschland weit. Wolfgang Schnur war unser Vorsitzender, der ja später als Stasi Spitzel enttarnt wurde. Es wurden noch viele als Spitzel entdeckt, wie wir jetzt wissen.
Der Stasi Apparat war riesig gewesen, unglaublich! Dieses Ausmaß hat keiner geahnt.
Ich habe meine Stasi Akte später nie angefordert. Ich hatte Angst, richtige Angst, Namen zu lesen von Menschen, denen ich vertraut habe. Daran wäre ich zerbrochen.
Die CDU schluckte dann unseren DA. Es gab einen Arbeitskreis innerhalb der CDU, wo man mir einen Job angeboten hat. Doch ich lehnte ab. Ich hatte vorher schon mitbekommen, wie dreckig eigentlich Politik ist. Es war nicht mein Ding.

Nach der Wende traf ich meine große Jugendliebe wieder, im Krankenhaus, wo ich wegen einer Gastritis lag. Sie war dort Krankenschwester. Ich verliebte mich unsterblich in sie. Sie hatte vier Kinder von drei verschiedenen Männern. Na und! Deshalb ist sie doch keine schlechte Frau! Und wenn sie zehn Kinder hat von zehn verschiedenen Männern!
Wir haben eine ganze Weile zusammen gelebt. Ich habe gut Geld verdient mit meinem damaligen Fuhrunternehmen. Sie bekam ein Kind von mir und meine Tochter wurde geboren. Ich war wieder bei der Geburt dabei im Krankenhaus, wie damals bei meinem Sohn. Es war grandios, das

Erlebnis der Geburt ist Wahnsinn. Unvorstellbar! Da kommt ein fertiges Wesen aus der Frau!!! Irre.
Die Beziehung hielt auch nicht. Ich mache meistens Schluss, es gibt immer Gründe. Aber vielleicht bin ich kein Beziehungsmensch und vielleicht hat es mit meiner Vergangenheit zu tun.
Ich habe nie zurück geblickt, immer nach vorn. Wenn Schluss war, war Schluss.
Dann kommt was neues. Und so war es auch.
Dadurch habe ich zu meinen Kindern keinen Kontakt.

In der Zeit von 1991 bis 1993 war ich wieder sportlich unterwegs gewesen in „Free Fight", das waren Profikämpfe, obwohl ich schon nicht mehr der Jüngste war zu dieser Zeit, 13 Kämpfe. Zwölf davon habe ich gewonnen den 13. verloren. Das war das Zeichen, und ich habe aufgehört.

Ich machte mich mit einem Fuhrunternehmen selbstständig, gleich nach der Wende, wo es dann losging mit Bildzeitungen, Spiegel, Stern und so weiter. Pressevertrieb Auslieferung. Ich entwickelte Touren zur Auslieferung und baute ein Unternehmen auf. Ich war in meinem Element. Das hat mir Spaß gemacht. Ich hatte sogar Angestellte und kaufte noch VW-Busse. Es lief richtig gut, ich bekam viel Geld. Ich bin viel gefahren, tags und nachts, die Zeitungen mussten nachts ausgeliefert werden. Ich nahm noch andere Sachen mit rein, Kühlschränke, Waschmaschinen usw..
Doch meine Gitarre legte ich nie ganz zur Seite, Musik war mir immer wichtig.
Mein Fuhrunternehmen lief schlechter mit der Zeit. Die Leute bezahlten nicht mehr. Dann kam noch dazu, dass manche Fahrer nicht zuverlässig waren und ich verlor die Aufträge.
Wenn ich alleine gewesen wäre, ohne Angestellte, hätte ich davon leben können. Ich habe das Fuhrunternehmen sehr lange aus eigenen Mitteln am Leben gehalten. Ich habe die Angestellten bezahlt, ich war ja Chef. Zu Spitzenzeiten hatte ich neun Leute. Die Autos waren dreischichtig aus-

gelastet. Auch als wir zu wenig Arbeit hatten, habe ich den Leuten Lohn gegeben. Bis es nicht mehr ging.
1995 eröffnete ich noch ein Kneipe, draußen in der Landschaft an einem See. Ich schob Gelder hin und her.
Doch 1998 gab ich auf mit dem Fuhrunternehmen und der Kneipe.

Von nun an war ich Sozialhilfeempfänger und habe verstärkt Musik gemacht, aber davon kann man nicht leben. Wir sind fünf Leute in der Band, die kann oft kein Veranstalter bezahlen. Wir machen Rock oder Hartrock der 70iger Jahre.
Schon 1997 hatte ich einen Profivertrag unterschrieben als Skatspieler. Ich habe für Leipzig gespielt. Der Präsident des Vereins, ein Millionär, hat sich die besten Skatspieler Deutschlands zusammen gekauft und richtige Verträge gemacht mit monatlichen Bezügen. Wir mussten dann an gewissen Veranstaltungen teilnehmen. Dadurch bin ich viel in der Welt rum gekommen. Ich war in Nordamerika und wurde dort Skat Meister, war in Las Vegas, in Afrika. Damals war ich richtig gut. Es ist eine Wissenschaft. Heute sind meine grauen Zellen nicht mehr so rege. Ich spiele nur noch kleine Spiele.

Bereits 1991, ich hatte damals mein Fuhrunternehmen, sprach mich die Ost-Europa-Hilfe e.V. an für Transporte nach Rumänien. Ich stellte meinen größten Transporter und fuhr selber mit.
Ich war sofort begeistert von Land und Leuten. Ich habe sehr, sehr viel Elend gesehen, besonders nach dem Umsturz. Das ist unbeschreiblich. Das kann man nicht erzählen, was ich da sah. Ein Kinderheim, wo die Kinder in Gitterboxen eingesperrt waren, voll geschissen, verkrüppelt. Wenn ich gekonnt hätte, ich hätte alle Kinder mitgenommen. Einmal hat mich ein kleiner blonder Junge angesehen, vielleicht drei Jahre alt. Der hatte einen Blick, so was hatte ich noch nicht gesehen. Unbeschreiblich. Der Blick ging mir durch Mark und Bein. Deshalb habe ich bis heute das Bedürfnis und die innerliche Pflicht, Leid zu lindern, wo immer ich kann.

Seitdem fahre ich zwei Mal im Jahr nach Rumänien. Ich lernte prächtige Leute kennen und organisiere inzwischen selbst Hilfstransporte. Ich schäme mich nicht, betteln zu gehen. Und Menschen unterstützen mich auch. Es macht mir bis zum heutigen Tag eine Riesenfreude alten Leuten, aber besonders Kindern helfen zu können. In Orlat bei Hermannstadt, habe ich mit deutschen und rumänischen Freunden eine altes Wohnheim ausgebaut zu einem Kinderheim. Das gibt es heute noch. Ich fahre immer wieder hin. Es hat eine eigene Schule.

Auch in ein Altersheim fahre ich.

Ich hatte oft Supersponsoren. Einmal bekam ich eine komplette Heizung von einer Firma oder Schokolade von Halloren, 50 kg. Das war ein warmer Segen! Die Leute geben mir und vertrauen mir. Auf so was bin ich mächtig stolz.

Die Altersheime und die Kinderheime sind immer noch in einem schrecklichen Zustand. Früher wurden die Hilfsmittel verschoben. Die Korruption ist groß. Doch der Staat kontrolliert es seit einiger Zeit und da bin ich auch sehr froh.

Wenn man dort den Kindern Schokolade oder was Süßes gibt ist das eine unglaubliche Freude!

In Rumänien kann man alles sehen. Frauen, die am Bach Wäsche waschen. Sie singen und lachen dabei. Die andere Seite ist Bestechung und Korruption. Der Unterschied zwischen arm und reich ist in Rumänien sehr stark.

Trotzdem ist es mein Traumland. Ich fühle mich dort wohler als hier.

Ich bekam eine Wiedergutmachung von 10 000 Euro als Opfer der Jugendhilfe der DDR, wegen Torgau und den anderen Heimaufenthalten aus dem Heimkinderfonds.

Davon habe ich gleich einen Batzen nach Rumänien geschleppt. Das muss ich einfach tun, wenn ich was habe.

Zum Millennium hatte ich noch eine kurze Liebesaffäre mit einer Rumänin. Wir waren kein Paar, aber sie wurde schwanger und wollte das Kind unbedingt. Das Mädchen ist 2001 geboren.

Sie lebt heute mit ihrer Mutter und deren deutschen Ehemann in Deutschland. Aber ich habe keinen Kontakt. So ist das Leben!

Mir fehlt nichts ohne Beziehung, ich habe einen großen Freundeskreis. Nur in wenigen Momenten fehlt mir ein Mensch an meiner Seite. Zum Beispiel Weihnachten, das geht mir jährlich unendlich nahe. Das geht mir dolle an die Nieren, richtig dolle. Da hätte ich gerne eine Familie mit kleinen Kindern.
Dieses Jahr zu Weihnachten habe ich einfach zwei Obdachlose eingeladen, einen Mann und eine Frau und habe für sie gekocht. Ich kann gut kochen und die beiden waren happy. Ich habe ein richtiges Menü gekocht, das hatten sie noch nie gegessen in ihrem Leben. Wir hatten viel Spaß miteinander. Sie haben sich gefreut und ich habe mich auch gefreut. Ich hatte auch schon schlimme Zeiten in meinem Leben. Und dann gab es Leute, die haben mir selbstlos geholfen. Warum soll ich das nicht mal zurückgeben, jetzt, wo es mir gut geht.
Die meisten Obdachlosen kommen in die Elendsschleife, wenn sie Probleme haben.
Arbeit weg, Familie zerbrochen, kein Geld mehr, Alkohol oder Drogen, sie geben auf usw.
Das geht schnell.
Man bekommt ja auch keine Wohnung ohne Einkommen. Und kein Einkommen ohne Wohnung. Das ist Kapitalismus. In jeder Stadt gibt es so viel Wohnungsleerstand. Aber nicht für arme Schlucker!
Einmal habe ich meine Gartenlaube Nacht für Nacht offen gelassen. Decken waren da, Holz für den Ofen, vier Flaschen Bier rein gestellt, eine Flasche Korn. Jede Woche war es alle. Dann lag irgendwann ein Zettel da: DANKE!
Ist doch gut, oder?! Was macht mir das aus, was zu geben!? Jeder wie er kann, das Kleinste hilft.
Mich hat es gefreut und den Leuten hat's geholfen.

Ich lebe jetzt von Harz IV, teile mein Geld ein und gehe auch zur Tafel oder bekomme Obst von einem Türken, das Obst, was nicht mehr so ist. Das schneide ich mir aus. Man muss sehen wie man klar kommt.
Ab und zu mal eine Mugge mit der Band. Jetzt bekomme ich auch Geld vom Theater. 100 Euro pro Vorstellung.
Dieses Stück auf die Bühne zu bringen und der Welt von Torgau zu erzählen, ist wichtig für mich. So wenige Menschen wussten von dem, was in den Kinderheimen, Jugendwerkhöfen und besonders im Geschlossenen Werkhof Torgau vor sich ging. Das ist unglaublich, wirklich unglaublich. Es hat Freude gemacht, das Stück zu erarbeiten, Die Schauspieltruppe ist toll. Und es geht mir jedes Mal durch und durch, wenn am Ende des Stückes der Applaus kommt und die Zuschauer aufstehen und uns so ihren Respekt zeigen für das, was wir erlebt haben.

Ich bin zufrieden mit dem wie ich jetzt lebe. Ich habe nie Langweile. Habe mir einen Motorroller gekauft und fahre damit herum.
Außerdem bin ich ein leidenschaftlicher Angler. Wir angeln in der Saale, die inzwischen sehr sauber ist und Angelgewässer Nr. 1 ist. Dort ist der Zander und der braucht nur sauberes Wasser. Im vorigen Jahr habe ich meinen größten Fisch gefangen, 1,84 m einen Wels. Den konnte man nicht mehr essen, alles Fett.

Ich habe nichts in meinem Leben vergessen. Aber ich sage mir, vielleicht ist alles mein Schicksal gewesen. Mein Leben hat mich auch stark gemacht, ich habe viele Hürden nehmen müssen.
Ich nehme alles an und betrachte es als mein Leben. Nichts kann ich rückgängig machen.
Ich habe mich auseinander gesetzt und versucht, es zu bearbeiten. Ich habe diese Erfahrungen ganz hinten in einer linken Ecke abgesetzt, aber alles ist genau noch so da, wie ich es erlebt habe.
Prägnante Sachen bleiben sowieso. Sie haben mich doch geprägt, darum kann ich sie nie vergessen.

Vor dem Tod habe ich wahnsinnige Angst. Das ist für mich nicht vorstellbar. Einfach weg und Schluss. Das geht doch nicht!!
Da hilft mir noch nicht mal mein christlicher Glaube.

Leon

Leon ist Ende Fünfzig und lebt mit seiner Frau und seinen beiden jüngsten Kindern auf einem Bauernhof im Norden unweit der Ostsee. Er ist Landwirt und Biobauer. Im Sommer wird der Hof zum Urlauber Paradies. Er hat ein bewegtes Leben hinter sich, doch im Norden, auf seinem Hof, fühlt er sich angekommen.

„Jede Frau hat mich ein Stück vorwärts gebracht.“

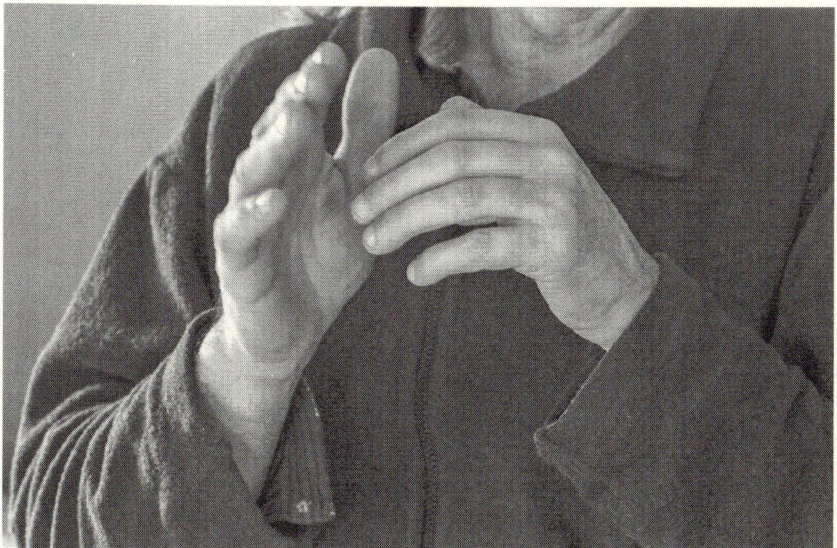

Meine erste Erinnerung ist sehr früh. Ich werde in unserer Küche gewickelt. Es muss frühmorgens sein und die Sonne scheint durchs Fenster. Dann sehe ich mich im Laufgitter und meine Eltern sehen Fern. Damit ich nicht mit sehen kann, haben sie mir was davor gebaut. Doch ich habe eine Lücke entdeckt und beizeiten alles gesehen. Das war mein Einstieg ins Fernsehleben. Ich sah sie alle: Kuhlenkamp, Rudi Carrell und alles was damals so lief. Meine Eltern haben sehr gerne ferngesehen, es war zu der Zeit was neues und auch oft Treffpunkt für viele Leute, Freunde und Verwandte.
Ich bin 1959 geboren, im November, lang ersehnt und erwartet. Meine Eltern waren beide 30 Jahre alt. Sie hatten schon 1954 geheiratet. Meine Geburt war schwierig. Ich sollte mit der Zange raus gezogen werden, was nicht geklappt hat, da ich die Nabelschnur dreimal um den Hals gewickelt hatte. Am Ende gab es doch einen Kaiserschnitt. Was blieb, war eine Kopfverletzung.
Später haben sich meine Eltern gewundert, warum sich meine linke Hand immer verkrampft.
War dann lange im Krankenhaus wegen des linksseitigen Spasmus. Meine schlimmste Erinnerung daran war, dass mich meine Eltern nie besucht haben. Ich konnte es nicht verstehen. Habe immer gewartet und geglaubt, dass sie mich einfach abgegeben haben. Wie soll ein Kind verstehen, dass die Eltern nicht ins Krankenhaus durften? In der DDR durften die Eltern die Kinder nur durch die Scheibe sehen. Und ich hatte es mitbekommen. Das war ein tiefer Schmerz, weil sie nicht zu mir kamen. Ich habe dann einige Operationen gehabt, Sehnenverlängerungen und ähnliches. Habe mit der linksseitigen Behinderung leben gelernt und es ging mir damit gut. Es war für mich normal.
Wir lebten im eigenen Haus als Familie in einem Dorf in der Nähe von Leipzig. An meinen Großvater kann ich mich erinnern, der war sehr hart und es war nicht gut Kirschen essen mit ihm.
Meine Mutter war ein uneheliches Kind. Ihre Mutter hatte eine Beziehung zu einem Mann, der sie verlassen hat. Dessen Vater hatte eine Gla-

serei, wo er mit gearbeitet hat. Väterlicherseits gibt es Wurzeln in Italien. Meine Oma wurde also die Schande der Familie. Ein uneheliches Kind war damals immer eine Schande. Die Eltern meiner Oma haben ihre Tochter komplett links liegen lassen. Dafür haben sie sich um meine Mutter, ihr Enkel, liebevoll gekümmert. Sie haben sie wie ihr eigenes Kind aufgezogen und sie wusste lange Zeit nicht, dass es ihre Großeltern sind. 10 Jahre hat sie es nicht gewusst. Ihr Verhältnis zu ihrer Mutter war nicht gut, sie wurde von ihr sehr lieblos behandelt. Sie musste immer das Geld abholen bei ihrem eigenen Vater, die Alimente. Dort wurde sie manchmal in die Besenkammer gesteckt und musste warten, denn es war ja ein Familiengeheimnis.
Ihre Halbgeschwister wussten nicht wirklich, was da abging. Das alles habe ich erst viel später geklärt mit meinen Onkels, da war ich dann schon über 40 Jahre alt. Erst waren sie platt, dann hat sich ein gutes Verhältnis entwickelt. Zum 80. Geburtstag meiner Mutter habe ich dann ihre Geschwister erstmals eingeladen. Sie hat sich gefreut, konnte aber das Verhältnis nicht aufrecht erhalten.
Meine Großmutter, die Mutter meiner Mutter hat nie wieder einen Mann gehabt. Das Verstoßen werden durch die Eltern hat sie wohl nie verkraftet. Sie ist die Schande geblieben, die Enkelin der Augenstern. Meine Großmutter hat später einen Selbstmordversuch gemacht. Ich wollte immer mal das Thema ansprechen, doch meine Eltern wollten die alten Geschichten nicht aufwärmen.
Meine Oma ist später im Heim gestorben, da war sie 92 Jahre alt.
Ich habe zu meiner Mutter ein gutes Gefühl von Geborgenheit. Erst in der Pubertät habe ich von ihrem Leben etwas mitbekommen und auch Fragen gestellt. Als ich 10 Jahre alt war, zog meine Oma in unser Haus mit ein. Meine Eltern hatten ja ein Geschäft und sie konnten die Oma gut gebrauchen.
Mein Großvater väterlicherseits war Stellmacher und mein Vater auch. Er hat später Karosseriebauer gelernt und hatte dann zwei Werkstätten, eine Holzwerkstatt und eine Wartburg Karosserie Werkstatt. Das war Gold-

staub in der DDR. Nicht die ersten Jahre, aber in den Siebzigern ging es uns sehr gut. Meine Eltern waren dann richtig gut betucht.
Mein Vater war von drei Kindern das jüngste Kind und er musste noch in den Volkssturm. Sie sind bis Tschechien und sind dann nach dem Krieg nachts zurückgelaufen. Er ist mit seinem Kumpel über die Mulde, wo sein Freund von den Russen erschossen wurde. Davon hat er sehr spät erzählt, erst in den 80 er Jahren. Er war ja erst 15 Jahre alt als er in den Krieg musste.
Ich kann mich nicht erinnern, dass ich im Bett meiner Eltern war zum Schmusen. Einmal bin ich aus dem Auto raus gefallen und hatte mir kleine Wunden zugezogen, da durfte ich mit meinem Vater auf dem Sofa kuscheln. Geschlagen haben mich meine Eltern nicht, aber sie hatten ihre eigenen Erziehungsmethoden, wie alle in der Generation. Damit ich mir merke wie heiß der Ofen ist, hat mein Vater meine kleine Hand an das heiße Ofengitter gehalten. Es hieß immer: Da muss man durch. Wir sind ganze Kerle.
Mein Vater war mein großes Vorbild, weil er wirklich alles konnte. Klar meine Eltern waren die Kriegsgeneration. Sie haben sich immer was gegönnt, als es dann alles gab. In unserer Familie wurde viel gegessen und getrunken. Auch oft mehr als genug. Das fand ich immer unmöglich, wenn mein Vater betrunken war. Man traf sich oft mit Freunden und sie haben alle viel getrunken. Aber auch sehr viel gearbeitet!

Bis zur Pubertät hatte ich ein gutes Verhältnis zu meinen Eltern. Dann kippte es. Mein Vater wurde dann unzufrieden mit mir. Ich habe nie, wirklich nie von ihm gehört: Ich bin stolz auf dich mein Sohn. Meine Mutter hat mir auch nicht die Anerkennung gegeben, die ich gebraucht hätte. Sie hatte immer damit zu tun, für gutes Wetter zu sorgen zwischen meinem Vater und mir.
Das war ein großer Mangel für mich, von meinem Vater nicht wahrgenommen zu werden.
Ich glaube, das ist in unserer Familie sowieso ein Mangel. Es wurde all-

gemein nicht über die Dinge und Gefühle gesprochen, nichts geklärt und nichts ausgesprochen. Es war richtig extrem, anders noch als es allgemein üblich war zu der Zeit.
Da gibt es z.B. den Selbstmord meiner Großcousine, 1984. Sie war gerade Dreißig, verheiratet und hatte ein Kind. Sie war die Lebenslust in Person. Von jetzt auf gleich, keiner hat was geahnt, auf extreme Art und Weise hat sie es getan. Keiner weiß warum sie es getan hat und es wurde auch nie wieder darüber gesprochen. Dieses Schweigen ist kein gutes Familienerbe. Das ist wie im Dunkeln bleiben. Vielleicht hat es auch was mit der Staatssicherheit zu tun, mitten in der Zeit der DDR. Keiner wusste, was wirklich hinter den Kulissen passierte, damals.
Es ist in mir davon ein ebenso verschlossener dunkler Teil geblieben. Aber den hat doch jeder, oder? Was ist auch, wenn ich diesen Teil öffne, da braucht es jemanden, der das versteht, vor dem man keine Angst hat und der auch selbst sich nicht fürchtet, vor dem, was ich so erzähle. In Beziehungen ist das nicht leicht. Man hat dann Angst, die Liebe zu verlieren.

Natürlich war ich immer ein bisschen anders. Schon in der Schule habe ich immer alles gesagt, hatte einen starken Gerechtigkeitssinn. Ich war bei den Pionieren und in der FDJ, aber nur ein Jahr. Dann bin ich ausgetreten. Es war eine Dorfschule, da hat man das nicht so sehr bewertet, habe ich gedacht. Außerdem hat mein Vater für die Schule gearbeitet.
Mein Vater hat mir verboten alles zu sagen wie mir der Schnabel gewachsen war. Doch meine anarchistische Seele konnte sich nicht zurückhalten. Da gab es viel Reibung, denn das Denken wollte man den Leuten in der DDR verbieten.
Habe dann KFZ-Elektriker gelernt und sollte wieder in die FDJ-Gruppe gehen, was ich nicht gemacht habe. Jeden Tag musste ich dann morgens bei meinem Meister antanzen. Doch ich sagte immer nein.
Mein Vater wollte nicht, dass ich den Märtyrer spielte. Er hatte ja seinen Privatbetrieb und musste auch sehen, wie er klar kam im Staatssystem DDR.

Und ich hatte einfach nur noch die Nase voll. Mein Meister und ich waren wie Wasser und Feuer.
Irgendwann haben sie aufgegeben, mich zu überzeugen, doch ich sollte den Anderen nichts sagen.
Ich wollte einfach nur weg und wurde von der FDJ-Initiative, auch ohne Mitgliedschaft, als KFZ- Elektriker nach Berlin geholt. Das war Anfang 1979, ich kam zu Autotrans Berlin.
Das war die Ablösung von den Eltern. Mir ging es dort richtig gut. Zunächst lebte ich im Arbeiterwohnheim, das war sehr chaotisch. Es wurde viel gesoffen, das hat mich genervt, denn ich habe ab Achtzehn keinen Alkohol mehr getrunken. Alkohol schmeckte mir nicht. Ich suchte mir also eine Wohnung, was sehr schwer war. Dann hatte ich sie. Fast wie Abriss war die; einfach unbewohnbar.
Ich habe eine Menge Geld verdient. Mit 15 habe ich als DJ nebenbei angefangen zu arbeiten, am Anfang mit Schallplatten, dann Tonbänder usw.. Mein Geld ging in die Musik. Bei Autotrans als KFZ- Elektriker habe ich viel Geld gehabt 1500 Ostmark war damals eine Menge. Wir haben auch nebenbei geschraubt, privat. So war es im Osten.
Ich wollte eigentlich nach Afrika, nach Mosambik. Das war mein Traum. Ich wollte unbedingt in die Entwicklungshilfe. Es gab die von der Kirche und die vom Staat.
Es war alles schon klar, bekam Unterstützung von meinem Chef, auch im Sprachkurs Portugiesisch.
Ich musste dann vorsprechen bei der Betriebsleitung, die mir dann gesagt hat, dass ich nicht geeignet bin wegen meiner politischen Gesinnung. Damit hatte es sich erledigt. Das hat mich sehr geärgert und ich bin lange nicht klar gekommen damit.

Habe mich dann in die Arbeit als DJ gestürzt. Musik ist immer schon mein Leben gewesen und mein Musikgeschmack ist groß und breit. Bin immer in einer Nische unterwegs und es machte mir großen Spaß damals. Auch da habe ich gutes Geld gemacht, aber immer auch wieder in Musik

investiert. Wenn ich kann, bin ich auch heute noch gut damit unterwegs. Eine Zeit lang waren wir dann zu zweit und ich habe hauptsächlich moderiert, das liegt mir auch sehr. Teilweise waren wir damals in der ganzen DDR auf Achse und wir haben ganze Nächte und Tage durchgemacht. Wenn wir doppelt moderiert haben, waren wir echt spitz und doppelbödig. Und die Musikauflagen haben wir nie eingehalten, von wegen 60% Ost- und 40% Westmusik. Manchmal hat man mir die Pappe (Zulassung) weggenommen, wenn ich zu viel die Lippe riskiert hatte. Dann musste ich ins Kreiskultur Kabinett, um mich zu rechtfertigen.
Angst vor dem System hatte ich nicht, ich war zu naiv. Eine Ahnung von dem was passieren kann, habe ich durch andere bekommen. Ich hatte eine gute Freundin, die nahm mich mit zu einem Interview nach Leipzig. Wir trafen uns mit einer Arbeitskollegin von ihr, die war in der Punkszene und ihr Vater war General. Er verbot ihr zu einer Party zu gehen, wo sich die Punks trafen. „Du bist dann nicht mehr meine Tochter, wenn du es doch machst", sagte er klar und deutlich. Sie ging. Nach Mitternacht kamen die Ellos mit der Polizei. Sie wurde geschubst und fiel auf einen Polizisten. Sie wurde angeklagt: Widerstand gegen Staatsgewalt. Sie kam mit ihrer Freundin in die Polizei-U-Haft, Keibel Straße in Berlin. Ihre Freundin kam nicht raus, sie ist ins Gefängnis gekommen. Nach der Haft bekam Sie Berlin Verbot und kam nach Colditz/Sachsen und bekam in ihren Ausweis den Stempel: „ HWS" (Häufig wechselnder Geschlechtsverkehr).
Ja, da bekam ich eine Ahnung in welche Gefahr ich mich manchmal gebracht habe.
In Berlin war ich dann auch in der Friedensbewegung, die damals von den Kirchen ausging, Umweltbibliothek usw.

Mein Verhältnis zum anderen Geschlecht ging schon im Kindergarten los, sie war blond und ich war sehr in sie verliebt, bis 14 habe ich sie geliebt, doch leider hat sie die Liebe nicht erwidert. Das war ein sehr großer Kummer für mich. Das ging echt tief. Später ist eine Ablehnung nie wieder so reingegangen, ich denke, ich habe mich geschützt.

In meiner Jugendzeit waren wir gut versorgt mit Tanzhäusern, manche waren sehr verrufen, dort gab es Blues und andere tolle Musik und dort waren wir natürlich am liebsten, Wochenende für Wochenende.
Mit 15 hat mir ein zwei Jahre älteres Mädchen mit roten Haaren, einem gelben Pullover und rotem Faltenrock das Küssen beigebracht, in den spärlich beleuchteten Ecken. Mit 18 hatte ich meine erste wirklich feste Beziehung, aber es wurde alles sehr offen gehändelt. Das war damals so. Aus dem Westen schwappte nicht nur die Musik herüber, sondern auch solche Themen wie offene Liebe. In dem Alter hatte ich dann meine Schüchternheit abgelegt. Ich hatte viele Frauen und habe meine Erfahrungen gemacht.
Manchmal denke ich wäre es gut, den jungen Menschen was beizubringen zum Thema Liebe. Meine Eltern haben mich nicht aufgeklärt, kein bisschen. Ich habe selber die Erfahrung gemacht aber auch dafür einstehen müssen. Es wurde erst wirklich schön so ab Dreißig, denn die Frauen hatten auch keine Ahnung. Wir hatten alle keine Ahnung, aber heute ist es auch nicht anders. Erotik und Sex werden in der Öffentlichkeit benutzt, aber es macht die Menschen nicht freier.
Mit meiner ersten festen Freundin hatte ich das erste Mal Sex und wir sind dann drei Tage nicht mehr aus dem Bett gekommen während eines Ausfluges. Dann folgten mehrere andere und später eine Krankenschwester, die ich kennengelernt habe während eines Krankenhausaufenthaltes. Sie war ein Heimkind und hat das gesamte Spektrum eines DDR-Heimkindes durchgemacht. Sie ist weggenommen wurden von ihrer Mutter. Das ging sehr schnell in diesem System.
Bis ca. 25 Jahre habe ich experimentiert, mich mal gebunden und wieder gelöst.

Die Frau, mit der ich dann meinen ersten Sohn bekam, lernte ich im Norden kennen. In den Sommermonaten habe ich als DJ gearbeitet, entlang der ganzen Ostseeküste. Ich liebte immer schon die Ostsee. Es war eine lustige Truppe, mit der sie angereist war. Es dauerte nicht lange und wir waren uns sehr nahe. Sie hatte damals schon eine Tochter von ca. 7 Jahren und war Lehrerin, wohnte und arbeitete in Leipzig und war sieben Jahre älter als ich. Nach einer kurzen Zeit der Liebe wollte ich mich trennen, weil etwas nicht so richtig passte zwischen uns. Doch sie war schwanger und ich blieb. Ich wollte die Verantwortung übernehmen, hatte mir ja schon die Hörner reichlich abgestoßen.

Diese Frau hatte schöne innere Werte. Sie war ehrlich sich selbst gegenüber und hat in der DDR-Zeit sehr früh das Lehramt verloren, weil sie nicht alles mitgemacht hat wie es verlangt wurde. Sie hatte also ein Berufsverbot als Lehrerin, obwohl sie eine gute Lehrerin gewesen ist.

Wir lebten dann in einem Haus, in der Nähe der Eltern, ein wunderschöner Ort mit viel Natur und Wald, alte Bäume. Ich hatte es nach meiner Berlin Rückkehr bewohnbar gemacht. Mein Vater hat es mir gekauft, mit der Hoffnung, im Alter dort selbst einzuziehen. Ich sollte ja auch die Werkstatt übernehmen. Er hat mein Leben vor gedacht, was natürlich nicht aufging.

Mein erster Sohn wurde also 1985 in Leipzig geboren. Meine Eltern haben nichts geahnt. Zu der Zeit war ich im Widerstand zu meinem Vater und ich wollte es ihnen einfach nicht sagen. In seinen Augen war ich der Sohn, der nicht geworden ist, wie er sich das erwünscht hatte. Ich sollte das väterliche Erbe übernehmen. Sicher wäre ich heute ein Autohausbesitzer und das kann ich mir gar nicht vorstellen.

Erst einen Monat nach der Geburt meines Sohnes haben sie alles erfahren. Auch von der Heirat haben sie nichts gewusst. Nach der standesamtlichen Trauung haben wir es ihnen gesagt. Meine Eltern haben alles stillschweigend geschluckt. Wie es ihnen wirklich damit ging, weiß ich nicht. Sie ließen nichts blicken, außer scharfzüngige Bolzen seitens meines Vaters.

Unsere Ehe, so wie wir sie lebten, war mir zu eng, ich wurde zu eng gehalten. Wir hatten zwar gemeinsame Interessen, sie leitete ein Kultur Zentrum, doch es war nicht ausreichend. Was ich nie leiden konnte sind Eifersuchtsattacken. Da verliert man jede Basis des Vertrauens. Es war ein enger Reif, der sich um mich legte, zu eng.

Schon ab 1988 wollte ich was verändern, da lag ich nach einem Unfall im November im Krankenhaus und da wurde es mir sehr bewusst, dass ich unser Leben nicht ewig aushalten werde.
Doch dann begann das Jahr 1989, ein magisches Jahr, speziell in Leipzig. Natürlich waren wir montags in der Nikolaikirche. Das Neue Forum wurde ausgerufen. Ein neues Lebensgefühl stellte sich ein, Hoffnungen,Visionen und Träume mischten sich mit Angst und Ungewissheit.
Ich habe zu der Zeit ein Mädchen kennengelernt. Sie war sieben Jahre jünger als ich. Sie hat mich fasziniert. Ich war als Moderator zugange, viel unterwegs und zwischenrein Arbeit im Neuen Forum. Es war eine wilde Zeit, auch in meinem Leben. Sie hatte den Ausreiseantrag mit ihren Eltern zusammen gestellt und sie reisten im Mai 1989 noch aus. Sie bekam die Ausreise und ich brachte sie zum Ausreisezug, kurz vor Mitternacht. Das eine mal hat mir gereicht! Es gab Leute, die ließen die Sektkorken knallen und andere weinten bittere Tränen. Auch wir. Wir ahnten ja noch nichts von der Wende und wir hatten uns verliebt.
Noch in der selben Nacht trennte ich mich von meiner Frau, auf der Straße, irgendwie völlig aufgelöst, innerlich durcheinander, kaputt von allem, was um mich herum geschah und von der Liebe in mir, die gleichzeitig schon wieder verschwunden war in ein Land, für uns unerreichbar.
Ich hätte mich nicht getrennt, wenn alles gestimmt hätte. Aber es war schon zu Ende zwischen uns.
Mir hat auch hier die Anerkennung gefehlt, so wie bei meinem Vater. Sie wollte mich anders haben, aber ich kann mich nicht in eine Form pressen lassen.
Ich denke es ist ein häufiges Problem mit den Frauen, sie wollen sich ihre Männer erziehen. Ich habe es oft so erlebt.
Wir hatten dann einen kurzen aber heftigen Rosenkrieg, meine Frau und ich. Sie wollte mich sofort weg haben. Und ich zog aus. Das Haus gehörte zwar mir, aber sie konnte wohnen bleiben mit den Kindern.
Die Trennung war schwer, für die Kinder und für uns alle, auch für mich. Alles kam zusammen mit der Wendezeit. Die große Tochter meiner Frau

hatte sich gerade an mich gewöhnt und hatte Vertrauen. Dann bin ich gegangen. Das wirkt heute noch nach in ihrem Leben. Obwohl ich mich weiter gekümmert habe um beide Kinder.

Dann war der 9. Oktober 1989, der magische Tag. Alle hatten wir Angst, überall standen die Kampftruppen mit aufgepflanztem Bajonett und die Armee hatte Leipzig umstellt. Alle Krankenhäuser waren in Alarmbereitschaft, Turnhallen waren frei geräumt. Wir alle hatten ein komisches Gefühl und Angst. Ich hatte das Gefühl, mich innerlich zu verschließen, keiner von den Säcken sollte erfahren wer ich bin. Den Ausweis hatte ich bewusst zuhause gelassen.
In der Kirche war Stille, Anspannung und alle Worte, die gesprochen wurden haben wir aufgesaugt, vor allem den Aufruf.
Als wir raus gingen stand ich plötzlich ganz vorn in der zweiten Reihe. Wir hakten uns ein und los ging es. Die Kampftruppen waren plötzlich weg. Nie werde ich dieses Gefühl vergessen von Liebe und Verbundenheit, von Kraft und Stärke, das innere Zittern, die Kerzen in den Fenstern und die vielen Massen auf der Straße. Als nicht geschossen wurde, haben wir uns umarmt und geweint. Es war ein großes Gefühl und ich bin froh, dabei gewesen zu sein.
Mir kommen heute noch die Tränen, wenn ich darüber spreche. Im Prinzip war das meine eigentliche Initiation, ich hatte ja keine in dem Sinne, außer Jugendweihe und Konfirmation, was ja keine Einweihungen gewesen sind. Aber das war eine: über die Grenzen der Angst zu gehen, das Leben riskieren. Wir sind ein Stück höher auf der Leiter geklettert. Und ich war mittendrin!
Dann kam der 9. November. Das Weltwunder überhaupt! Ich war bei meinen Eltern, wir hatten Besuch aus Kanada. Und der Fernseher lief. Plötzlich spricht Schabowski seine Regierungserklärung aus.
Ich hatte ja mit meiner ausgereisten Freundin, in die ich sehr verliebt war, einen regen Briefwechsel zwischen West und Ost. Ein ganzer Stapel Briefe von Mai bis November. Sie war sehr reif, jedenfalls war das

mein Empfinden. Sie arbeitete in ihrer Leipziger Zeit auf einer Leukämie Station und hat die jungen Menschen begleitet bis in den Tod. Das hat mir sehr gefallen wie sie damit umging.

Ich bin so schnell es ging ins Auto gestiegen, viele Liter Benzin in Tanks mitgenommen und losgefahren. Sie lebte in Köln. Treffpunkt Haupteingang Kölner Dom. Der Ossi in Köln, Kartenautomaten und Parkhäuser, du lieber Gott. Das war echt ein Abenteuer!
Sie lebte noch im Umsiedler Heim zu der Zeit. Wir frischten unsere Liebe auf, sie stellte mir ihre politischen Freunde vor. Sie gehörten zur VAA, eine kleine linke Truppe, Anhänger der Trotzkisten. Es dauerte nicht lange, da waren wir eine Vereinigung und wir machten politische Arbeit, hatten ein Büro in Leipzig. Habe mit der Initiative für Frieden und Menschenrechte zusammengearbeitet, saß am runden Tisch und wurde Kandidat für die erste Bundestagswahl. Es gab ja damals eine Unmenge an Splittergruppen, die sich der Wahl stellten.
Meine Liebste wohnte noch im Westen, wir hatten eine Wochenendbeziehung.
Irgendwann war sie dann schwanger. Wir trafen eine Entscheidung und sie kam zurück nach Leipzig. Mein zweiter Sohn wurde im April 1991 geboren.
Ich wollte sehr gerne an die Ostsee ziehen. Leipzig verlassen. Meine politische Arbeit wollte ich nicht mehr, man wird entweder verheizt oder korrupt und beides wollte ich nicht. So ist es auch heute noch in der Politik. Wenn man genauer hinschaut, erkennt man das.
Ich hatte schon in der DDR- Zeit diesen kleinen verlassenen Ort an der Küste nahe der polnischen Grenze gefunden. 1991 habe ich das Land dort gekauft und ich zog mit meiner kleinen Familie um. Der Ort war komplett verlassen, wir waren die einzigen Einwohner. Nachts kamen die Rehe und Hirsche vor die Haustür. Wir lebten sehr spartanisch. Im Haus zog es durch alle Ritzen und es war sehr abenteuerlich, aber schön.

Wir haben dann Tiere gehalten, Ziegen und Schafe und lebten von der Landwirtschaft. Ich habe den Abschluss als Landwirt gemacht, eine spezielle Weiterbildung für Neueinrichter.
Meine Tochter ist im November 1992 geboren und mein zweiter Sohn aus dieser Verbindung 1995.
Aber unsere Beziehung blieb nicht glücklich. Wir haben uns gar nicht mehr verstanden. Wir haben immer in verschiedene Richtungen gezogen. Ich glaube, ich war sehr stur, wie Bauern so sind. Wir haben biologisch-dynamisch gearbeitet und das kostete ständig viel Geld. Ich bin sehr überzeugt von dieser Art Wirtschaft, bis heute. Dennoch es war Arbeit, Arbeit, Arbeit und es gab keine Beziehungspflege mehr. Das hatte seinen Preis. Wir trennten uns.

Doch mein Leben ging weiter. Bereits 1996 lernte ich meine dritte Frau kennen. Wir hatten Urlaub auf dem Bauernhof angeboten. Und sie kam und machte Urlaub bei uns. Sie hatte zwei Töchter, 12 und 10 Jahre alt. Mich faszinierte ihre fantastische Ausstrahlung. Es war Sommer und sie war schön, leicht und locker. Das finden alle Menschen an ihr gut und ich finde es auch heute noch schön.
Sie ist meine längste Beziehung. Mit ihr lebe ich heute noch zusammen. 1998 ist sie zu mir gezogen, schon mit unserem ersten Sohn. Wir bekamen noch einen zweiten Sohn. Früher habe ich mir ja immer sieben Kinder gewünscht. Mit der Pflegetochter aus erster Ehe sind es sieben, aber eben mit drei Frauen.
Wir bauten uns ein zweites Haus aus, neben dem anderen Haus, indem meine zweite Frau wohnen blieb mit unseren drei Kindern. Sie hatte auch einen neuen Partner zu der Zeit.
Mein erster Sohn zog auch in meine Nähe, nach Greifswald und wenig später zog seine Mutter in unmittelbare Nähe.
Die Kinder lebten also alle um mich herum und auch die Mütter.
Das war nicht immer leicht. Aber irgendwie ist es gegangen.
Meine erste Frau wurde sehr krank, sie bekam Leukämie. Als unser

gemeinsamer Sohn aus Australien zurück kam, starb sie. Sie und ich hatten Frieden miteinander gefunden.
Die Trauerfeier fand auf unserem Hof statt und meine beiden anderen Frauen haben sie ausgerichtet. Das war echt etwas Besonderes.

Unsere Kinder verstehen sich miteinander. Einmal im Jahr verreisen wir alle zusammen.
Manchmal werden wir gefragt wie wir das mit den Kindern machen, sie sind so unkompliziert.
Wir machen nichts. Sie wachsen mit uns auf und wir geben ihnen alle Freiheit, die sie brauchen für ihre Entwicklung.
Ich bin sehr stolz auf meine Kinder und ich kann einem jeden Kind die volle Anerkennung geben.
Ich bin auch mit jeder Frau gewachsen, jede Frau hat mich ein Stück vorwärts gebracht.
Jetzt ringe ich um das Weiterbestehen der Ehe mit meiner dritten Frau. Alles wandelt sich, nichts bleibt wie es war. Manchmal gehen wir einfach nur nebeneinander her, ohne uns wirklich zu begegnen.
Vor kurzem ist meine Mutter gestorben. Während der Sterbephase hatten wir eine wunderbare Verbindung. Wir hatten Zeit. Wir beide haben einen vollen Terminkalender und es fehlt uns oft die Zeit füreinander. Das wünsche ich mir sehr: Zeit für die Liebe. Natürlich ist es das Thema aller Menschen in der heutigen Zeit, aber nur ich kann was ändern. Als wir uns kennen lernten haben wir uns Zeit genommen, oder besser wir hatten die Zeit füreinander. Wir müssen uns weiterhin kennenlernen, erfahren. Es gibt keinen gleichen Weg, weil zwei Individuen zusammen leben, die total anders ticken. Daraus besteht ja die Spannung. Jeder braucht es ein bisschen anders, auch im Sex.
Natürlich ist unsere Liebe füreinander noch vorhanden. Und ich gebe die Hoffnung nicht auf. Wir suchen beide nach neuen Wegen und sind gerade dabei, einen ganz anderen Weg in der Sexualität zu finden. Es ist ein neuer weicher Umgang im sich einlassen.

Meine Frage an mich ist, wo es noch mit mir selbst hingeht.
Als ich meine Frau kennenlernte, sprachen wir manchmal über die Idee der freien Liebe. Solche Zentren wie „Tamera“ und „ZEGG“ war lange Thema zwischen uns.
Ich glaube an die Freiheit in der Liebe. Mein Herz ist doch weit und groß. Es geht mir nicht um Sex in erster Linie, sondern um Austausch auf allen Ebenen. Ich bin immer noch grenzenlos neugierig, Will das Leben erfahren, erleben im echten Sinne des Wortes. Bin ein trockener Schwamm, der alles aufsaugt, weil ich wissen will, was die Welt im Innersten zusammenhält. In meinem Alter sind doch die meisten Menschen schon in einer Gussform für immer eingelebt. Das findet bei mir noch nicht statt.
Es geht mir nicht nur um freie Liebe. Wenn ich jemanden liebe, dann hat das viel mit Freiheit und Vertrauen zu tun und man hilft dem anderen, sich zu entfalten. Unser Herz hat die Kraft des Göttlichen, aber der Mensch kann das Göttliche nicht mit dem Verstand begreifen. Er kann es überhaupt nicht begreifen. Wenn wir ihm begegnen würden, könnten wir nur erblinden. Dieser Kraft sind wir nicht gewachsen. Wir könnten nur einen Bruchteil wahrnehmen. Aber ich bin sehr neugierig, ich will von dem Großen was verstehen. Ich brauche keine Drogen und keinen Alkohol.
Ich habe mein Leben und bin zufrieden, aber ich brauche auch eine Grenzenlosigkeit. Einen offenen Raum oder eine Grenze, die ich immer wieder erweitern kann.
Eine gute Beziehung ist für mich, dass beide an den Dingen des Lebens wachsen können und sich daran miteinander, aber auch einzeln, entwickeln. Aber genau das schließt die Freiheit des Einzelnen ein. Der Wachstumsprozess verlangt es sogar. Dann kann ich mir vorstellen, mit einer Frau alt zu werden, monogam zu sein und auch frei.
Man braucht dafür einen Menschen, der das auch so sieht. Das ganze Thema hat viele Fragezeichen für mich und es ist für mich noch nicht beantwortet. Es ist eben ein Lebensprozess. Das Leben ist ein ewiges Lernen, ein Erforschen.

Mich interessiert auch alles in der Politik und wie die gesellschaftliche Entwicklung weiter geht.
Gerade jetzt mit der Flüchtlingskrise. Die Hintergründe sind doch klar, es ist die Waffenproduktion. Warum stoppt man nicht die Waffenproduktion? Solange es Waffen gibt, wird auch geschossen.
Ich denke so: Will ich die Welt verändern, muss ich bei mir selber anfangen, oder ich kann es sein lassen.
Ich sage Ja zu meinem Leben, was bleibt mir auch anderes übrig. Natürlich hätte ich gerne studiert, wäre ich nicht in der DDR aufgewachsen, irgendwas Kulturelles, Philosophisches zum Beispiel.
Was ich bereue, ist, dass mein Zugang zu anderen Menschen manchmal nicht der Beste war. Ich sage zu schnell meine Meinung, ohne nachzudenken. Man verletzt dadurch oft, und merkt es erst zu spät.
Es gibt noch einen Traum, den ich schon länger träume. Neben meiner Landwirtschaft und der Arbeit als DJ würde ich gerne ein Radio gründen, ein grenzübergreifendes Projekt mit den Polen zusammen. Viel Musik, politische Themen, Literatur usw.. Dazu bräuchte ich Fördermittel, denn man muss ja leben.
Ich habe keine Angst vor dem Tod. Ich habe ihn ja immer vor Augen bei meinen Tieren. Egal wie es kommt, es kommt so oder so. Man kann nichts gegen den Lauf der Natur machen, nichts. Es ist immer tragisch, wenn ein Tier stirbt. Dann zerbreche ich mir den Kopf darüber, was ich falsch gemacht habe. Es ist schwer, die Verantwortung zu tragen.
Ich weiß nicht, was ich meinen Kindern für ihr Leben sagen würde. Einen Rat fürs Leben kann man nicht wirklich geben. Aber wenn schon, dann vielleicht so was wie: Seid ehrlich zu euch selber.

Carsten

Carsten ist Mitte fünfzig und wohnt in einer sächsischen Kleinstadt. Er ist vital, offen und voller Ideen. Wichtig ist ihm sein Freundeskreis, in dem er sich wohl fühlt. Ehrenamtlich engagiert er sich in einem soziokulturellen Verein der Stadt. Er ist ein viel gefragter Mann, da er ein Handwerker aus Passion ist und gerne hilft. Nebenbei baut er sich am Rande der Stadt aus einer alten Werkstatt ein schönes Zuhause.

„Aber losgehen muss es!"

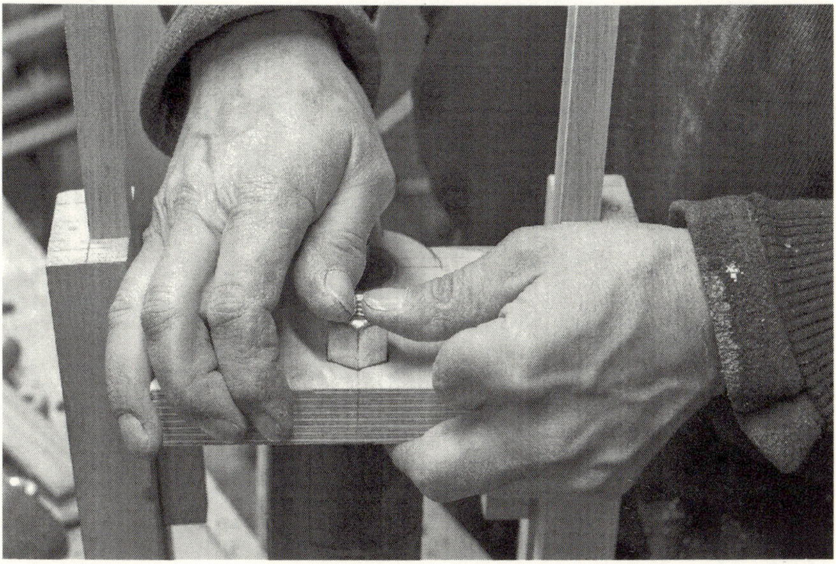

Ich bin jetzt 55 Jahre alt und wurde im November 1962 geboren. Ich bin ein typischer Schütze: unternehmungslustig, wissbegierig, neugierig, immer neue Ziele. Ich habe aber auch viel Ausdauer, die manchmal schon an Hartnäckigkeit grenzt, mit Leuten, mit meiner Arbeit und allem drum und dran. Aber losgehen muss es!
Ich war kein Wunschkind. Meine Mutter hatte ein Jahr vor mir eine Totgeburt und da haben sie schnell nachgelegt, denke ich. Es war auch ein Sohn. Aber ich weiß nichts darüber.
Ich habe noch einen zwei Jahre jüngeren Bruder, eine Schwester, die 2008 gestorben ist, und einen Halbbruder, der erst 1979 geboren wurde.
Als ich zur Welt kam soll es viel Schnee gegeben haben in diesem Winter, mehr hat man mir nicht erzählt über meine Geburt.
Das Verhältnis zu meiner Mutter war nie besonders. Meine Bezugsperson war mein Vater. Er hat sich das Leben genommen, da war ich 13 Jahre alt, vierzehn Tage vor Weihnachten. Ich musste von einem Tag auf den anderen erwachsen werden. Es war das Schlimmste, was es für einen Jungen gibt, alleine durch die Pubertät zu marschieren. Ich hätte meinen Vater sehr gebraucht.
Meine Mutter war nicht in der Lage, uns Kinder aufzuklären. Ich habe meine Mutter nie nackig gesehen, niemals. Da fehlt mir ganz viel!? Ich kenne auch keine mütterliche Liebe. In der ganzen Verwandtschaft gibt es keine mütterliche Liebe.
Meine Mutter ist im April 1944 geboren und musste flüchten mit ihrer Mutter, aus Schlesien. Sie war noch ein Baby. Die Familie war begütert und hat alles verloren. Der Vater meiner Mutter fiel in Leningrad. Er war bei der Luftwaffe und wurde abgeschossen bei der Bombardierung. Meine Mutter kannte ihren leiblichen Vater gar nicht.
Meine Oma heiratete nach dem Krieg einen jüdischen Kaufmann. Der war der Ziehvater meiner Mutter. Von ihm lernte sie das Zahlen - Technische. Sie bekam dann noch zwei Geschwister. Für mich war es eine Abscheu, zu den Urgroßeltern zu müssen, mit den dunklen Räumen und ihrem Glauben.

Meine Mutter und die Oma haben nie was erzählt. Hätte gerne mehr gewusst über Schlesien, speziell Liegnitz, wo sie gelebt haben und über den Opa. Aber ich kriege nichts raus. Meine Mutter erzählt nichts und ich frage sie nicht danach, weil wir 20 Jahre keinen Kontakt hatten. Zur Beerdigung meiner Schwester, vor zwei Jahren, haben wir uns wieder gesehen und seitdem losen Kontakt. Aber sie ruft mich fast nie an, wenn, dann melde ich mich. Sie hat einfach keine Bindung zu ihren Kindern.

Mein Vater arbeitete als Fahrer in einer Böttcherei. Das ist auch meine erste Erinnerung in der Kindheit. Ich sehe mich in der Werkstatt sitzen, stundenlang, und sehe den Männern bei der Arbeit zu. Seitdem wollte ich Handwerker werden.

Ich wollte nicht in den Kindergarten zu den schwarzen Tanten, den Pinguinen. Sie waren Diakonissen. Ich wollte nur weg dort. Meine Mutter musste mich da raus nehmen.

Von da an blieb ich immer in der Werkstatt bei meinem Vater. Ich wollte wissen, was die da machen und es hat sich viel eingeprägt. Zum Beispiel wurde das Eichenholz in Wasser gelegt, in Riesenbottiche, so wurde dem Holz die Gerbsäure entzogen. Sie haben Fässer gebaut, Räder und Laubengänge Blumenkübel und Pflanzengefäße...Die Ringe wurden zum Aufziehen auf Wagenräder glühend gemacht und dann aufgeschlagen. Es war herrlich für mich, dort zu sein als Kind. Auch noch während der Schulzeit war ich in jeder freien Minute dort.

1972 wurde die Firma enteignet, dann war Schluss. Es war die letzte große Enteignungswelle in der DDR.

Meine Urgroßeltern väterlicherseits wurden auch enteignet, zwangsenteignet, ohne jede Entschädigung. Die hatten eine Mühle, wo Getreide gemahlen wurde. Mein Urgroßvater starb ein halbes Jahr später, mit 69 Jahren. Der hat die Enteignung nicht verkraftet.

Meine Eltern waren sehr jung als sie sich in einem Zug kennen lernten. Meine Mutter war Schaffnerin und mein Vater bei der Armee. Als ich geboren wurde war meine Mutter 18 Jahre alt. War vielleicht zu früh für sie, deshalb die Bindungslosigkeit.

Ich bin in einer Kleinstadt groß geworden in Thüringen, nahe der Westgrenze mit drei Kasernen im Ort. Wir hatten eine schöne Wohnung mit einem verglasten Laubengang. Ich erinnere mich an den Küchenherd, wo die Kamelhaarhausschuhe meines Vaters gewärmt wurden, ehe er von der Arbeit kam. Sie wurden aber auch auf meinen Hintern geschlagen, wenn er wütend von der Arbeit kam. Er ließ die ganze Wut an uns Kindern aus. Auf der anderen Seite war er ein herzensguter Vater. Wir hatten auf dem Boden eine Eisenbahnanlage und haben oft zusammen gespielt. Besser wurde es mit ihm als meine Schwester geboren wurde, da hat er mich weniger geprügelt, er wurde ruhiger. Meine Mutter hat uns nicht geschlagen, sie hat es dem Vater überlassen. Sie hat nur erzählt, was wir angestellt hatten.

In der Kleinstadt nahe der Grenze zum Westen bekamen wir so manches mit, was politisch los war.

1968 zur Zeit des Prager Frühlings haben die Russen mit ihren Panzern die Straßenbahnschienen zerstört und es gab von da an keine Straßenbahn mehr in unserem Ort. Wir haben oft von Leuten gehört, die über die Grenze abgehauen sind, mit selbstgebauten Fallschirmen und so. Schlimm war, wenn die Russen abgehauen sind aus den Kasernen, da wurde die ganze Stadt durchwühlt, alle Hinterhäuser. Die armen Kerle wurden gleich fortgeschafft. Die hatten es hart in ihren Kasernen.

Mein Vater hat sich erhängt, frühmorgens an einem 10. Dezember in meinem Kinderzimmer. Unsere Mutter hat uns an dem Tag in die Schule geschickt, nach der Nachricht, dass der Vater tot ist. Es war der Pioniergeburtstag. Wir hatten Fahnenappell und der Direktor hat allen Kindern bekannt gegeben, dass unser Vater gestorben ist. Das werde ich nie vergessen, wie pietätlos man damals mit uns umgegangen ist. Niemand hat mit uns geredet oder uns getröstet. Unsere Mutter hat uns noch nicht mal gestattet, zur Beerdigung mitzugehen. Ich weiß noch, dass meine Mutter nicht geweint hat. Ich selber hatte richtige Wut und sehe mich den ganzen Winter Holz hacken. Meine Mutter hat alles, was meinen Vater ausgemacht hat vernichtet oder verkauft. Wir hatten noch nicht mal mehr ein

Foto von ihm. Aber ich musste seine Sachen abtragen, wogegen ich mich dann gewehrt habe.
Warum sich mein Vater das Leben nahm darüber wird nur spekuliert. Meine Mutter sagt, er hatte Krebs. Andere sagen er wollte abhauen nach dem Westen und dabei ist er verpfiffen worden. Das andere war noch, dass sich meine Mutter scheiden lassen wollte und er deshalb abhauen wollte. Keine Ahnung.
Den neuen Mann, den meine Mutter ein Jahr später hatte, hat sie uns nur kurz gezeigt, uns in die Ferien geschickt und während unserer Abwesenheit geheiratet. Ich hatte zu diesem Mann keine Bindung und wurde sehr schwierig in der Pubertät.
Wenn ich mich erinnere ging mir die ganze Erzieherei von meiner Mutter und auch in der Schule total auf die Nerven. Nach dem Tod meines Vaters und in der Pubertät wurde ich sehr schwierig und aufmüpfig. Habe mich auch gegen die Lehrer gewehrt. Obwohl ich in der achten Klasse aus der Schule wollte, um eigenes Geld zu verdienen, musste ich die 10. Klasse abschließen. Heute sage ich, dass es gut war. Aber das Verhältnis zu meiner Mutter hat sich nie richtig entwickeln können, bis heute nicht.
Was die Politik betrifft war ich natürlich bei den Pionieren, FDJ, DSF (Deutsch Sowjetische Freundschaft) und das alles. Mich hat die Politik nicht gejuckt, wir hatten ja Zuhause Westfernsehen. Meine Mutter war in der Partei. Sie arbeitete im Reisebüro und bekam die Reisen in die besonderen Länder bezahlt, aber nur für sich alleine, damit sie auch wiederkommt.
Ich war das erste Mal richtig verliebt, da war ich schon in der Lehre. Aber vorher in der 10. Klasse hatte ich Nachhilfeunterricht in Physik bei einer tollen Lehrerin. Sie war 28 Jahre alt und ich verliebt bis über beide Ohren. Sie hat mir alles über die Liebe beigebracht, komplett, das ganze Programm. Danach hatte ich immer noch Physik „4“, aber biologisch war ich weiter entwickelt.
Ihr Mann war bei der Armee und wurde versetzt. Sie ging mit weg zum

Schuljahreswechsel. Es war eine sehr wichtige Erfahrung mit ihr, die mir viel gegeben hat und weitergeholfen. Hatte danach ein neues Selbstwertgefühl. Die erste Zeit hatte ich Schwierigkeiten mit gleichaltrigen Mädchen, weil die noch nicht so weit waren.
Meine erste große Liebe war dann im ersten Lehrjahr. Ich musste Koch werden und wollte später aufs Schiff. Wollte in die weite Welt. Sie war Floristin, eine tolle Frau und große Liebe für mich. Sie hatte eine Art, mir ihre Meinung zu sagen, ohne dass ich in irgendeiner Weise gekränkt war. Ich konnte damals gut verteilen, aber nicht einstecken. Zerbrochen ist unsere Liebe an jugendlichem Leichtsinn.
Dann lernte ich im Jugendclub meine zukünftige Frau kennen. Sie hat mich dann gleich von Zuhause raus geholt mit Hilfe meiner Schwiegereltern. Zu ihnen hatte ich von Anfang an ein wunderbares Verhältnis. Auch heut haben wir noch sporadisch Kontakt. Ich konnte zupacken, war pünktlich, hilfsbereit und habe mit der Schwiegermutter gerne einen geschnäpselt.
Wir waren bald schwanger und haben geheiratet am 13. August 1981, zum 20. Jahrestag des Mauerbaus. Am 9. November wurde mein erster Sohn geboren. Denkwürdige Tage!
Ich hatte mich freiwillig für drei Jahre als Matrose verpflichtet, bin gleich in die Partei.
Im April 1981 wurde ich eingezogen, kurz nach Beendigung der Lehre als Koch. Ich kam nach Warnemünde.
Dort gab es den gewohnten Drill, ist klar. Ein halbes Jahr Grundausbildung, dann Vereidigung. Ich wurde vom Koch zum Elektriker gemacht und ich hatte gleich einen Unfall mit einer Starkstromleitung. Da hatte ich Glück. Mein Leben hing an einem seidenen Faden.
Ich kam selten nach Hause, mal aller sechs Wochen, mal nach 16 Wochen. Meine Frau wollte nach dem zweiten Kind nicht, dass ich zur Fischerei wechsele. Sie wollte, dass ich zurückkomme, weil sie genau gewusst hat, dass ich in den Westen wollte. Es gab für mich keine Entwicklungsmöglichkeit in der DDR.

Nach meiner Entlassung aus der Armee habe ich verschiedene Jobs gemacht, immer gutes Geld verdient. Gewohnt haben wir im Haus der Schwiegereltern. Die Kinder gingen in die Kinderkrippe und meine Frau hat gearbeitet als Textilfacharbeiterin.
Ich habe damals im Kesselhaus gearbeitet bei ›Cottana‹. Da wurden Stoffe hergestellt und in den Westen verschachert. Ich arbeitete immer in Schichten. Als meine Frau plötzlich einen anderen Mann hatte. Ein Arbeitskollege, der zur Nachtschicht kam, hatte mir gesagt, dass er meine Frau an der Bushaltestelle gesehen hätte. Ich habe die Nachtschicht geschmissen und bin nach Hause gelaufen. Habe im Wohnzimmer auf sie gewartet. Die Kinder waren alleine Zuhause und es war nicht das erste Mal gewesen. Ich fiel aus allen Wolken. Ich konnte es nicht verstehen, denn wir haben uns noch geliebt. Vielleicht waren es die engen Verhältnisse, nachts immer mit Kindern im Schlafzimmer. Wir hatten nur 45 Quadratmeter für vier Personen. Es gab keine Wohnungen. Und so eng, da ging gar nichts.
Zunächst haben wir uns wieder zusammengerauft. So was könnte mir ja auch passieren. Sind auch später weggezogen aus dem Ort.
1986 bin ich aus der Partei ausgetreten. Hatte keinen Sinn mehr für mich, was soll ich dann in dem Haufen bleiben?! Die Ziele der Partei waren nicht meine Ziele. Ich wurde fast gelyncht und degradiert, aus dem Kesselhaus genommen. Kam in die Normalschicht und durfte nur noch Lagerarbeiten machen für 5 Mark die Stunde. Damit konnte ich meine Familie nicht ernähren.
Nachdem sie so schlecht mit mir umgegangen sind, habe ich den Antrag auf Ausreise gestellt, für mich alleine. Wollte ohne meine Familie gehen, mich trennen. Meine Schwiegereltern haben einen großen Anteil daran, dass ich geblieben bin.
Hier gingen die Repressalien weiter. Bin nicht wählen gegangen zu der Wahl 1987. Sie haben mich mehrmals am Wahltag belagert und mich aufgefordert zu wählen. Daraufhin habe ich den zweiten Ausreiseantrag gestellt. Jetzt war ich erst recht unten durch, hatte keine Chance mehr. Wir sind weggezogen nach Sachsen, in eine Kreisstadt, dort kannte ich

Leute von der Armee, die halfen mir weiter. Ende Mai 1988 zogen wir um und mein Ausreiseantrag war plötzlich weg. Irgendwohin verschwunden. Ich bekam eine Anstellung als Koch in einem Betrieb, meine Frau im Büro. Wir bekamen eine Wohnung 95 Quadratmeter groß, das war gut. Dann kam unser Kleiner, hätte nicht mehr sein müssen, aber er kam eben.

Im September 1989 legte man mir die Kündigung als Koch ans Herz, da ich eine Schieberei entdeckt hatte, die der Küchenchef als zweites Arbeitsverhältnis hatte. Er hat die kostbaren Esswaren verschoben. Ich habe es gemeldet. Der ökonomische Leiter und mein Küchenchef steckten aber unter einer Decke. Ich kündigte, fertig. Habe nur noch Nachtschichten geschoben, bis Jahresende.

Am Tag der Wende wollten wir Geburtstag feiern, es war ja der Geburtstag meines ältesten Sohnes. Irgendwann schalteten wir den Fernseher an und hörten die Rede von Schabowski.

Ich habe es eine Woche lang nicht geglaubt! Es war unfassbar für mich. Ich ging in die Nachtschicht und habe auf meinen Chef gewartet. Es kam aber kein Chef mehr. Der ist gleich am Abend in den Westen gefahren. Es hat ihn nicht interessiert, wer die Arbeit macht. So waren sie die Chefs! Ich habe das alles erst richtig kapiert als ich selber mit meinen Kumpels das Begrüßungsgeld in Berlin geholt habe. Dann begriff ich die Tatsache, dass die Grenze weg ist.

Die Wende war eine Erweiterung für mich. Hätte mir irgendwann einen Strick genommen vielleicht. Die Enge und die ganzen Repressalien. Ich hatte es schon tüchtig satt 1989.

Nach der Wende bin ich 1991, nach verschiedenen Jobs, zum Tiefbau gekommen. Große Freude! Endlich war ich auf dem Bau, wollte ich ja schon immer. Es gab viel Arbeit. Die wollten mich rausschmeißen nach der Probezeit und ich habe geklagt. Das Ding habe ich gewonnen, wurde aber strafversetzt zum Hochbau. Das war eine noch größere Freude für mich und ich kam meinem Lebenswunsch näher. Heute bin ich Handwerker mit Leib, Seele, mit Stolz und eigener kleiner Firma.

1993 lernte ich eine Frau kennen, mit der ich sehr gut reden konnte, und nicht nur reden. Wir verliebten uns. Es war mir passiert. Ich wollte mich scheiden lassen.
Wir trennten uns nach 14 Jahren Ehe, da waren meine Kinder 13, 10 und 5 Jahre alt. Also habe ich meinen Kindern auch vor der Pubertät den Vater genommen. Genau das wollte ich meinen Kindern nie antun! Es sollte ihnen nicht so gehen wie mir. Schrecklich! Eingeprägt hat sich ein Bild: Meine Tochter am Fenster, sie schaut mir nach. Ich gehe und sie weint Rotz und Wasser. Das Bild schmerzt mich heute noch.
Warum die Liebe auf der Strecke geblieben war? Sicher war's der Vertrauensbruch, den es gab. Aber schlimmer war, dass ich nach außen ein Gesicht zeigte, aber innerlich leer war. Ich habe nie wirklich über mich geredet. Ich war ein Ehekrüppel, meine Seele war verkümmert. Innerlich war nichts als Leere und das habe ich in jede neue Beziehung mitgeschleppt, deshalb haben sie nicht gehalten. Natürlich war ich reifer geworden, aber innerlich sehr zurückgezogen gewesen. Ich kannte mich nicht mehr. Die Seelen bleiben auf der Strecke in einem gewöhnlichen Ehealltag. Es geht doch vielen so, das sieht man doch.
Wenn es was Gutes für mich in der Ehe gab, war es, die Kinder groß zu ziehen. Ich habe sehr gerne mit ihnen gespielt, das war herrlich. Das Kind im Manne eben! Die Kinder haben mich nie gestresst. Da hatte ich Geduld und Ausdauer. Habe gerne mit ihnen Hausaufgaben gemacht. Ich glaube wir waren beide gute Eltern.
Aber die Ehe war ein Gefängnis, eine Gefangenschaft. Ich finde die Ehe als Möglichkeit des Zusammenlebens trotzdem gut. Es ist okay, wenn es zwei Menschen wollen, aber es hat seine Grenzen, da wo der Einzelne beschnitten wird. Ich hätte einige Freiheiten mehr gebraucht. Habe mit allem aufgehört, was mir Spaß macht. Habe keinen Sport mehr gemacht. Ich konnte das zeitlich nicht mehr schaffen, ich musste in Schichten arbeiten. Wir brauchten das Geld.
Die Ehe war für uns beide nicht einfach. Da hat keiner Schuld am Scheitern.

Ich hatte mich also verliebt in eine viel jüngere Frau, meine Frisörin. Es war passiert und es wurde eine siebenjährige Beziehung draus. Bis ich dann nach Holland arbeiten ging. Dort verlor ich nicht nur meinen Finger in einer Kreissäge, sondern auch meine Beziehung. Die zerbrach an der Entfernung. Wollte mit ihr in Holland leben. Das hat sie dann auch gemacht, mit meinem Nachfolger, einem Arbeitskollegen. So war das!
Es gab noch ein sehr einschneidendes Erlebnis in diesen sieben Jahren. Damals war ich 35 Jahre alt. Das war eine Urlaubsreise nach Tunesien, die mich innerlich verändert hat. Das erste Mal richtig weit weg und eine andere Kultur. Ich habe gemerkt, dass sich was ändern muss in meinem Leben. Diese Gelassenheit und innere Ruhe der Leute dort, hat mich beeindruckt. Weniger Materielles und mehr Gelassenheit, das wollte ich lernen und das lerne ich noch immer. Es gelingt mir mit der Zeit immer besser. Muss nicht mehr immer überall dabei sein. Ich entscheide, wann ich wo sein möchte. Habe keinen Stress mehr vor Prüfungen zum Beispiel. So was muss man nicht so ernst nehmen und auch andere Dinge, an denen ich früher verzweifelt wäre. Menschen zum Beispiel haben mich mal sehr aufgeregt. Man lernt jeden Tag alle (un)möglichen Charaktere kennen und muss lernen, mit ihnen klar zu kommen. Nimm es leicht, sage ich da nur.
Jedenfalls verlor ich nach der Scheidung den Kontakt zu den Kindern, weil es meine Exfrau aus Zorn auf mich verhindert hat. Das war das Schwerste für mich. Zum anderen ist sie so weit weg gezogen, dass ich aus finanziellen Gründen den Weg nicht auf mich nehmen konnte. Meine Freundin wollte es auch nicht, dass ich zu meinen Kindern fahre. Sie war eifersüchtig, glaube ich. Wir hatten keine Kinder zusammen.
Jetzt habe ich wieder Kontakt zu meinen Kindern, mehr oder weniger nah oder fern. Mein Großer nimmt mir heute noch die Trennung übel. Meine Tochter lebt in meiner Nähe mit meinen Enkeln. Mit dem Kleinen habe ich viel Freude. Dem bringe ich ganz erdige Dinge bei. Eine Schaufel und Dreck, das reicht zum Spielen.
Die Trennung von meiner Freundin brachte mir neue Veränderungen.

Und wenn es kleine Dinge sind: Ich schaffte den Fernseher ab.
War auch mal eine Zeit arbeitslos, aber ich habe mich ständig weiter gekümmert. Ich habe immer gerne gearbeitet. Ein halbes Jahr war ich bei einer Firma, in der ich 240 Stunden pro Monat gearbeitet habe. Das war echte Ausbeutung.
Meine nächste Beziehung ging auch baden. Sie war eine sehr herrische Frau. Wir hatten keine Chance. 2004 saßen wir zusammen beim Psychologen, der meinte, dass wir unseren Lebensrucksack ausräumen sollten.
Daraufhin habe ich eine Therapie angefangen: Tiefenpsychologie. Aufarbeiten vom Allerfeinsten! Das tat weh. Vieles war verdrängt. Heftig die Erinnerungen! Vor allem das mit meinem Vater. Danach war ich mir ganz anders bewusst und das hat mein Leben verändert. Kann jetzt alleine leben. Weiß auch, was ich von einer Beziehung will. Jeder muss seinen Raum behalten, seine Freunde und seine Hobbys. Weiß nicht wie meine Traumfrau aussehen soll. Auf jeden Fall muss sie selbstständig sein und für sich einstehen können.
Habe mich selbstständig gemacht mit meinen vielen handwerklichen Fähigkeiten am 1.September 2006. Auf meine Firma bin ich sehr stolz, muss ich sagen. Das ist nicht leicht der heutigen Zeit. Bei dem Arbeitsmarkt ist es ein Kampf. Wer weiß das schon von denen, die ein festes Arbeitsverhältnis haben. Ich hätte gerne jeden Monat 1000 Euro netto.
Ich habe einen besten Freund, der ist eine Frau. Wir sind schon 17Jahre die besten Freunde. Hatten mal kurz nach unseren Trennungen eine Liebesbeziehung, aber es wurde wieder Freundschaft draus. Das ist viel mehr wert als das bisschen Sex. Eine Freundschaft mit Sex geht nicht. Eine Beziehung hätten wir nie führen können miteinander, aber die Freundschaft funktioniert bestens. Wir können auf diese Freundschaft setzen. Das ist ein tolles Gefühl! Jede neue Freundin von mir muss diesen „besten Freund“ verkraften. Die meisten Frauen sind darauf eifersüchtig.
Was ich an Frauen liebe? Alles! Ich bin Ästhet und Genießer, Frauenliebhaber, kann man sagen. Ich wünsche mir noch mal eine gute, feste Beziehung.

Habe noch viele Wünsche, die haben Schützen immer. Möchte noch mal richtig Urlaub machen, wenn meine Firma mir die nötige Zeit und das Geld gibt. Ägypten oder Tunesien oder die Welt mal von der anderen Seite sehen. Aber dort ist zurzeit viel los.
In einem Urlaub bin ich einen Pilgerweg gegangen, im Spätsommer 2007. Zu meinem Enkelsohn bin ich gelaufen. Der war 2005 geboren. Das war eine mächtige Erfahrung, es hat mir das Hirn frei gepustet. Bin 300 km gelaufen. Der Weg bot sich mir an. Es ist ein alter Pilgerweg von Niedersachsen nach Thüringen, ein Zisterzienser Weg, der auch durchs Eichsfeld ging. Habe unterwegs das Grab von Münchhausen gesehen. Bin den Weg alleine gegangen, es waren kaum Leute unterwegs. Eine irre Erfahrung. Habe nur einmal in einem Bett geschlafen, sonst nur in der Natur. Es war August/September. Das Schönste war mein Ziel: mein erstgeborener Enkel!! Welcher Großvater pilgert schon zu seinem Enkel?
Ein Pilgerweg bringt einen an seelische, geistige und körperliche Grenzen. Man kommt dem eigenen Ego auf die Schliche, kann ich nur sagen. Danach weiß jeder mehr von sich selbst. Zufrieden sein, mit dem was man gerade hat, nicht jeden Tag ein warmes Essen, oft nur Beeren und Früchte vom Wege, todmüde sein am Abend, umfallen, ohne sich zu waschen. Grenzerfahrungen eben!

Wenn ich zurückblicke, bin ich absolut zufrieden mit meinem Leben, habe nichts zu bereuen. Alles, was ich besitze, kommt von mir selbst und habe ich meinen Händen und meinem Hirn zu verdanken. Das erfüllt mich mit Stolz!

Angst vor dem Tode habe ich nicht. Ich glaube auch nicht an ein Leben nach dem Tod, dass irgendwo etwas weiter geht und so. Zick ist Zick! Will mir nichts anderes vorstellen, das gehört nicht mehr zu meinem Bewusstsein. Buddelt mir ein Loch, legt mich rein und pflanzt einen Baum drauf und behaltet mich in Erinnerung. Ich bin kein gläubiger Mensch.

Ich glaube an das, was meine Hände schaffen und meinem Geist entspringt. Damit schaffe ich Tatsachen und gut. So ist mein ganzes Leben! Wenn ich meinen Kindern was mitgeben könnte, dann würde ich sagen: Lernt Gelassenheit, nehmt mit, was ihr kriegen könnt und genießt euer Leben.

Hans

Hans ist fast 54 Jahre alt und lebt in einem kleinen Dorf im Erzgebirge. Vor kurzem ist er dort in ein Haus gezogen, wo er mit seiner jetzigen Partnerin mit Tieren und Garten lebt und wo es immer viel zu tun gibt. Er werkelt und bastelt gern. Es macht ihm Spaß, was Schönes zu gestalten. Sein Leben hat sich vor sechs Jahren total geändert. Damals hat er aufgehört, Alkohol zu trinken.

„Ich habe den Schalter im Kopf umgelegt und mich entschieden."

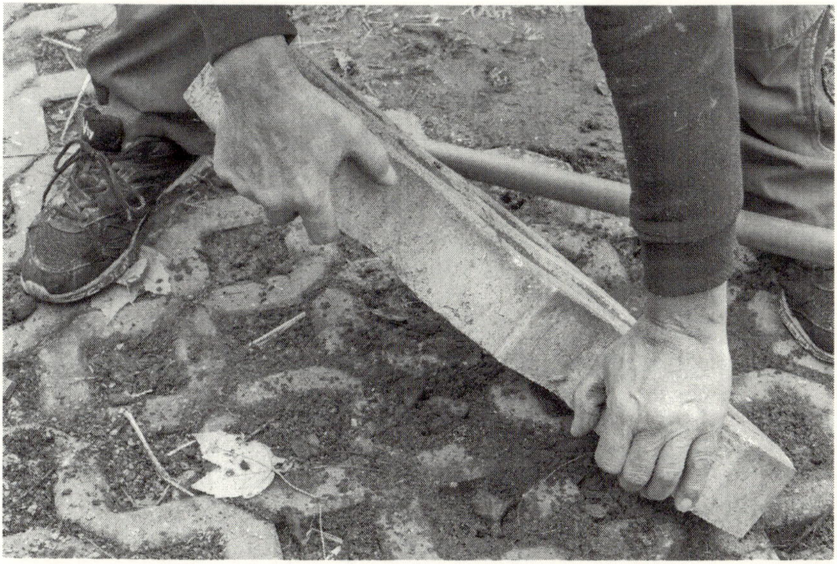

Was mein Leben in der Kindheit geprägt hat, waren vor allem die Schutthalden. Daran denke ich, wenn ich mich als Kind sehe wie ich mit anderen Kindern dort nach Zeug suche. Damals schmissen die Leute ihren Müll auf diese Halden, die jedes Dorf hatte, ein bisschen außerhalb. Das war ein Tummelplatz für uns Kinder, wir waren wild und niemand hat auf uns aufgepasst nach der Schule.

Ich bin 1963 in einem kleinen Städtchen im Erzgebirge geboren, Ende Oktober. Ich bin ein echtes Unfallkind. Habe lange meinen Vater nicht gekannt, bis meine Mutter ihn mir gezeigt hat, da war ich schon in der Schule. Wir hatten keinen Kontakt bis zum Tod meiner Mutter, weil die Ehefrau meines Vaters das nicht wollte, verständlicherweise. Heute habe ich Kontakt zu ihm, seit ca. sieben Jahren. Wir haben ein gutes Verhältnis, was mich freut.

Meine Mutter war jung und hübsch und sie war gerade 26 Jahre. Mein Vater war verheiratet und seine Frau war hochschwanger. Er ging aus an diesem Abend und meine Mutter auch, sie sind zusammen gekommen und ich bin entstanden, einfach so. Fertig.

Ich war ihr erstes Kind und wir lebten bei der Oma, der Mutter meiner Mutter. Der Opa war im Krieg gefallen. Die Oma hat mich auch angenommen. Der habe ich später viel geholfen, aber auch viel gekriegt von ihr.

Zwei Jahre waren wir alleine. Dann kam der erste Stiefvater dazu und noch zwei Geschwister, zwei Mädchen, die alles durften. Ich wurde oft geschlagen von ihm. Als ich 15 Jahre alt war habe ich mich gewehrt.

Mein Stiefvater war als Müller in einer Mühle und meine Mutter eine Küchenhilfe beim Kraftverkehr.

Mein richtiger Vater hat mir gefehlt für einen liebevollen Austausch. Manchmal habe ich meinen Vater aus der Ferne gesehen, weil er Kohlenfahrer war. Ich habe mir dann als Erwachsener immer die Kohlen bringen lassen von ihm. Ein Stiefvater ist kein richtiger Vater, jedenfalls oft nicht. Aber meiner hatte auch gute Seiten. Ich erinnere mich, dass er mir eine Nachttischlampe im Kinderzimmer angebracht hat, da war ich drei Jahre.

Da habe ich mich sehr gefreut.
Aber er hatte das Problem Alkohol. Wenn er getrunken hatte, wurde er aggressiv.
Wie schon erwähnt, die Schutthalde war mein Abenteuerspielplatz und auch von meinen Kumpels, mit denen bin ich lange befreundet gewesen. Mein erstes Fahrrad haben wir dort gefunden. Bisschen zurecht gebogen, Luft drauf und schon ist es gefahren. Wir waren happy, vor allem ich. Das kann sich heute kein Kind mehr vorstellen. Auch das erste Radio war vom Schutt. Wir haben immer was gefunden. Im Dreck rumwühlen machte uns Spaß. Von alten Brettern haben wir uns eine Bude gebaut. Wir waren immer am tun und ausprobieren, bauen und basteln, das war meins. Das ging mein ganzes Leben weiter. Pyramiden und andere Laubsägearbeiten haben wir dann gemacht und so was.
Wir haben auch Schrott gesammelt und Geld gemacht. Meine Mutter hatte nicht viel Geld. Nachdem mein Stiefvater mich zusammengeschlagen hatte und ich mich gewehrt, hat sie sich sofort scheiden lassen.
Meine Mutter musste mehr arbeiten gehen, sonnabends, wir waren ja drei Kinder, um uns zu ernähren. Ich habe zu Hause den Haushalt gemacht, gekocht und Wäsche gewaschen. Drei Gänge-Menü wie es früher so war: Kessel, Waschmaschine und dann noch zwei Mal spülen. Dadurch habe ich als Mann gelernt, dass sich der Haushalt nicht alleine macht, wie manche so sagen.
Ich habe einige Halbgeschwister. Meine zwei Schwestern von der Mutter und noch mal drei vom Vater. Mein erster Halbbruder väterlicherseits war ja im gleichen Jahr geboren, er im Februar und ich im Oktober.
Zu dem hatte ich ein Gefühl, der ging in meine Schule.
Ich ähnle meinem Vater, glaube ich. Vor allem das Laster mit dem Alkohol hatte er früher auch.
Mein Stiefvater hat mir in früher Jugend immer mal einen Schluck gegeben, aber es ging so richtig in der Lehre los bei mir.

1980 habe ich die Lehre angefangen, da hatte meine Mutter wieder einen

neuen Mann, der auch zu uns zog. Mit meiner Mutter zusammen hat er nicht getrunken, dafür viel geraucht. Er hat sich nachts wach gehalten mit rauchen, weil er um drei Uhr aufstehen musste und immer Angst hatte zu verschlafen. Der hat in der LPG gearbeitet. Er ist im Alter an Lungenkrebs gestorben.
Das Leben ist nicht leicht, kann ich nur sagen.
Ich habe auf dem Bau gelernt, Betonbauer. In dieser Zeit hatte ich ein Mädel, 1980. Es hat gleich geklappt und ich war mit 17 Jahren Vati. 1981 im März ist meine Tochter geboren. Wir sind gemeinsam in mein Kinderzimmer gezogen. Doch sie hatte bald ein Alkoholproblem und konnte nicht aufhören. Wir haben uns getrennt, sie zog zu ihren Eltern mit meiner Tochter.
Später war ich auf der LPG Betriebshandwerker. Dort haben wir ganz schön getrunken, wir alle, in den Pausen. Ich habe gerne getrunken, abends mal zwei Flaschen Bier. Es war Genuss, damals noch.
Ich wollte mehr Geld und habe dann als Springer in der LPG gearbeitet. Mit meiner ersten Frau habe ich drei Töchter. In der Ehe ging es dann los, dass ich mehr getrunken habe. Ich habe meine Arbeit gemacht, gerne und viel gearbeitet, mich auch um die Kinder gekümmert. Aber gleich nach der Arbeit bin ich schurwerken gegangen. Geld verdienen. Die Leute haben mich gebraucht und es hat mir viel gegeben, für andere was zu tun. Habe oft bis 22 Uhr gearbeitet, dann früh wieder raus und auf die Arbeit. Mein Leben war Arbeit, Arbeit, Arbeit.
Um mich zu entspannen habe ich so meine Abendbiere getrunken, später auch mal Schnaps. Es wurde nach und nach immer mehr. Mit Schnaps war ich vorsichtig, aber abends 8 Flaschen Bier war normal. Wenn ich nichts zuhause hatte, bin ich durchgedreht. Habe nach irgendwas gesucht wie ein Wilder. Ich musste den Spiegel halten.
Ich bekam dann mit, dass meine Frau fremd ging und ich habe das Problem weg getrunken.
Wir haben nichts geklärt. Sie hatte andere und ich habe getrunken nach der Arbeit. War dann immer im eigenen Jum.

Während der Arbeitszeit habe ich nicht getrunken. Das habe ich hin bekommen.
2002 war unsere Scheidung.
Ich hatte mir einen Garten zugelegt mit Häuschen, wo ich dann nach der Arbeit alleine war und in Ruhe trinken konnte.
Einmal habe ich von mir aus aufgehört zu trinken. 16 Wochen habe ich es geschafft, aber die Schmerzen, ohne Alkohol, hält keiner aus. Die Nieren vor allem, die tun so weh, die springen im Dreivierteltakt. Das ist der reine Wahnsinn. So als würde jemand mit dem Messer in den Nieren herum rühren. Und man weiß genau, ein Glas und alles ist vorbei. Das ist sauschwer. Ich habe nur auf dem Sofa gelegen und mich gewälzt. Nach 2 Wochen dachte ich, dass ich über den Berg bin und habe abends mal ein Bier getrunken und dann war es das. Es ging von vorne los.
Ich lernte während eines Krankenhausaufenthaltes wegen einer Magengeschichte meine zweite Frau kennen. Ich habe weniger getrunken, aber immer noch genug.

Vor sechs Jahren war es dann so weit. Ich war in einem inneren Zustand, in dem ich zu nichts mehr Lust hatte und auch nichts mehr konnte, nichts essen, nichts trinken. Ich war fertig mit mir und der Welt. Meine Frau brachte mich ins Krankenhaus und die sofort auf die Intensivstation.
Die haben mich entgiftet. Es war so weit gewesen, entweder ich trinke noch einen und es geht nach unten, unter die Erde, oder ich höre sofort auf. Entweder du lässt dir helfen oder es geht ab. Es war ne Schwelle. Hatte Flimmern vor den Augen, sonst hatte ich nichts. Das ist selten bei Trinkern. Die meisten haben noch viele schlimmere Ausfälle, körperlich und so was wie Delirium. Ich habe nie irgendwas gesehen. Eigentlich erstaunlich.
Das war der Tag, wo der da oben gesagt hat: Entscheide dich!
Irgendwie hat es in meinem Schädel klick gemacht. Ich habe einen Schalter umgelegt und mich entschieden. Irre! Aber es ging.
Auf der Intensivstation war alles, was nur irgend wie ging angeschlossen.

Der Körper musste stabilisiert werden, vor allem die Bauchspeicheldrüse war kurz vor dem Kollaps. Ich bekam vor allem Schmerzmittel. Damit der Entzug nicht so weh tut. 14 Tage haben sie mich dort behandelt. Bei der Entlassung sagte mir die Ärztin, dass ich höchstens fünf Jahre zu leben habe, wenn ich wieder anfange.
Nichts was neben dem Alkohol gelegen hatte durfte ich trinken, auch kein alkoholfreies Bier. Wegen des Geschmacks und der Erinnerung.
Meine Frau hielt noch zu mir.
Die erste Zeit habe ich Schokolade gefressen, kann man schon sagen, dazu viel Kaffee und Cola.
Ich hatte ein schweres halbes Jahr, das war ein Kampf. Ich konnte nirgend wohin gehen, wo es nach Alkohol roch. Da kam von hinten die Erinnerung, wie es schmeckt und wie es wirkt.
Ich konnte noch nicht mal auf den Weihnachtsmarkt mit dem Geruch von Glühwein. Es war sehr anstrengend das Leben, alles mögliche zu vermeiden. Es wird überall Alkohol getrunken.
Aber ich wollte leben. Viele halten nicht durch, die meisten. Ich musste dazu stehen, dass ich nichts mehr trinken darf, auch vor den anderen Leuten. Das muss man tun, der Wille alleine reicht nicht. Ja, man muss schonungslos zu sich stehen und dass man nichts trinken darf.
Inzwischen ist das anders geworden. Es ekelt mich jetzt, wenn ich um mich herum Alkoholfahnen rieche. Und es macht mir nichts mehr aus, wenn die anderen was trinken, ich meine, dass ich Appetit bekomme.
Ich erinnere mich, dass einmal zwei Freunde vor mir Schnaps getrunken haben. Diesen Geruch habe ich nicht ausgehalten, ich musste aufstehen und weggehen.
In meinem Garten steht immer Alkohol, Wein, Bier. Es interessiert mich jetzt nicht mehr. Irgendwie bin ich durch.
Es ist immer weiter aufwärts gegangen mit mir.

Ich zog dann in meinen Garten. Unsere Ehe ging auseinander, wir hatten uns auseinander gelebt.

Es war wie ein Schleier weg bei mir. Ich war viel klarer im Kopf, nicht mehr im Jum.
Meine jetzige Liebste wollte ich schon immer haben, gleich nachdem ich sie das erste Mal gesehen habe. Das ist 17 Jahre her. Ich habe gebaut bei Bekannten und sah sie dort. Die Frau hat mich gleich fasziniert, ihre Art, ihr Auftreten. Doch sie hatte keine Lust auf mein Alkoholproblem.
Ich bin eigentlich schüchtern. Das glaubt keiner, weil ich oft die große Klappe habe.
Dann hat es mit uns geklappt als ich in diesem Jahr bei ihr gebaut habe. Beim Spazierengehen hat sie mir gleich gesagt, dass sie kein Bratkartoffel Verhältnis will. So lebe ich hier. Und es gefällt mir sehr. Das könnte 100 Jahre so gehen. Sie ist einfach ne Klassefrau. Wir unternehmen viel in der freien Zeit und das ist gut für mich, dass es außer Arbeit noch was anderes gibt. Wir reden miteinander. Gleich nach der Arbeit trinken wir Kaffee zusammen, gehen spazieren. Manchmal schlafen wir in meinem Garten, gehen zu Musikveranstaltungen. Mein Leben ist durch sie reicher geworden und ich finde es gut. Ich lerne jeden Tag dazu. Meine Oma hat früher immer gesagt, dass man bis zum letzten Tag lernt. Egal was es ist, der Mensch lernt nicht aus.
Ich will es mit dieser Frau bis zum Ende zusammen durchstehen. Sie zeigt mir auch ihre Liebe und das braucht ein Mann. Da wird mir warm.

Die Wendezeit habe ich schon bewusst erlebt auch mit meinen Bieren. Ich habe gleich gemerkt, dass es Vorteile hat und Nachteile. Die LPG ging baden und ich wurde entlassen, und das mit drei Kindern. Doch ich wollte nicht in den Westen gehen. Ich wollte den Osten mit aufbauen und bin geblieben. Ja, ich trauere der DDR-Zeit hinterher. Was mir fehlt ist das Soziale. Die Gemeinschaft gibt es nicht mehr. Die Arbeitskollegen waren oft auch Freunde oder Kumpels. Heute ist dein Kollege nicht mehr dein Kollege. Er ist dein Feind. Ellenbogen raus und durch. Verschläft man mal, wird man beim Chef angezinkt. Ich arbeite bei einer großen Klempnerfirma, Gas, Wasser, Scheiße, auf gut Deutsch. Nebenbei schurwerke

ich immer noch, außer Elektrik kann ich fast alles. Da fühle ich mich richtig wohl. Was ich nicht gerne mache, sage ich gleich.
Ich bin sehr pingelig geworden, seit ich trocken bin.
Ich nehme das ganze Leben anders wahr. Ich fühle und höre alles, bin wie wach geworden. Auf alles reagiere ich. Ich nehme auch Menschen gut wahr, kann sie gut einschätzen, gleich nach dem ersten Eindruck. Das Leben mit Alkohol war nicht das Leben. Es geht sehr viel an einem vorbei. Ohne, ist ein besseres Leben. Am besten man fängt kleiner weise nicht damit an, auch mit dem Rauchen. Es ist auch nicht gesund, trotzdem entspannt es den Geist.
Der Wille zu leben, hat mich vom Alkohol weggebracht. Dass ich es geschafft habe, bis jetzt, darauf bin ich stolz. In unserer Familie ist es ja ein großes Thema.
Zu meinen Kindern habe ich ein gutes Verhältnis. Meine kleine Tochter hatte ein Drogenproblem. Sie hat es auch geschafft aufzuhören. Sie hat mir gesagt, dass ich ihr Vorbild war.
Alle Erfahrungen waren wichtig für mich im Leben, selbst die Zeit mit dem Alkohol. Trotzdem Vorsicht! Keiner weiß, ob er süchtig wird. Am Anfang hat es mir nicht geschmeckt als mein Stiefvater mir was anbot. Es liegt an jedem Körper selbst und am Geist, wer dann wirklich in die Sucht kommt. Das kann man vorher nicht wissen, wie man reagiert. Da gibt es Probleme und man denkt, ach trinkst mal einen. Die Probleme werden größer und man trinkt immer mehr. Und dann macht man es immer wieder, bis man drin sitzt in der Patsche.
Jetzt muss ich mich den Problemen stellen. Und ich mache es auch. Ich lasse gar nicht erst die Probleme entstehen. Vorher klären ist meine Devise. Das kann man aber nur mit klarem Kopf. Wenn ich weine, dann kommt das bei mir so richtig von tief innen.

Wenn ich den Schalter finde mit dem Rauchen aufzuhören, lege ich ihn auch noch um.

Ich wünsche mir, gesund zu bleiben, was Schönes zu tun und gute Zeiten mit meinem Häsel zu erleben. Vielmehr ist es nicht, man kann sich nicht mehr wünschen. Es sind doch ganz einfache Sachen, die alles ausmachen. Mein größter Wunsch aber ist, dass ich trocken bleiben kann. Man ist ein Leben lang Alkoholiker. Es gibt zu viele, die rückfällig geworden sind, weil sie eben gedacht haben, ein Glas Wein schadet nicht. Doch dann schlägt der kleine Mann wieder zu und dann trinkt man alles das, was man in den Jahren vorher nicht getrunken hat. Und dann überlebt man das nicht. Ich nicht mit meiner Bauchspeicheldrüse.
Ich hatte mal eine Schokolade aus Marzipan, habe bemerkt, dass sie komisch schmeckt und habe dann gesehen, dass Alkohol drin war. Die habe ich gleich verschenkt.

Ich würde heute meinen Kindern sagen, genießt das Leben und höre aber auf die Alten. Nutze die Erfahrungen. Heute weiß ich, dass meine Oma mit vielem Recht hatte. Natürlich auch: Vorsicht mit Alkohol und Nikotin! Und auch Drogen.
Ich liebe meine Kinder, das sind gute Gefühle. Schön, dass sie da sind. Sie werden ihr Leben schon hinkriegen, das glaube ich. Ich hätte gerne mir mehr Zeit genommen für sie, wenn ich das im Rückblick sehe.
Erst nimmt man sich zu wenig Zeit für die Kinder, dann nehmen sie sich keine Zeit für uns.
Obwohl, ich habe meiner Mutter immer geholfen, auch ohne Geld. Sie ist doch die Mutter, da muss man helfen.
Ich habe keine Angst vor dem Tod, es soll bitte nur schnell gehen. Was danach kommt, darüber denke ich nicht nach. Diese Seite und die andere Seite, das sind zwei unterschiedliche Welten.
Am liebsten bei der Arbeit umfallen, das wäre mir das richtige.

Paul

Paul ist Anfang 50 und lebt mit seiner Frau und deren beiden Kindern auf einem alten Hof im Erzgebirge. Er ist dabei, ihn auf - und auszubauen. Das Wohnhaus ist bereits mit viel Gefühl für dessen Alter, die Tradition und für ein stimmiges Zusammenspiel von Materialien und Schönheit der Dinge fertig gestellt. Das ist eine von Pauls besonderen Gaben. Das macht ihn glücklich und wird ihm nie zu viel.

„Ich habe viele Gaben und Erfahrungen und ich suche nach dem roten Faden.“

Ich bin 1964 geboren, in einer ländlichen Gegend Thüringens und dort aufgewachsen, eigentlich in einer ganz normalen Familie, Mutter, Vater eine Schwester, sie war jünger. Trotzdem ist ein komisches Gefühl geblieben, dass wir was Besonderes waren. Meine Großeltern hatten eine Schmiede. Das war was zu DDR-Zeiten! Ein Handwerk eben. Mein Vater war Betriebsleiter und meine Mutter Hauptbuchhalterin. Das Besondere zieht sich durch meine ganze Kindheit und Jugend, es hat mich isoliert von den Anderen. Es war ein Grauen, vor allem, wenn ich mit anderen „Verbotenes" gemacht habe und nicht bestraft wurde wie sie, weil meine Eltern, glaube ich, alles durch Beziehungen geregelt haben. Einfach schrecklich! Das hat mir kein bisschen geholfen.
Das erste Bild meiner Kindheit ist sehr intensiv. Als ich sieben war hatte ich rheumatisches Fieber und ich wäre fast gestorben, weil man es nicht entdeckt hat. Ich bekam vier Jahre Penizillin und musste dazu ins Krankenhaus. Einmal sind wir von dieser Spritze gekommen und mein Vater lag in seinem Sessel vor dem Fernseher, die Füße auf dem Sessel. Ich bin immer wieder vor ihm hin und her gerannt und ich sollte aufhören, was ich nicht gemacht habe. Daraufhin hat er mir einen Schlag, oder es war nur ein Klaps, auf den Hintern gegeben, da wo ich gespritzt wurde, und ich bin schreiend zu meiner Mutter gerannt, die wiederum wie eine Furie auf meinen Vater losging. Das ist so richtig typisch für meine Kindheit, dieser ewige Kampf meiner Eltern. Ich wusste genau, was ich tat. Ich wollte meinen Vater ärgern, weil ich die Reaktion meiner Mutter kannte und mir von ihr Recht holen wollte.
Es beschäftigt mich, weil ich mich ein Leben lang gefragt habe, welches Verhältnis meine Eltern miteinander hatten. Meine Mutter hat sich wie eine Löwin vor ihre Kinder geschmissen, um sie vor dem Vater zu schützen.

Ich habe keine schöne Kindheit und keine schöne Jugend gehabt. Das ist tragisch, aber wahr. Ich entwickelte eine gewisse Sturheit. Habe Tage lang nicht gesprochen. Auf der anderen Seite hat man mich ruhig gestellt, keiner war wirklich an mir interessiert. Daraus entstand eine starke Sehnsucht, dem zu entkommen. Aber wohin entkommen, zu wem, zu was und vor allem wie?

Es kommt ein weiteres Bild. In meiner Klasse war ein Mädchen, ein Kind von Schaustellern. Wir waren damals in der zweiten Klasse und der Wohnwagen stand in der Nähe unserer Wohnung.

Wir sind jeden Tag gemeinsam zur Schule gegangen. Irgendwann habe ich mich getraut und habe ihre Hand genommen. Ich hatte ein starkes warmes Gefühl. Mein Vater sah das und hat mich laut ausgelacht: Ha, ha der geht mit Mädchen!

Ich war von da an wie gelähmt, ich habe mich geschämt. Später habe ich immer Federball gespielt mit einem Mädchen, das sehr dick war. Mein Vater lachte mich wieder aus, dass ich mit der Dicken Federball spiele. Und schließlich habe ich einmal in der Annahme, an einem Preisausschreiben der Neuen Berliner Illustrierten teilzunehmen, einen Aufnahmeantrag zu einer Aufnahmeprüfung an einer Tanzschule ausgefüllt. Das Gelächter meines Vaters war grenzenlos.

Von da an war mein Verhältnis zum weiblichen Geschlecht und zu mir gestört. Als ich 18 Jahre alt war, hat mein Großvater gedacht, dass ich schwul sei, weil ich noch nie eine Freundin hatte. Damals sah ich aus wie 26, mit Jeans und langen Haaren und ich liebte den Blues, aber innerlich war ich wie ein kleines Kind. Ich hatte eine totale Sehnsucht nach einer Freundin, aber dieser Weg schien mir schier unmöglich. Er war nicht gangbar für mich.

Ich hatte tief in mir drin kein Selbstbewusstsein. Ich war gestört. Ich habe mich immer nach einem Vater gesehnt, der mir was zeigt. Es gab eine Ebene, die uns verbunden hat. Mein Vater war mein Handballtrainer. Dort fanden wir einen Zugang.

Alles andere gab es nicht. Mein Vater hat mich sehr oft gedemütigt und ausgelacht. Als ein Verwandter mir das Sensen beibringen wollte und ich es nicht konnte, hat mein Vater laut gelacht. Auch das hat mich sehr verunsichert. Ich weiß nicht warum er das tat. Ich würde so gerne mal mit ihm sprechen, aber das gab es nie, bis heute nicht. Ich habe ihm einmal einen langen Brief geschrieben, in dem ich ihm das alles gesagt habe. Nach ein paar Tagen rief mich meine Mutter an, dass er den Brief bekommen und gelesen hat aber sicher niemals zu mir etwas dazu sagen wird. Und das ist bis heute auch so.

Mein Vater kommt aus Schlesien, er ist vertrieben, da war er vier. Sein Vater war ein Nazi. Die Schwestern meines Vaters sind noch schlimmer, sehr streng und grau und steif. Das ist traurig.
Ich habe früher sehr oft schlecht über ihn gesprochen und habe versucht, es mit meinen Kindern anders zu machen, doch es ist mir nicht geglückt. Rein äußerlich habe ich alles anders gemacht als meine Familie, ich habe mich gleich zwei Mal scheiden lassen. Aber das innere Verhalten ist geblieben. Es ist komisch.
Wenn ich an meine Mutter denke, dann sehe ich eine Frau, die immer krank war und ist, die gebückt geht und ständig Magengeschwüre hatte, die mich nicht weglassen wollte. Wir haben manchmal Gespräche gehabt, doch die endeten damit, dass sie nichts ändern kann.

Ich hatte ein erstes Gefühl von Freiheit in mir als ich 16 war. Ich ging zum ersten Mal auf einen Tanzsaal. Überall langhaarige ausgeflippte Jugendliche, Rauch, Alkohol und eine Band, die wild rockte. Der Blues klopfte damals an meine Tür... Und ist bis heute bei mir geblieben. Durch mich lief ein Schauder: Liebe! Freiheit! Hier will ich bleiben, das ist meins!!!
Zuhause habe ich mich immer wieder eingesperrt und klein gefühlt.
Mit 18 Jahren habe ich schließlich mein Elternhaus verlassen und bin viele Jahre auf der Flucht gewesen.
Wovor die Flucht, wohin die Flucht - lange Zeit wusste ich das nicht. Was mir nie geglückt ist: Wurzeln zu schlagen. Das zieht sich durch mein Leben wie ein roter Faden. Meist lebe ich an einem Ort und arbeite an einem ganz anderen Ort. Sodass ich ständig auf den Straßen unterwegs bin und hunderte von Kilometern zurücklege. Ich lebe hier und denke an

den anderen Ort. Es ist verrückt. Mich packt eine ständige Unruhe, die mich umtreibt. Aber ohne meinen Willen, es geschieht einfach.
Das Handballspielen habe ich geliebt, da war ich ich. Aber ansonsten wusste ich nie, was ich will. Ich konnte mir nichts vorstellen. Was ich genau wusste war, niemals in die Partei zu gehen. Das habe ich immer abgelehnt.
Wegen des Geldes bin ich zur Armee gegangen, ich wollte kein Geld von den Eltern nehmen, wollte frei sein. Ich habe mich verpflichtet, Offizier auf Zeit zu werden, das hieß erst einmal drei Jahre. Doch kurz vor Antritt hatten sich die Gesetze verändert und es hatte sich auf vier Jahre verlängert. Da bekam ich eine Riesenpanik. Doch der liebe Gott hatte es gut mit mir gemeint, da ich ausgemustert wurde nach zweieinhalb Jahren wegen einer schweren Knieverletzung, die ich mir beim Handball zugezogen hatte.
Trotzdem war es die schlimmste Zeit meines Lebens... dass ich als neunzehnjähriger junger Spund, natürlich als Offizier, Ex-Strafgefangene beim Straßenbau anleiten oder besser „bewachen" musste. Es war wirklich schlimm.

Nach der Entlassung im Mai 1986 wusste ich nicht, was ich machen wollte. Bei der Armee lernt man nicht, wer man eigentlich ist, im Gegenteil.
Ich habe dann Bauingenieur studiert. Es war mehr ein Zufall. Ich hatte keine Ahnung vom Bau.
Lernte sofort nach der Entlassung meine erste Frau kennen an einem sehr lebendigen Abend mit viel Spaß bei einer Blues Veranstaltung. Sie war sehr offen und hübsch und hat mich gleich mitgezogen in eine Art von Leichtigkeit. Das war toll. Sie war meine erste sexuelle Erfahrung und fünf Jahre älter als ich. Wir dachten damals beide, dass wir keine Partner mehr bekommen. Wir wurden sehr schnell schwanger. Im August 1988 ist unser Sohn geboren und vorher heirateten wir. Leider war ich damals ein sehr langweiliger Mensch. Sie war hochintelligent, aber ihr Elternhaus war sehr kaputt, ihr Vater war sehr dominant, der Stiefvater ein Spießer

und Tyrann und sie und ihre Mutter immer mittendrin. Trotz hoher Intelligenz studierte sie bloß Chemie.
Ihre liebste Beschäftigung war eine Zigarette, ein Glas Wein und ein Buch, immer und immer, über Jahre. Unsere Beziehung war schrecklich auf allen Ebenen.

Ich lernte eine neue Frau kennen, die mich sexuell total angemacht hat und es dauerte nicht lange, da war ich weg aus der ersten Beziehung. Ich ließ meinen Sohn dort. Ich war 27 Jahre alt. Das hätte ich nie tun sollen, denn ich war wichtig für ihn. Ich sah ihn noch ab und zu. Aber alles war sehr schwer. Oft habe ich gedacht, wenn es das Kind nicht gebe, wäre alles leichter. Dafür schäme ich mich bis heute. Wirklich, es ist schlimm. Man muss sich eingestehen, dass man schlimme Sachen macht im Leben. Aber man kann nichts für seine Gedanken, die kommen einfach. Ich bin nicht hellsichtig. Trotzdem habe ich ein anderes mal vorausgesehen, dass ein Mensch einen schweren Unfall hat. Ich sprach es aus und es war eingetreten, ohne, dass ich es wirklich wissen konnte. Das machte mir damals Angst.
Im Juni 1993 fuhr meine Ex-Frau mit Freunden zum Segeln. Sie nahmen unseren Sohn mit. Dort ist er ertrunken, er wäre fünf Jahre alt geworden im August.
Ich erfuhr es von meinem Schwiegervater am Telefon.
Ich war völlig fertig. Einfach handlungsunfähig. Noch heute verkrampft sich alles in mir, wenn ich daran denke. Ich bin gleich hingefahren an den Urlaubsort. Während der Fahrt dachte ich immer, dass es nicht stimmt.
Meine neue Freundin war bereits wieder schwanger im sechsten Monat, sie hat mich begleitet. Es war einfach nur schrecklich, alles. Ein Wahnsinn.
Unsere Tochter ist genau sechs Monate später am gleichen Tag des Todestages geboren.
Das Grab ist in der Nähe meiner Eltern und meine Mutter pflegt es bis zum heutigen Tag.

Meine Exfrau ging bis zur Bestattung unseres Sohnes in die Psychiatrie. Wir konnten nie wieder drüber sprechen. Ich habe unendliche Male drum gebeten, doch sie hat sich verweigert.
Ich bat alle Freunde, jahrelang, die bei der Segeltour mit waren, mir den Platz seines Todes zu zeigen, doch alle haben sich verweigert. Ich wollte sehen, wo es passiert ist. Verstehen! Was fühlen! Als sie mich anzeigen wollten, habe ich meine Fragerei gelassen.
Mein Sohn war nicht mehr da, aber mein Leben ist nicht leichter geworden, kein bisschen, im Gegenteil.
Es vergeht kein Tag in meinem Leben, an dem ich nicht daran denke. Seit dem Tod meines Jungen bin ich wer weiß wie oft umgezogen. Was ich immer mitnahm, waren die Sachen von ihm, die bei mir geblieben sind, kurz bevor er starb. Eine Sporttasche mit einer Feuerwehr und einem selbstgebastelten Pfeil und Bogen. Diese Tasche blieb immer bei mir, die habe ich von einem Umzug zum anderen mitgenommen. Er ist immer als mein Kind mit dabei.
Ach hätte ich damals den Mund aufgemacht und geredet und gesagt, was mir nicht passt. Ich konnte es nicht, ich habe es so weiter gemacht wie ich es gelernt hatte in meiner Familie. Und dabei wollte ich alles anders machen. Was für eine Idiotie. Wie schrecklich!

Bei meiner zweiten Frau habe ich es wieder so gemacht. Ich konnte einfach nicht wirklich über mich sprechen. Die Stummheit und Stumpfheit hat mich innerlich aufgefressen, trotzdem konnte ich nicht nach Außen gehen. Ich habe schwer gelitten.
Ich habe mich wie verrückt auf meine Tochter gefreut nach der Todeserfahrung, aber ich habe es nicht richtig zusammen bekommen in meinem Kopf. Der tote Sohn und das kleine neue Wesen. Alles war sofort schwierig. Meine Frau hatte auch noch drei andere Kinder aus vorigen Ehen. Ich glaube ich habe alles falsch gemacht, was nur irgend ging, richtig schlimm! Natürlich hatten wir von Anfang an Probleme. Dennoch, wir bekamen noch ein Kind, einen Sohn. Er ist 1995 geboren.

In meiner zweiten Ehe habe ich es dann schon versucht etwas anders zu machen. Ich habe Berater aufgesucht und habe um den Erhalt der Ehe gekämpft. Am Anfang brachte es was, aber später kam meine Frau nicht mehr mit. Der Berater sagte ihr, dass nur sie weiß wie die Verkabelung in ihrem eigenen Schaltschrank des Lebens funktioniert und das, was gerade nicht mehr funktioniert und wie sie es reparieren kann. Es kann kein anderer Mensch tun und auch der Partner würde alles falsch machen.
Sie hatte auch eine schwere Kindheit, ihr ist sicher was Schlimmes passiert. Sie hat ständig überreagiert. Wir standen uns oft feindlich gegenüber. Meist haben wir Probleme geklärt mit Sex. Am Anfang hat es funktioniert, bis es nicht mehr ging. Ich konnte dann einfach nicht mehr so weiter machen.
1996 war meine Frau wieder schwanger. Sie war sehr krank mit einer Grippe. Dadurch gab es eine Vergiftung im Körper und das Kind starb im Mutterleib, im siebten Monat. Die Geburt wurde dann im Krankenhaus eingeleitet. Man schob meine Frau in die Besenkammer, wo sie unter Höllenqualen gebären musste. Unser totes Mädchen. 12 Stunden hat es gedauert, unbeachtet, unter Schmerzen, mit Wehenmitteln zugedröhnt, es war ein Martyrium für sie. Es war unerträglich schlimm auch für mich. Es war ein schönes Kind. Wir gaben ihr den Namen Frieda. Sie ist auf ein Gemeinschaftsgrab gekommen. Ich war sehr verzweifelt und wollte kein Kind mehr. Es reicht an Leid. Ich ließ mich sterilisieren.
Dieses Erlebnis hat uns eine Zeit zusammengeschweißt. Und auch die Beziehung getragen, aber leider nicht sehr lange. Ich habe mich wie ein Wolf vor meine Frau gestellt und sie beschützt. Es setzte in mir Liebe frei. Zwei Jahre konnten wir davon zehren, aber leider hat die Schwere des Alltags mit meiner Freiberuflichkeit als Bauhandwerker und der Belastung mit Haushalt und Kindern unsere Beziehung weiter zerstört. Wir konnten es einfach nicht meistern.

Ich sanierte damals alte Häuser. Die Liebe für diese Arbeit habe ich meiner zweiten Frau zu verdanken, sie hatte einen Sinn dafür. Und habe auch unser Haus gebaut.

In dieser schwierigen Zeit verliebte ich mich wieder in eine Frau. Ich lernte sie kennen, weil ich einen Auftrag von einem Architekten erhielt, ihr Haus auszubauen. Es war fast eine Ruine, aber mein Herz ging auf. Ich hatte sofort Lust, den Ausbau zu machen. Die Bauherrin zeigte mir das Haus im Winter. Ich sah sie und sagte ihr sehr ehrlich: „Ich kann ihr Haus nicht ausbauen, weil ich mich sofort in sie verlieben würde und das kann ich bei meiner Situation nicht gebrauchen." Ich habe damals das erste Mal über Liebe gesprochen.

Sie antwortete mir, dass wir erst einmal bei ihr zuhause Tee trinken sollten. Das war es dann auch gewesen. Ich übernahm den Bau und wir verliebten uns.

Ich verließ meine Familie. Was trieb mich schon wieder, das frage ich mich heute. Vielleicht suchte ich nach Erlösung in mir? Oder die große Liebe, die mich erlöst?

Weil es den Kindern schlecht ging, habe ich auch diese Frau wieder verlassen und bin zurück gegangen und habe versucht, weiter mit meiner zweiten Frau zu leben, was nicht funktioniert hat, da ich sie ja nicht liebte.

Meiner neuen Liebe habe ich damals auch viel Schmerz zugefügt, ich habe sie einfach bei Nacht und Nebel verlassen. Sie ist sehr krank geworden. Ich fühlte mich wirklich schrecklich...und doch hatte ich riesige Angst um die Kinder. Das Schlimme, ich konnte wieder nicht sprechen. Ich bin gegangen und ich habe sie verletzt.

Zwei Jahre habe ich es versucht in meiner alten Beziehung, doch dann habe ich mich getrennt, endgültig.

Mein Leben ist immer so verlaufen, dass ich die Frauen abgewechselt habe. Dazwischen habe ich Häuser ausgebaut. Es ist immer so passiert.

Meine Exfrau verkaufte unser Haus und gab mir nichts davon.

Ich stürzte in ein finanzielles Desaster, bis zur Privatinsolvenz war alles dabei. Dass ich diese Situation überhaupt überlebt habe und nicht daran zerbrochen bin, ist ein kleines Wunder. Ich war sogar Harz IV Empfän-

ger. Meine Ex-Frau zeigte mich an und ich stand kurz vor dem Gefängnis, weil ich keinen Unterhalt zahlen konnte.
Vier Monate habe ich mich in der ganzen Welt als Bauleiter beworben. Von Dubai, Leningrad, Kasachstan, Abu-Dhabi war alles dabei. Ich hatte 100 Ablehnungen. Ich bekam irgendwann ein Vorstellungsgespräch in der Schweiz und wurde angenommen.

Ich begann 2007 in der Schweiz zu arbeiten wieder mit einer Lebensgefährtin.
Beide Kinder sind irgendwann zu mir gezogen. Die beiden hatten es wirklich nicht leicht nach der Trennung. Ihre Mutter hatte sich einen sehr reichen Mann genommen. Meiner Tochter ging es nicht gut, sie war Grufti. In der Schweiz lernte sie eine serbische Familie kennen, die sie mochten, das hat ihr geholfen und sie ging dann aufs Gymnasium. Mein Sohn ist ein zorniger Mensch geworden. Er ist aggressiv. Er ist sehr verletzt, hat einen Schmerz in sich, über den er auch nicht reden kann. Er ist hart gegen sich und andere. Deshalb ist er jetzt Käfigkämpfer geworden, und ein erfolgreicher dazu. Ich achte und respektiere ihn dafür, auch wenn wir im Moment keinen Kontakt haben.
Aber er tut das, was ihm sein Herz sagt. Etwas, was ich nicht geschafft habe, oder nur zeitweise.
Das tut mir alles weh, aber ich habe es nicht anders vermocht, obwohl ich es immer wollte: alles anders machen als meine Eltern.
Aber kann man was abkürzen? Kann man sich die vielen Abhängigkeiten ersparen, aus denen man sich lösen muss? Das glaube ich nicht.
Das Verhältnis zu meiner Lebensgefährtin zerbrach als die Kinder bei mir lebten. Sie verließ mich und ich war das erste mal ohne Frau. Was ich endlich annehmen konnte.
Die Arbeit war anerkannt und ich bekam viel Geld, womit ich meine Verhältnisse ausgleichen konnte. Ich lernte auch noch mal Französisch. Ich hatte nichts zu beklagen, rein äußerlich.

Silvester 2010 stand ich trotzdem auf einem Berg in der Schweiz und habe mich gefragt, wie mein Leben weitergehen soll. Ich wollte noch mal was ganz anderes machen, wenn die Kinder aus dem Hause gehen.
Ein Vierteljahr später begegnete ich der Frau wieder, die ich vor Jahren verlassen hatte und wir verliebten uns erneut und sehr heftig. Es war ein sehr vertrautes Gefühl als ich sie sah. Obwohl ich sie verlassen hatte auf unschöne Weise, war sie immer in meinem Herzen geblieben. Ich bin ja wegen den Kindern gegangen, die Liebe war immer noch in mir. Das fühlte ich plötzlich sehr intensiv. Wir hatten eine lange Zeit der Verliebtheit. Ein neues Leben begann für mich, in Deutschland im Erzgebirge, mit Hof und gemeinsamen Träumen. Wir bauten den alten Hof aus, auf dem ihr Haus steht, was ich ausgebaut hatte. Sie lebte noch dort, inzwischen mit zwei Kindern und war gerade in einer Trennungssituation.
Aber wir hatten Glück. Es war wie geführt, wir erhielten eine Förderung auf den Hofausbau.

Auch heute ist meine innere Unruhe noch da, obwohl ich angekommen bin, aber doch nicht richtig. Vielleicht suche ich nach meiner wirklichen inneren Bestimmung? Die habe ich noch nicht gefunden. Ich arbeite, um Geld zu verdienen und mache manch schöne Sache. Habe unser Haus ausgebaut, lebe hier, arbeite aber immer noch in der Schweiz. Und fahre immer noch hin und her.
Wofür brenne ich? Was macht mein Leben wirklich aus? Leider kann ich von den tollen Sachen, die ich gerne mache, nicht leben. Alte Häuser ausbauen zum Beispiel, Lehmöfen bauen, Musik machen... Mit der hirnrissigen Arbeit als Bauingenieur kann ich gut Geld verdienen, aber sie macht mich nicht froh und nimmt viel Lebenszeit weg.
Ich kann nicht mit der Arbeit aufhören. Womit dann alles bezahlen? Die Ausgaben sind nicht gering. Ich bin ein guter Team Manager auf meiner jetzigen Arbeit, das kann ich wirklich gut, da kann ich empathisch sein. Aber es muss noch was anderes warten.

Ich lebe hier ziemlich einsam als Mann. Ich habe hier keinen besten Freund. Darunter leide ich.
Unser Hof sollte mehr Leben haben. Die beiden Kinder meiner Frau sind noch jung, wir sind eine Familie, natürlich Patchwork. Trotzdem könnten noch andere Menschen hier leben.
Ich würde gerne den Hof für uns mehr arbeiten lassen. Sicher könnte ich den Menschen was mitgeben. Ich habe ja viele Gaben und Erfahrungen, aber ich suche nach dem roten Faden.
Würde gerne mal aus der ganzen Arbeitswelt aussteigen, um ein halbes Jahr nichts zu tun, Klarheit über mich zu bekommen, wo es weitergeht für mich. Aber ich habe Angst, weil ich nicht weiß, wovon leben, wie das Geld für die Familie zusammenbringen.
Vielleicht ist es auch eine Herausforderung für mich, die jetzige Arbeit, immer wieder neu zu sehen und es mehr als Geschenk zu nehmen, immerhin verdiene ich gut?
Aber unser Platz ist außergewöhnlich schön, er ist uns fast geschenkt worden. Es ist ein Schicksalswink gewesen. Würde gerne was machen auf dem Hof, mit Kunst und Menschen zum Beispiel. Es soll mich begeistern und innerlich froh machen.
Es beschäftigt mich, dass uns, wenn wir Glück haben 80 oder sogar 90 oder 100 Jahre gegeben sind auf dieser Erde, die seit Ewigkeiten existiert. Seitdem haben unendliche viele Menschen sich Gedanken gemacht um ihr Leben. Plötzlich klopft der Tod an und ich habe Angst, dass ich nie aufgestanden bin, um wirklich mein Leben zu leben, um auszubrechen aus dem, was mich einengt. Wenn es dann zu spät ist, was dann?
Eigentlich leben wir in einer industriellen Welt, von der Natur abgekoppelt. Was ist meine Natur? Wie werden die Blockaden aus meinem Kopf gespült, ohne dass ich erst drei Bier trinken muss, um Einfälle zu haben und Fantasie? Es macht mich unzufrieden, diese Suche oder Sehnsucht, wie man es nennen mag.
Aber vielleicht ist es das, dass ich mit mir zufrieden werden muss!?

Ich würde gerne alles anders machen wollen im Leben. Ich möchte ehrlich sein und alles ansprechen und auch mit den Schwächen leben. Ich will sagen, dass ich Mist gemacht habe.
Und auch meine Frau soll alles sagen, was sie auf dem Herzen hat und ich will es annehmen.
Das wäre ein neuer guter Versuch des Zusammenlebens.
Es wäre schön, wenn es uns glückt, natürlich auch mit den Kindern.
Wir beiden haben die Chance, uns zu heilen, daran glaube ich sehr fest, wenn wir nur den Mut haben zum Leben und zur Leichtigkeit, und uns mehr und mehr öffnen.

Bruno

Bruno ist 51 Jahre alt. Er lebt mit seiner Frau und zwei Töchtern in Dresden in einer großräumigen Wohnung, in einem alten Haus mit verwildertem Garten. Er arbeitet als Musiklehrer und Musiker. Vor kurzem überlebte er einen Schicksalsschlag, einen Schlaganfall.

„Wenn eine Türe zugeht, dann öffnet sich eine Neue."

Vor dem Schlaganfall gab es eine Zuspitzung in meinem Leben, schon eine längere Zeit.
Einige Monate vor dem Ereignis hatte ich das Gefühl, dass sich etwas ändern wird, ohne dass ich es benennen konnte. Eigentlich bin ich ein großer Optimist, doch in dieser Zeit hatte mich dieser verlassen. Ich hatte so was wie Todesangst und das Gefühl, dass vielleicht nicht mehr alles so gut wird. Es spiegelte sich vor allem in der Beziehung zu meiner Frau wieder. Unsere Beziehung wurde immer schlechter, was auch unsere Kinder gefühlt und jetzt auch ausgesprochen haben.
Ich wurde ja seit Jahren von Zeit zu Zeit von sehr heftigen Kopfschmerzen geplagt, was man als Migräne diagnostizierte. Doch in der Zeit vor dem Schlaganfall gingen diese wahnsinnigen Schmerzen gar nicht mehr weg. Jeder Tag war qualvoll und ich hielt mich nur mit Tabletten über Wasser. Ich bin ja Musiklehrer und auch der Unterricht fiel mir schwer. Der Alltag sowieso, wenn man immer Schmerzen hat, ist es zum wahnsinnig werden.
Dann kam die Tour mit der Band. Ich habe schon gemerkt, dass es mir in letzter Zeit zu viel wurde, der Alltag und die Band Mucken am Abend. Das habe ich nicht mehr so einfach weggesteckt, alle schlaflosen Nächte bis gegen 3 Uhr am Morgen. Ich bin halt älter und das machte mir immer mehr zu schaffen. Mir fehlte mehr und mehr die Kraft. Diese Tour hat mich total angestrengt.
Eigentlich war ich chronisch krank, ohne es für mich wahr zu nehmen. Ich habe es einfach weggedrückt, bis mein Körper mir den Dienst versagt hat.
Als es mich erwischte, habe ich zunächst nichts gefühlt, weil nichts mehr ging. Erst im Krankenwagen bin ich völlig entgleist. Ich habe gekotzt, geweint, alles in mir ließ los. Ich habe dann auch im Krankenhaus viel geweint, nachdem ich alle Untersuchungen hinter mir hatte. Mir fällt es unendlich schwer, mich an Ärzte und Technik abzugeben, ohne zu wissen, was mit mir passiert. Sie reden ja alle nicht mit einem. Machen was, ohne viel Erklärung, man ist körperlich ausgeliefert, bekommt Ängs-

te. Doch keiner redet, man wird behandelt wie ein Ding, nicht wie ein Mensch, der was fühlt.
Beim MRT bekam ich sofort Platzangst als ich in die Röhre geschoben wurde. Doch da war ein Typ, der einfach nur ein Computerspezialist war, sonst nichts, der hat mir gut zugeredet und mir erst mal gesagt, dass es ihm auch so geht. Er gab mir Hinweise wie ich mich verhalten soll und das hat mir dann wirklich geholfen.
Die Diagnose war jahrelanger zu hoher Blutdruck, nicht Migräne wie gedacht, und dadurch der Schlaganfall und Infarkt Symptome im Gehirn, aber zum Glück keinen Ausfall. Das ist ein Segen. Ich hatte Schwein! So viel Glück!
Einen Dauerchip habe ich mir nicht einsetzen lassen für die Dauerkontrolle, das wollte ich nicht. Das geht mir gegen ein Gefühl und es macht mir Angst, so ein Ding zu tragen.
Jetzt ist alles anders. Ich fühle mich anders, obwohl der Überlebensdruck noch da ist, gibt es andere Prioritäten: meine Beziehung zum Leben überhaupt, was ist wichtig, was nicht, meine Partnerschaft und die Liebe zu den Kindern, das fühle ich jetzt neu und anders. Ich habe einen neuen Fokus, weniger nach außen gerichtet, mehr nach innen. Mir ist das Leben noch einmal geschenkt worden. Es gibt neue Chancen für mich. Das fühle ich jetzt, wo ich langsam meine Ängste verliere, die die erste Zeit noch sehr stark da gewesen sind.
Auch mit meiner Mutter habe ich gute Gespräche, weil sie sich gesorgt hat. Wir sind schnell beieinander und reden über den Wald und die Natur. Sie will hören wie ich klinge, sie fühlt am Telefon, wie es mir geht. Sie hat mir gesagt, dass es immer eine neue Türe gibt, die sich öffnet, wenn sich eine alte Türe schließt. Das hat sie mir früher schon beigebracht, obwohl ich es oft noch nicht wahrnehmen konnte. Aber es hat sich in meinem Leben bewahrheitet. Ich musste durch vieles durch und immer bin ich stärker daraus hervor gegangen.
Jetzt gibt es für mich ganz neue Fragen, z.B. wie gesund weiterleben. Das ist für mich wichtiger als einen Chip einpflanzen. Wie sieht eine gesunde

Ernährung aus bei hohem Blutdruck oder wie kann ich leben, damit es stimmiger für mich ist. Oder auch Sinnfragen. Über solche wichtigen Lebensfragen nach einem Schlaganfall, hat noch kein Arzt mit mir gesprochen. Es geht um Medikamente und Technik, fertig. Aber ich muss mich doch auf einen neuen Weg machen. Wie lebe ich, wie gestalte ich meinen Alltag? Der Weg beginnt jetzt, weil ich überlebt habe.
Eigentlich will ich von den Medikamenten weg, weil ich es gruselig finde, immer Tabletten zu nehmen. Schon früher bei meiner Oma fand ich es komisch.
Es hat mich erleichtert, viel weinen zu können. Einmal habe ich im Schoß meiner Frau meine ganzen Ängste um meinen Körper und mich raus geheult. Ich wusste ja lange nicht, welche Lebenschancen ich noch habe. Dafür liebe ich meine Frau, dass ich bei ihr weinen kann. Ich weine selten, doch wenn ich weine, geht bei mir nichts mehr, und dass sie dann da ist, macht mich unendlich froh...

Ich erinnere mich, dass ich als Kind auch geweint habe. Eine meiner ersten Erinnerungen, wo ich außer mir war und intensivst geweint habe, ist mir noch sehr nahe.
Wir lebten in einer siebenköpfigen Großfamilie in Leipzig mit zwei Hunden. Mutter, Vater, mein Bruder, Oma und Opa und meine Urgroßmutter, in einer großen bürgerlichen Wohnung. Mein Vater hat noch studiert, Theaterwissenschaft. Meine Großmutter war Malerin und hatte ein großes Atelier.
Meine Mutter arbeitete als Theatermalerin. Mein Bruder und ich hatten ein großes Zimmer.
Bei uns war viel los. Es trafen sich viele Künstler und Studenten. Ich war fünf Jahre alt. Damals liebte ich es mit dem ganzen Jungskram zu spielen, Schwerter und Pistolen und andere Waffen. Ich malte auch Bilder davon. Einmal kam ein Freund meines Vaters, der bei der Armee war. Dem zeigte ich die Bilder. Er reagierte heftig und sagte, dass ich ihn mit dem Mist in Ruhe lassen sollte. Ihm war viel Schlimmes bei der Armee widerfahren. Er

redete von dem Aufnahmeritual, wo sie ihn nachts angepisst hatten und noch von viel schlimmeren Dingen. Das hat mich dermaßen geschockt, dass ich außer mir war. Ich sagte meinem Vater sofort, dass ich nie zur Armee gehen werde. Doch der erklärte mir, dass es Dinge gibt, um die kommt man nicht drum herum. Ich war außer mir und heulte furchtbar. Ich kann mich gut erinnern, dass ich Angst vor einer Fremdbestimmung bekam, dass andere Menschen über mich entscheiden, obwohl ich es niemals will.

Seitdem war das Thema Armee gestorben, niemals wollte ich dahin, was ich auch später auf dem Wehrkreiskommando bekundete und mich als Bausoldat eintragen ließ. Mein Bruder war ja zu der Zeit schon im Westen und meine Begründung war, dass ich niemals das Gewehr gegen meinen Bruder richten werde. Ich habe es viel später in meiner Stasi Akte gelesen, diese Aussage.
Es gab noch eine Situation im Zivil - Wehrlager während der Lehre, wo wir mit einer Maschinenpistole schießen sollten. Eigentlich habe ich ein kleinkindliches Interesse an Waffen, aber dort habe ich und ein anderer das Schießen verweigert. Wir waren mächtig stolz darauf und kamen weg in eine Druckerei, wo wir aufräumen sollten.
Wegen der Armeegeschichte gab es einen schlimmen Konflikt mit meinem Vater. Meine Mutter hielt zu mir, doch mein Vater nicht. Der meinte, dass es wegen der Karriere wichtig ist, mal was zu überstehen. Doch in dem Alter dachte ich nicht an Karriere, es ging mir nur um ein essentielles Gefühl. Es ging mir um ein Herzgefühl und Armee war für mich falsch. Mein Vater konnte nicht sagen, dass er zu mir steht. Obwohl meine Großväter alle im Krieg gefallen sind. Das ist doch echt verrückt. Es sind viele in der Familie gefallen, meine Oma mütterlicherseits hat zwei Männer im Krieg verloren und ihren Bruder. Wie man so was überleben kann, ist mir ein Rätsel.
Wie geht das? Und wie kann man dann Armee noch gut finden!?
Der Vater meines Vaters ist 1945 in Prag gestorben. Der Film „Töten auf

Tschechisch“ von David Vondracek, erzählt davon, wie sich die Tschechen gerächt haben an den Deutschen. Nach dem Krieg die Rache und wieder das Töten. Wann hört das mal auf? Ich kann es nicht begreifen. Meine Oma mütterlicherseits ist auch noch vertrieben worden. Sie war Pragerin. Meine Mutter ist 1939 in Liberec geboren. Sie lebten dann in Karlsbad und kamen nach der Vertreibung in Salzburg an. Die Familien wurden aufgeteilt und oft auseinander gerissen. Meine Urgroßeltern wurden nach Greifswald geschickt. Das machten die Behörden so. Im Grunde wie heute mit den Flüchtlingen.

Meine Mutter besuchte die Großeltern sehr oft an der Ostsee und dort lernte sie meinen Vater kennen, der dort Urlaub machte. Sie hatte schon ein Kind aus einer unglücklichen Ehe, meinen Bruder, der 1960 geboren war. Der Mann war Alkoholiker und meine Mutter flüchtete vor ihm.
Mein Bruder ist später wegen seines Vaters in den Westen gegangen, voller Vatersehnsucht, doch der war sehr alkoholkrank und ist am Wahn gestorben. Das war schlimm für meinen Bruder.
1964 ist meine Mutter aus Österreich in die DDR gegangen aus Liebe zu meinem Vater mit ihrem ersten Kind, meinem Bruder, an der Hand. Eigentlich wollte mein Vater in den Westen abhauen, doch meine Mutter hielt ihn ab, weil es zu gefährlich für ihn gewesen wäre. Sie ist also in die DDR gekommen. Man nahm ihr erst mal den Pass ab und steckte sie in ein Übergangslager.
Sie war eine unglaublich schöne Frau zu der Zeit, ganz schwarze Haare und braune Augen. Mein Vater war, glaube ich, schwer beeindruckt, dass sie das gemacht hat.
Er studierte noch Dramaturgie und war sein Leben lang Regisseur. Wir lebten dann in besagter Großfamilie.

Ich bin 1966 am 8. Mai in Leipzig geboren. Es wird erzählt, dass mein Bruder mich sehen wollte, doch er durfte nicht mit zu meiner Mutter und mir, was für ihn sehr schlimm gewesen ist. Was für ein Schwachsinn das alles!!!

Es war sowieso schwer für meinen Bruder in der anderen Familie. Er war ein Rebell und es gab viele Konflikte.
Meine Großmutter war Malerin, aber auch in der Partei und Volkskammermitglied. Sie war eine richtige Stalinistin und bildete Kunstpädagogen aus in Leipzig an der Uni. Sie hatte wenig Zeit.
Es krachte oft in der Großfamilie, weil meine Mutter ein Freigeist war. Sie konnte nur schwer in einer stalinistischen Struktur leben. Sie ging mal nicht wählen, da hat meine Großmutter getobt.
Ich hatte als Kind einen Wachtraum. Darin flog meine Großmutter mit einem riesigen Messer durch den Raum. So bedrohlich war das für mich. Die Spannungen in der Familie kamen von allen Seiten. Da waren die Erlebnisse des Krieges, die vielen Verluste, die neue Diktatur und Einstellungen. Alle Schmerzen wurden gedeckelt, es war sicher zu heftig, den Deckel abzunehmen.
Für mich war die Großfamilie gut, ich bekam viele Anregungen. Auch von meiner Oma, die nahm mich mit ins Atelier, ich machte Kupferstiche und so was. Sie hat mich auch mal als Römer gemalt. Einfach herrlich für mich als Kind!
Die Urgroßmutter hat oft für uns gekocht. Sie hat mich mit Geschichten unterhalten, wir haben miteinander interagiert. Ich musste nicht in den Kindergarten, das war wunderbar für mich. Auch für sie war es gut, denn sie hatte eine Aufgabe in der Familie. Sie machte oft Pellmeni. Leider war sie verbittert, weil ihr Mann sie für eine Jüngere verlassen hatte. Filme mit Sex, konnte sie nicht ertragen.
Meine Mutter war ja Theatermalerin und nahm mich mit ins Theater. Es war für mich eine traumhafte Welt, diese vielen Farbtöpfe alle auf einem Wagen. Z.B. Goldfarbe in einem Riesentopf das war eine Faszination. Ich habe dort gebaut und gebastelt und auch manches Zuhause weiter gemacht. Meine Phantasie konnte sich ausleben, ich habe gespielt was das Zeug hält. Die ganze Theaterausstattung eine tolle Welt! Damals wollte ich Bühnenausstatter werden.

Es gab für uns ein Urlaubsparadies in Carwitz in Mecklenburg zwischen den vielen Seen, da wo Fallada gelebt hat. Meine Oma hatte dort ein Haus gekauft und jeden Sommer verbrachte ich acht Wochen in diesem Ort. Ich kannte jede Kuh in den Ställen und es gab viele Kinder. Es war traumhaft für mich. Wild und frei eroberte ich die Welt um mich herum. Es war göttlich! Freiheit pur. Ich stromerte von Haus zu Haus und besuchte die einzelnen Leute mit ihren Eigenarten. Es gab zum Beispiel eine Frau, die hat Versteinerungen gesammelt, die sie mir zeigte.
Ich hatte eine ständige Sehnsucht nach dem Ort. Wenn ich an die Vorfreude denke, die Fahrräder mit der Bahn aufzugeben und zu wissen, bald geht es los. Solche Gefühle trägt man ein Leben lang im Herzen. Wollte später dort einziehen, wie das als Kind so ist. Doch das Paradies zerbröckelte mit der Trennung meiner Eltern.

1974 zogen meine Eltern und wir Kinder, nach Cottbus, wo mein Vater seine erste Stelle als Regisseur bekam. Die Großeltern und meine Urgroßmutter blieben in Leipzig. Meine Urgroßmutter verkümmerte, da sie keine Aufgabe mehr hatte. Sie hatte sich ja die ganze Zeit um den Alltag der Familie gekümmert.
Meine Eltern waren wieder beide am Theater. Und damit ich auch. Wir hatten wieder eine tolle Wohnung. Doch mein Vater unterrichtete noch in Rostock und er war viel weg. Er fehlte mir sehr.
Ich hatte eine ständige Sehnsucht nach meinem Vater. Mein Bruder war in der Pubertät viel unterwegs, wie das so ist in der Zeit. Oft waren meine Mutter und ich alleine in unserem Haus, wo sie viel Angst hatte. Bei meinem Vater hatte ich immer ein Gefühl von Geborgenheit, wenn er denn anwesend war. Später verlor ich das Gefühl zu ihm und ich renne bis heute diesem Gefühl hinterher.
Es war trotzdem eine schöne Zeit für mich in Cottbus, ich war viel alleine an der Spree, habe darin gebadet und bin durch die Natur gestromert. Das alles ist heute nicht mehr denkbar. Die Kinder sind heute nicht mehr so frei und auch viel weniger draußen.

Mit 10 Jahren entdeckte ich das erste Mal die Frauen in einer wunderschönen Schauspielerin, die oft bei uns zu Besuch gewesen ist. Ich habe sie unendlich verehrt.

Die plötzliche Trennung meiner Eltern war für mich eine Katastrophe. Es brach so viel weg, was mir bis dahin Halt gegeben hatte. Das ganze Familiensystem wurde schwierig, es fiel auseinander. Es gab keinen Zusammenhalt mehr.
1979 zogen wir nach Dresden. Mein Vater hatte einen Job am Theater der Jungen Generation und er lernte eine jüngere Frau kennen. Es war dummerweise die Freundin meines Bruders, was alles noch schwieriger machte. Er lebt heute noch mit ihr zusammen. Für meinen Bruder ist das total schwer, denn er war ja auch sein Vater, wenn auch nicht der Leibliche.
Ich war gerade 12/13 Jahre alt und die Trennung machte mich fertig. In mir ging es ab. Alles ging den Bach runter und ich war richtig hilflos. Ich hatte das Gefühl, dass unsere Familie wie eine Glaskugel zu Boden fiel und in tausend Teile zersprungen ist. Überall liegen kleine Splitter. Es hat mir so viel Schmerz gemacht, dass ich es in mir verkapselt habe. Ich bin innerlich vereinsamt. Meine Mutter hatte mit ihrem Schmerz zu tun, mein Bruder auch, doch wir kamen nicht zueinander. Es fällt mir bis heute schwer, es jemand zu erzählen und überhaupt, über Schmerz zu sprechen. Was ich gut kann, mit mir alleine sein. Im alleine sein komme ich in Zwiesprache mit mir selber.
Mit den Beatles entdeckte ich sehr früh eine eigene Welt. Mit 9 lernte ich Gitarre bei einer sehr guten, motivierten und jungen Musiklehrerin. Nach der Trennung hatte ich darauf keine Lust mehr.
Wir wohnten in Dresden auch wieder in einer schönen großen Wohnung. Diese tollen Wohnungen haben mich geprägt, wir hatten immer Platz und es gab ein freies Gefühl im Wohnen.
Mein Vater zog nach der Trennung weg aus Dresden, was ich bis heute nicht begreife. Warum zieht man weg, wenn das eigene Kind noch in der Stadt lebt? Es begann eine schizophrene Zeit für mich.

Bin meinem Vater immer hinterher gefahren. Bis heute ist es eine schwierige Beziehung geblieben zwischen meinem Vater und mir. Ich kämpfe um einen Platz bei ihm. Komisch. Dabei bin ich sein einziges Kind geblieben. Mein Schlaganfall hat vielleicht auch damit zu tun, dass ich das immer noch nicht verarbeitet habe. Die Familiensituation hat sich ja bis heute nicht entspannt und ich fange neu an, darüber nachzudenken. Da steht immer noch der kleine Junge und ist einsam und hat Sehnsucht nach seinem Vater.

Dennoch, auch damals öffnete sich eine neue Türe. Wir lernten in Dresden neue Menschen kennen, mit denen wir dann sehr viel in der Natur waren. Wir gingen viel zum Bofen in die Sächsische Schweiz. Das war für mich meine Rettung, ich denke auch für meinen Bruder und meine Mutter. Die Natur beruhigt alles, finde ich.

Meine Ausreise später in den Westen hatte sicher mit der Vatersituation zu tun. Ich wollte ihm sagen, dass ich ihn auch einfach verlassen kann, wenn er nicht für mich da ist. Es war eine Art Protest.

Mir ging es eigentlich gut, war nach der Lehre als Drucker gleich in die Freiheit gegangen. Nur nicht in einer Großdruckerei arbeiten! Habe sofort angefangen, wie ein Wilder Gitarre zu spielen und Musik zu hören. Ich wollte Musik machen, arbeitete um Geld zu verdienen in einem Laden für Malerbedarf, wo noch andere tolle Typen arbeiteten, die im System keinen Platz hatten. Ich gehörte zu den Oppositionellen, und es ging los mit den Bands. Eine tolle Zeit! Ich habe eine neue Band mit begründet 1985. Es war eine Aufbruchsstimmung allgemein, und viel Hoffnung gab es im Land. Dennoch bin ich 1986 weg in den Westen. Ich wollte nie zur Armee, das war auch ein Grund für die Ausreise, aber noch mehr mein Vater.

Meine Mutter wollte auch weg. Es ging dann relativ schnell, weil wir nach Österreich gegangen sind. Ich sollte dann Österreich in 48 Stunden verlassen, das musste ich unterschreiben.

Kurz vor meiner Ausreise brach ein Chaos in mein Leben. Ich habe mich verliebt in eine ehemalige Kindheitsliebe, was sich aber nicht mehr so

stark entwickelte wie gehofft. Während der Zeit habe ich noch eine andere Frau getroffen, in die habe ich mich unsterblich verliebt und ich machte Schluss mit meiner Kinderliebe.
Doch dann erfuhr ich, dass diese, meine Kindheitsliebe, ein Kind bekommt. Das alles vor der Ausreise. Ich fühlte mich sofort schuldig. Sie bekam das Kind, meine erste Tochter. Im Februar 1987, da war ich längst im Westen. Es wurde eine komplizierte Beziehung zur Mutter, denn es war ja eigentlich zu Ende und Austausch war über die Grenze hinweg nicht möglich. Wir trafen uns im Ausland, in Prag. Ich war völlig blockiert und war im absoluten Gefühlschaos.
Die andere Frau, in die ich mich unsterblich verliebt habe, bekam auch ein Kind, aber nicht von mir. Das war noch einmal absolut ein Schock, denn die liebte ich wirklich. Doch ich war ja schon im Westen und auch da konnte ich nichts klären. Es blieb alles offen, wir beendeten die Beziehung innerlich nicht, sie wurde durch die äußere Grenze getrennt und durch die Unmöglichkeit, miteinander zu kommunizieren.
Im Nachhinein weiß ich, dass ich gar nicht frei gewesen bin für eine Liebesbeziehung damals.

Zu meiner ersten Tochter habe ich heute ein gutes Gefühl. Ich liebe sie und es ist wunderbar, dass sie, dieses Wesen, auf der Welt ist. Sie ist mir sehr nahe und wir beiden sind uns sehr ähnlich. Wir können stundenlang reden. Ich konnte ihr alles sagen und auch erklären wie jung ihre Mutter und ich waren als sie entstanden ist und völlig unerfahren in der Liebe. Natürlich habe ich sie längere Zeit nicht in meinem Lebensplan gehabt. Die ganze Westzeit nicht. Das ist auch eine Tatsache, aber wir können miteinander reden. Das ist ein Segen. Natürlich sind wir noch auf dem Weg zueinander.

Jedenfalls habe ich damals oft versucht, in den Osten zu reisen. Einmal habe ich die Einreise bekommen, doch meine Tante hatte mein Geburtsdatum verwechselt und ich musste an der Grenze zurück. Dann hat es

mein Vater versucht und ich sollte zu ihm reisen nach Neustrelitz, doch ich bin nachts nach Dresden, zur Mutter meines Kindes. Meine Tochter schlief. Früh wollte ich weiter. Doch mein Vater rief an, völlig außer sich, denn ich hatte die Auflage, nicht nach Dresden zu fahren. Er hatte irgendwas mit der Stasi getrickst.
Ich fühlte mich immer schuldig, dem Kind gegenüber und seiner Mutter. Meine Frage war ständig, welche Beziehung habe ich zu der Frau. Wir hatten keine seelische Beziehung, deshalb habe ich sehr lange gerungen, um mich zu entscheiden. Trotz neuer Beziehungen, hatte ich immer damit zu tun.
Eigentlich hat es sich erst im letzten Jahr gelöst. Sie hat einen neuen Mann kennengelernt und bat mich, sie mit der Gitarre zu begleiten, weil sie zur Hochzeit ihrem Manne ein Lied schenken wollte. Ich habe mich riesig gefreut. Unsere Tochter saß vor uns und wir beiden haben gespielt und gesungen. Es war eine Erlösung für uns alle und ich habe ihr dafür gedankt, dass dies möglich geworden ist. Ein Moment der Versöhnung! Eine Erfahrung, dass man sich liebevoll trennen kann.

Doch noch einmal zurück zu meiner Ausreise. Damals, als ich 1986 im Westen ankam, waren dort Grenzer, die sahen bedrohlicher aus als unsere Soldaten. Ich hatte das Gefühl, vom Regen in die Traufe zu kommen. Eine Frau schenkte mir im Zug zehn Mark und ich konnte mir was zu trinken und was zu essen kaufen. Solche winzigen Gesten von einfachen Menschen sind lebenserhaltend. Und wir alle sind darauf angewiesen.
Ich musste zunächst nach Gießen ins Lager. Es war schrecklich. Dort wartete keiner auf uns DDR Bürger. Ich ahne wie es heute den Flüchtlingen geht, doch wir hatten wenigstens die gleiche Sprache. Dann musste ich zu den Geheimdiensten, die Fragen stellten. Schrecklich!
Ich wollte Musik studieren in Köln. Bekam aber nur einen zinslosen Kredit, wenn ich nach Bayern zu meinen Verwandten gehe. Ich kam wieder in ein Lager bei Straubing mit Armeedrill und ab vom Schuss. So wie heute die Leute untergebracht werden.

Ich war erst einmal geschockt über meine Westankunft. Meine Gefühle liefen Achterbahn. Und ich war einfach falsch dort, wirklich falsch. Ich kam mir vor wie an einen Marterpfahl gebunden. An uns Ostleute hatte keiner Interesse. Es war einfach nur ein politisches Ding und wir Menschen waren Spielbälle, so wie heute die Flüchtlinge auch. Natürlich ging keiner im Westen gegen die Ossis auf die Straße.
Es gab im Westen keine Themen, die mich wirklich betrafen. Jedenfalls, wir im Osten waren solidarisch miteinander, trafen uns in Gruppen und konnten uns reiben und damit vieles voneinander entdecken. Natürlich sind manche Menschen zerbrochen, das ist die andere Seite.
Meine Mutter und ich bekamen eine kleine Wohnung, aber ich wollte ausziehen. Ich fand ein Zimmer in einer kleinen WG, und das war dann gut für mich. Natürlich ich war der Ossi und sie waren die Wessis. Uns hat vieles getrennt. Sie wussten nichts vom Osten und ich nichts von der Lebensart des Westens.
Ich arbeitete zunächst bei meinem Onkel am Theater in München als Hilfsrequisiteur und verdiente gut Geld. Permanent hatte ich Heimweh nach Dresden, nach meinen Freunden, nach der Band, nach dem Leben überhaupt im Osten. Das Westleben war nicht mein Leben. Ich suche ein Leben, was mich im Herzen berührt. Und diese Erkenntnis war schwer für mich. Damals hat man ja noch nicht geahnt, dass die Mauer fällt. Es war erst mal unendlich, nicht mehr in den Osten zu können.
Eine Zeit lang hatte ich einen tollen Gitarrenlehrer, einen Weltbürger aus Australien. Den verehre ich heute noch. Der hatte nichts mit Ost – West – Kram zu tun. Der tat meiner Seele gut.
Ich lernte eine Frau kennen, die in unsere WG einzog. Wir wurden bald ein Paar, doch ich war nicht frei im Herzen. Ich hatte die vielen ungeklärten Geschichten im Osten. Obwohl eine fette Grenze dazwischen war.
Sie und ich waren gerade in Griechenland im Urlaub als die Grenze aufging. Ich sah die Bilder in den Zeitungen und für mich war sofort klar, ich will nach Dresden in mein altes Leben zurück. Innerlich habe ich damit diese Frau verlassen.

Weihnachten war ich dann in Dresden, doch sie kam mit. Sie hatte das Gefühl, auf einem ganz anderen Planeten zu landen und war auch ganz schön geschockt.
Zunächst pendelten wir zwischen Dresden und Bayern, habe aber schon wieder angefangen, mit meiner ehemaligen Dresdener Band zu touren. Die Jungs waren happy, dass ich wieder da war.
Mein Vater arbeitete damals in Plauen am Theater, die suchten eine Band, für das Stück "Linie Eins" und wir nahmen an. Ich lebte also in Bayern und arbeitete in Plauen.
Wieder ging die Geschichte los mit der Mutter meiner Tochter. Ich sollte mich entscheiden, doch ich konnte nicht. Dann hat sie Schluss gemacht. Meine damalige Freundin erfuhr alles und auch diese Beziehung stand dann auf der Kippe. Doch wir rauften uns zusammen und bekamen einen Sohn. Er kam noch in Bayern auf die Welt im April 1992.
Wir zogen nach Dresden und ich ging wieder mit meiner Band auf Tour. Meine Freundin lernte einen neuen Mann kennen als unser Sohn fünf Jahre alt gewesen ist. Sie war sehr verliebt und auf der Suche nach sich selbst. Heute weiß ich, dass ich für sie nicht wirklich greifbar gewesen bin, doch damals konnte ich das nicht fühlen.
Ich war erst mal geschockt.
Bin in meiner Verzweiflung alleine nach Rügen gefahren und hatte ein tolles Erlebnis. Auf einem Parkplatz stand ein Hirsch vor mir mit einem Riesengeweih. Wir standen uns gegenüber und ich bekam großen Respekt vor ihm. Doch er rannte ins Gestrüpp und es krachte laut. Ich fand an der Stelle ein Stück von dem herrlichen Geweih, das ihm abgebrochen war. Ein starkes Bild für mich damals.
Ich war zwar verzweifelt, aber bei einer Trennung gehören immer zwei dazu, auch wenn der eine die Trennung vollzieht. Es gehört Mut dazu, eine Trennung durchzuziehen.
Wir hatten gute Zeiten zusammen, doch die seelische Verbindung gab es auch nicht zwischen uns. Das weiß ich ebenfalls erst heute, wo ich viel mehr Ahnung von der Liebe habe und vom Leben gelernt.

Die Trennung löste in mir seelisches Chaos aus. Sorge um meinen Sohn. Wieder ein Trennungskind, so wie ich. Das wollte ich doch meinen Kindern ersparen!
Wiederum ging erneut eine Tür auf, nachdem sich diese Türe zwischen uns geschlossen hatte.
Ich bin mehr zu mir gekommen, nachdem ich das akzeptiert hatte. Unsere Beziehung hat uns nicht mehr gut getan. Trotzdem habe ich sehr getrauert und habe auch drei Jahre alleine gelebt, was für mich eine sehr wichtige Zeit war. Mir ging es sehr schnell besser.
Mein Sohn lebte bei mir, weil meine Freundin zu dem neuen Manne gezogen war. Später fanden wir einen Wochenrhythmus, mal beim Vater, mal bei der Mutter. Bis es für unseren Sohn Stress wurde. Wir mussten für ihn einen Lebensmittelpunkt finden. Er lebte dann bei der Mutter und konnte frei zu jeder Zeit zu mir kommen. Wir wohnten zwei Fußminuten voneinander entfernt und unser Sohn konnte immer hin und her, was er auch genutzt hat.

Es gibt für mich eine sehr wichtige Erfahrung. Ich habe meine Tante Marie meine Urgroßtante, begleitet bis sie gestorben ist. Sie war meine Kindheitsherztante aus der Leipziger Zeit. Ich habe mich gerne gekümmert, eingekauft, sie im Pflegeheim besucht. Die Zeit kurz vor ihrem Tod war sehr beeindruckend für mich.
Sie rief immer: „Mama, Papa, ich habe Angst".
Das hat mich sehr angerührt. Doch beim Sterben war ich nicht dabei. Sie war 98 Jahre alt als sie starb und hat lange als Bibliothekarin gearbeitet. Ihr Geldgeschenk zu Lebzeiten hat mir meine Freiberuflichkeit ermöglicht. Meine erste CD werde ich ihr widmen. Das weiß ich jetzt schon.

Kurz nach dieser Zeit lernte ich meine jetzige Frau kennen. Es war Frühling. Im Frühling sterben viele Menschen, weil sie nicht mehr die Kraft haben, mit der großen Energie des Frühlings mit zu halten.
Aber die Liebe kommt auch! Und sie kam zu mir.

Auf meinem Anrufbeantworter war eine unglaublich schöne Frauenstimme, die mich nach einer Band fragte. Ich rief zurück und ich war fasziniert von dieser schönen Stimme, ein Gefühl, was bis heute geblieben ist. Das mit der Band hat nicht geklappt, aber ich habe diese Frau eingeladen und sie nahm an. Wir haben uns getroffen und es war schön! Wir haben ewig geredet, ihr Äußeres war für mich wunderbar. Wir waren sofort vertraut miteinander, obwohl sie einen Freund hatte. Zum ersten mal bin ich in meinem Leben mit einem freien Gefühl auf eine Frau getroffen. Ich war aufgeregt und ruhig zugleich und habe mich sauwohl gefühlt in ihrer Nähe. Es war im Mai 2000. Dieser Tag, es war der 4. Mai, ist unser Feiertag geblieben. Unsere Liebe ging ziemlich schnell sehr tief. Es war mein schönstes Verlieben und wir sind heute noch gerne zusammen. Konflikte können wir gut klären.

Sie studierte damals an der Kunsthochschule und wir hatten eine starke Zeit der Verliebtheit.

Ein Jahr nach unserem Kennenlernen zogen wir zusammen und wir wurden auch schwanger. Sie war eine schöne Schwangere. Bei der Geburt unserer ersten Tochter im Geburtshaus war ich dabei.

Es hat lange gedauert. Meine Bewunderung gehört den Frauen und den Hebammen. Eine Geburt ist ein großes Ereignis.

Es kam dann eine schöne sinnliche Zeit, wir zwei und das Baby. Natürlich kamen auch Ängste, weil ich ja noch andere Kinder hatte. Mich hat sehr beschäftigt, wo jeder seinen Platz hat, vor allem meine großen Kinder in der neuen Konstellation. Wo hat mein Sohn vor allem seinen Platz.

Aber meine Tochter fand dann eine offene Türe bei der Mutter meines Sohnes, vor allem so ab drei Jahre. Die Kinder fanden sich auf wunderbare Weise, das ist bis heute so. Es gipfelte darin, dass wir sogar Weihnachten zusammen gefeiert haben als Patchworkfamilie. Meine Tochter hat ihren großen Bruder als Vorbild erwählt, vor allem jetzt, da sie älter ist.

Unsere zweite Tochter, sie ist sechs Jahre später geboren, ging dann gleich zur Mutter meines Sohnes. Sie ist da wirklich für uns eine tolle Hilfe. Es ist die Türe, die sich geöffnet hat, dass wir zwei und auch meine jetzige

Frau zu ihr ein gutes Verhältnis haben. Wir sind wirklich eine große Wahl-Familie geworden. Es ist ein Geschenk. Da habe ich etwas Neues gelernt.
Ich versuche, meine Kinder zu verstehen. Als es meinem Sohn mal nicht gut ging vor einiger Zeit, habe ich ihn eingeladen zu einer Wanderung und ihm gesagt, dass er keine Sorgen mit sich rumschleppen muss, dass ich immer für ihn da bin. Das hat bei ihm viel verändert. Es hat ihn mutiger gemacht, glaube ich. Er hat Architektur studiert und macht manches anders als ich, aber es ist gut so wie er ist und lebt. Er ist viel durch die Welt gereist, Indien, Amerika. Die Menschen mögen ihn, er ist offen und gesellig.
An meiner jetzigen Frau liebe ich immer noch ihre Stimme, ihre Verletzlichkeit und Sensibilität. Sie ist der Inbegriff einer Frau an Sinnlichkeit und Schönheit. Sie wird für mich immer schöner je älter sie wird. Sie ist Frau pur in allen Bereichen. Wir kommen uns immer näher, seelisch und auch körperlich. Es ist sehr intensiv zwischen uns.
Sie hatte vor einigen Jahren mal einen Tumor an einer Niere. Das war ein starker Einschnitt. Zum Glück war es gutartig. Unser Leben hat sich damals sehr verändert, unsere zweite Tochter war gerade ein Jahr alt. Bis dahin war alles stimmig gewesen. Mit dem Tumor legte sich eine Trauerwolke um uns. Ich habe geheult als ich sie ins Krankenhaus brachte. Ich hatte unendliche Angst! Eine Krankenschwester sagte uns bei der Einlieferung, dass 95% der Tumore bösartig sind. Wie kann man nur so sein und Menschen die letzte Hoffnung nehmen?
Aber wir hatten Glück. Selbst unsere kleine Tochter hat sich das Glück noch einmal genommen. Sie musste abgestillt werden als meine Frau ins Krankenhaus ging und danach hat sie sich die Brust noch einmal geholt. Wundervoll!
Wir gehen seitdem bewusster mit dem Leben um, suchen nach uns und dem Inneren. Da bin ich gespannt wo die Reise hingeht. Meine Frau hat damals begonnen. Ich bin jetzt damit gestartet, nach dem Schlaganfall.

Musik ist für mich das Blut im Leben. Sie trägt mich, berührt mich und bewegt mich. Zunächst hat mich die Musik im Herzen berührt, ich bin durch sie mit mir in Zwiesprache gekommen. Jetzt habe ich sie zum Beruf gemacht. Es schlummert in mir sehr viel Musik, die ich nach außen bringen will.
Es ist feine sensible Musik.
Habe oft Projekte mitgemacht, die mir nicht mehr entsprechen. Das will ich verändern, möchte mehr mit dem Herzen dabei sein. Klar, wir brauchen das Geld, aber jetzt fühle ich, es muss was anderes kommen. Ich frage mich: wie weitermachen? Im Moment habe ich das Gefühl nach Ordnen und aufräumen, nach Klarheit.
Das Leben mit der Band ist seit 32 Jahren mein Leben gewesen. Sie ist ein Zuhause geworden. Ich möchte jetzt losgehen und sehen was da noch ist, will mich raus nehmen und in mich hinein lauschen, was stimmt jetzt noch, um ehrlich mit mir zu sein. Ich will mehr Mut haben, meinem Weg zu folgen. Ich bin oft sehr glücklich mit mir und der Gitarre. Es macht mir auch Freude, mit andern zu musizieren. Bin, glaube ich, keine Rampensau, kein Frontmann. Kleine Klubs, in denen ich den Menschen in die Augen sehen kann beglücken mich mehr als Riesenhallen. Ich spiele auch gerne in Theatern.
Ich würde noch gerne was lernen mit der Musik: fremde Musikkulturen oder Komposition und dann nur noch das machen, was mich inspiriert. Die Welt der Musik ist so weit und reich! Ich möchte noch viel entdecken und die Essenz finden. Ich gehe spazieren und plötzlich tönt es in mir. Ich habe unendlich viel Musik in mir. Dieser Stimme will ich folgen.
Bis jetzt habe ich auch gerne unterrichtet, aber auch da würde ich mal eine Pause machen.
Es ist viel in Gang gekommen mit dem Schlaganfall, weil ich dem Tod von der Schippe gesprungen bin. Ich will nicht mehr sagen: das mache ich morgen! Es kann unter Umständen kein Morgen geben. Ich habe mich zu lange an Dingen aufgehalten, die zu wenig mit mir zu tun hatten.

Die Herausforderung ist: Wie bekomme ich das Geldverdienen für die Familie hin und meinen Traum?
Meine Frau und ich, sind sehr für das bedingungslose Grundeinkommen. Wie sollen Künstler eine Familie ernähren in den Zeiten, wo man Ideen ausbrüten muss oder anders Zeit braucht für das Schaffen? Mit diesem Grundeinkommen würde von vielen Familien unendlich viel Druck genommen werden. Und das ist an der Zeit!
Meinen Kindern will ich sagen: Findet euer Glück, es liegt vor euch. Sucht nach euch, macht euch auf den Weg. Die wahren Geschenke des Lebens kosten nichts.
Ich bin stolz auf meine vier Kinder. Sie sind total richtig. Sie gehen ihren Weg.
Wenn ich auf mein Leben zurück blicke, würde ich aus dem Bauch heraus sagen: Ich bereue nichts. Mein Leben ist so gewesen und gut!

Toric

Toric ist Mitte Vierzig und lebt mit seiner Familie auf einem Hof im Erzgebirge. Er ist freischaffender Maler und Heiler. In seinem vierzigsten Lebensjahr erlitt er einen Unfall und fiel ins Koma. Seit er wieder ins Leben zurückkehrte, ist alles anders.

„Ja, Demut habe ich gelernt."

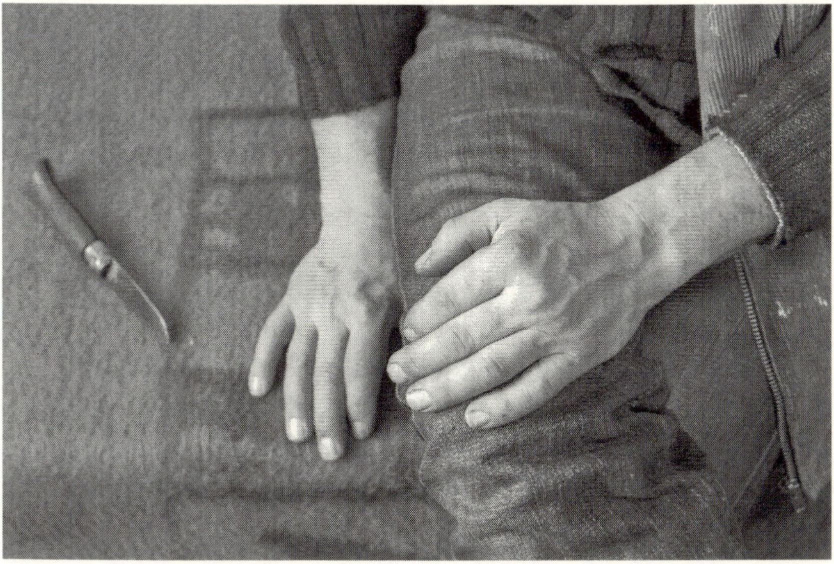

Bin in der Oberlausitz in Görlitz geboren im Mai 1970.
Ich bin das erste Kind meiner Eltern und meine Mutter war erst 18 Jahre alt. Ich bin schon auf dem Hochzeitsfoto mit drauf. Die Vorfahren kamen aus Ungarn und waren katholisch, unehelich darf nicht sein.
Die Geburt war schwierig, ich lag quer. Habe mich schon beizeiten als Querdenker bemerkbar gemacht.
Meine Schwester ist kurz nach mir gekommen, es ist gleich wieder passiert.
Wir haben in einer Kleinstadt in der Oberlausitz gelebt, in der Platte. Mein Vater war Maurer, war Jahrgang 1946 und wollte eigentlich studieren, doch weil er nicht in die Partei eintreten wollte, hat er auf das Studium verzichtet. Eigentlich war er künstlerisch begabt. Er hat auch viel gemalt, mir aber später immer gesagt, dass es eine brotlose Kunst ist. In erster Linie muss man Geld verdienen.
Meine Mutter ist Näherin gewesen. Es war ein schwieriges Verhältnis zwischen uns, sie musste ihren Mann stehen und hat mich mit Schlägen erzogen. Sie meinte, dass sie auch Schläge bekommen hat von ihrem Vater und es hätte was genützt. An Kuscheln und Küsschen kann ich mich nicht erinnern. Ich habe mich nicht gewehrt gegen ihre Schläge, auch nicht mit Sechzehn.
Mein Vater ist Alkoholiker geworden, es gab gewaltsame Szenen und er war unberechenbar.
Die Eltern haben sich getrennt, da war ich sechs Jahre alt. Das ist nie einfach für die Kinder, nie. Aber es hat sich nicht schlecht ausgewirkt auf mich, denke ich.
Der Kontakt zum Vater war nicht sehr intensiv und ist dann abgebrochen, weil er noch andere Frauen hatte und mehrere Kinder. Er ist wie so ein streunender Hund gewesen. Da kann ich von Glück reden, dass ich nicht so geworden bin, aber das habe ich zum großen Teil meiner Frau zu verdanken.
Ich kann mich ziemlich weit zurückerinnern. Da bin ich drei Jahre und bin zuhause abgehauen.

Ich wollte meine Oma suchen und bin in die Stadt gelaufen, in der sie lebt, immer die Straße lang, ungefähr 4 km weit. Leute haben mich dann entdeckt und zu meiner Oma gebracht, war schon fast als vermisst gemeldet gewesen. Es war ein prägendes Erlebnis. Ich war neugierig und habe gestaunt wie groß die Welt ist.
Zu den Großeltern hatte ich ein gutes Verhältnis, die lebten alle in unserer Nähe. Im Hof musste ich viel mitarbeiten. Die hatten ein Schwein, eine Kuh, Ziegen, Kaninchen. Manches hat Spaß gemacht, vor allem das Ernten der Kirschen.
Ich war sehr lebhaft, nicht gerade die Ruhe in Person und hatte deshalb in der Schule einen Einzelplatz vorn beim Lehrer. Ich habe einfach dazwischen gelabert, wenn mir was einfiel und das ist nicht einfach für einen Lehrer. Oft habe ich Witze gemacht und die Klasse hat gelacht, war der Klassenkasper. Dann musste ich vor die Klassentür und dort stehen. Oft bin ich schon alleine gegangen, ehe der Lehrer mich raus schickte und dann hatte ich schon mal wieder die Lacher auf meiner Seite. Ich habe immer zum Fenster raus geguckt und trotzdem alles gewusst, was ich wissen musste. Ich wollte nicht zu gut sein, aber auch nicht schlecht. Habe alles mit ner Zwei abgeschlossen. Wollte nicht fleißig sein.
War bei den Pionieren und in der FDJ, musste man ja sein. Meine Mutter war in die Partei gegangen, auch weil sie ein Telefon wollte, was wir auch bekamen. Wir bekamen noch einen Bruder, 11 Jahre nach mir, von ihrem damaligen Lebensgefährten. Meine Mutter arbeitete damals noch in einer Gaststätte, weil das Geld nicht reichte und sie wollte unter Leute. Am Wochenende mussten wir Großen uns um den Kleinen kümmern, was zum Glück meine Schwester gemacht hat.
Aber die ganze Politik vom Staat ist an mir vorbei gegangen. Das hat mich nicht angehoben.
Habe auch schon immer gemalt in meiner freien Zeit und ich hatte es auch gerne, alleine zu sein. Hauptsache ich konnte malen, das war richtig wichtig. Einmal habe ich eine Auszeichnung bekommen in der

dritten Klasse, da ist ein Bild von mir in die Galerie der Neuen Meister gekommen. Es war ein Sonnenblumenbild.

Mich haben Bücher fasziniert. War in der Bibliothek und habe in einem Monat bis fünf Bücher ausgeliehen, die ich auch gelesen habe. Das war meine Parallelwelt und sie hat mich sehr beeinflusst und beeindruckt. Ich lebte in meiner Welt, da ich mich schwer anpassen kann, d.h. Ich erfülle nicht die Erwartungen anderer.

In der Pubertät hatte ich keine Probleme. Sich als Mann darzustellen hat mich nicht interessiert, war eher ein Spätentwickler. Dafür war ich ein Mädchenliebling. Die Mädchen mochten mich und haben mich vielleicht nicht ernst genommen als Mann und doch wieder gut gefunden. Keine Ahnung.

Meine Lehre habe ich im Uranbergbau gemacht unter Tage bei der Wismut in Schlema. Ich wollte unbedingt viel Geld verdienen, weil ich Musik machen und mir gute Technik kaufen wollte. Meine erste Komposition habe ich ja mit sechzehn gemacht. Und bei der Wismut gab es richtig gut Geld.

Ich habe mit einem Freund eine Band gegründet und auch ein paar Titel aufgenommen, noch mit sehr einfacher Technik. Habe auch weiter gemalt, aber nur für mich.

In dieser Zeit hatte ich gleich drei Freundinnen auf einmal, eine in Aue, eine Zuhause und dann kam noch eine Dritte und alle habe ich gut gefunden. War sogar mit einer verlobt, die mich dann verlassen hat und am Ende habe ich mich von allen dreien getrennt.

Dann habe ich meine Frau kennengelernt, da war ich 18 Jahre alt und sie war 16.

Sie kam in meinen Ort und war bei der Disco, in der Kneipe, in der meine Mutter arbeitete und ich jedes Wochenende verbrachte. Sie war mir sofort vertraut, so als würden wir uns schon lange kennen. Wir haben getanzt. Ich habe sie in ihr Quartier begleitet und weil ich nichts zu schreiben hatte, ein Streichholz abgebrannt und auf die Rückseite der Schachtel meine Adresse mit der abgebrannten Kuppe des Streichholzes geschrieben.

Später habe ich sie besucht. Seit damals sind wir zusammen. Wir verstehen uns bis heute ohne Worte. Wir verhalten uns manchmal fast synchron. Der Eine hat eine Idee und der Andere spricht sie aus. Das ist schön, wenn das passiert. Ich liebe ihre großen Augen und den geschwungenen Mund. Meine Frau ist charakteristisch, sie hat eine innere Schönheit. Also für mich ist sie die schönste Frau auf der Welt.

Wir sind zwar schon verheiratet, aber wir möchten noch mal ein großes schönes Fest machen, um der Welt kund zu tun, dass wir zusammen gehören.

In der Wendezeit war ich 19 Jahre alt und habe in Dresden gearbeitet beim Uranabbau, unter Tage in drei Schichten. War nicht so der Strahlung ausgesetzt wie andere. Aber es war Schwerstarbeit und wir bekamen auch Schwerst - Arbeiter Ration im Essen und im Schnaps, den Bergbaufusel. Wir bekamen jeder 6,5 Liter jeden Monat und Erschwerniszulage extra, da hatte ich jeden Monat 9 Liter Schnaps. Ja, es gab einige Alkoholiker. Ich selber habe den Schnaps in die Scheibenwaschanlage gegossen oder gemixt mit Saft getrunken oder Eierlikör gemacht.

Ich hatte keine Angst vor der Strahlung, eher vor der Staublunge wegen des trockenen Bohrens. Wir haben zum Glück nass gebohrt. Aber es war nicht ungefährlich wegen der Gase, sogenannte Schlagwetter(Methan). Darum war das Rauchen sehr streng verboten. Aber es gab ja Schnupftabak und den haben wir reichlich genommen.

Das ganze Uran ist in die Sowjetunion gegangen, Reparationszahlung so zu sagen.

Bis zum Jahr 2000 habe ich dort gearbeitet, unter Tage im Rückbau.

Die ganze Wende hat mich wenig interessiert. Ich bin durch Zufall richtig reingezogen worden in die Montagsdemonstrationen in Dresden.

Wollte einfach nur nach der Schicht noch spät was einkaufen im Zentrum. Als ich hinkam war alles abgeriegelt von der Polizei. Die fragen mich, wo ich hin will und sagen, dass wir den Bereich verlassen sollen, aber ich bin stehen geblieben, wollte ja nur was einkaufen und sonst nichts. Da haben sie mich einfach festgenommen und ich musste dann mit Beine breit und Arme an der Wand stehen von abends 22 Uhr bis früh um 6. Wir waren viele, die dort standen. Zu der Zeit wollte der Staat seine Macht demonstrieren. Ich hatte Angst und dann doch wieder nicht. Ich hatte ja nichts verbrochen. Dennoch wollten sie von der Schusswaffe Gebrauch machen und was das bedeutete, konnten wir ja nur ahnen. Angst war da schon dabei. Musste ohne Schlaf gleich früh in die Schicht.

Bekam einen Anpfiff. Wenn ich schon randaliere, muss ich wenigstens pünktlich sein. Da wurde ich unschuldig zum Randalierer gemacht. Und das war bei der Wismut nicht ungefährlich, denn die war ein Aushängeschild für den Staat. Sollte ja ständig in die Partei gehen, was ich nicht gemacht habe.

Wir durften auch nicht krank sein. Mehr als fünf Prozent durften offiziell nicht krank werden und wenn, dann wurden wir nicht mehr krank geschrieben, sondern bekamen einen Schonplatz.

Die Dresdener Montagsdemonstrationen haben mich nicht interessiert, die Leipziger waren viel wichtiger, weil in Leipzig der Anfang war. Aber ich bin nicht so der politisch Interessierte. Es wird zu viel gelogen von allen Seiten.

Ich hatte also mit 19 eine eigene Wohnung, weil ich ja bei der Wismut gearbeitet habe. Das war ein Privileg zu DDR-Zeiten, wo selbst Verheiratete mit Kindern 10 bis 12 Jahre auf eine Wohnung gewartet haben.

Meine Freundin und jetzige Frau ging noch zur Schule und kam immer nach der Schule mit dem Moped viele Kilometer zu mir.

Später hat sie Recht studiert, erst Jura, dann Rechtspflege. Wir hatten wunderbare Jugendzeiten miteinander. Wir haben sehr weite Radreisen in unserem Urlaub gemacht.

Ich hatte eine Band zu der Zeit, die hieß „Traumarbeit“, wir hatten sie nach einem Begriff von Sigmund Freud benannt. Wir hatten einen Agentur Vertrag und sind einige Male aufgetreten. Ein Plattenvertrag kam nicht zustande, weil es meinem Freund, der die Texte schrieb, zu stressig war. Ich machte die Musik und der dritte im Bunde war noch ein Musiker, der mitspielte. Ich habe gesungen. Alkohol, Drogen, Rauchen hat mich nicht

angehoben und nicht interessiert. Außer das Rumprobieren. Später habe ich angefangen, Pfeife zu rauchen wegen des schönen Aromas.
Leider war die Ostmusik nach der Wende nicht mehr so viel wert. Damals wollten alle endlich die ganze westliche Musik haben, aber wir hatten trotzdem gute Auftritte. Ungefähr sieben Jahre haben wir gespielt. Musik war immer für mich wichtig, auch heute noch, aber heute will ich sie nicht mehr veröffentlichen. Ich komponiere aber immer noch und habe Mantras vertont.
Ende der Neunziger sind wir dann von Dresden weggezogen in unser jetziges Dorf. Die ersten Jahre bin ich noch hin und her gefahren bis dann Schluss war bei der Wismut. Die haben aufgehört mit der Produktion, weil es sich nicht mehr lohnte.
Hier im Ort sind dann unsere drei Kinder geboren und aufgewachsen, meine zwei Töchter und mein Sohn. Erst wohnten wir bei den Eltern meiner Frau, später habe ich an unserem Haus gebaut und in der Firma meines Schwiegervaters als Trockenbauer gearbeitet. Dann bin ich noch einmal auf die Schulbank, habe Abitur gemacht und den Abschluss als Biologisch-chemisch-Technischer Assistent. Ich habe dann noch begonnen, Chemie zu studieren.
Zu der Zeit habe ich dann sehr viel gemalt, vor allem Ölbilder. Ich konnte sie sehr gut verkaufen und habe das Studium abgebrochen. Von da an war ich selbständiger Künstler, Maler.
Damals wollte ich nicht so schnell Kinder kriegen, fühlte mich noch nicht reif dafür, aber meine Frau schon und dann sollte es so sein. Sie sind im Geburtshaus zur Welt gekommen und ich war dabei. Das war sehr gut für mich und wichtig. Was da eine Frau so leistet, da ziehe ich schon meinen Hut. Zum Glück sind alle drei ohne Komplikationen geboren.
Ich habe lange an unserem Haus gebaut. Es war ein altes Fachwerkhaus, was ich komplett erneuert habe. Alles originalgetreu mit Lehm usw.. Hatte eine Abfindung von der Wismut, ging alles komplett ins Haus, zusätzlich noch einen Kredit. Bei einem alten Haus kommt immer mehr dazu und dann waren wir immer mehr verschuldet. Es ging so weit, dass wir einen

Kredit brauchten für den Kredit. Wo ist da der Sinn? Ich habe an der Stelle das Handtuch geworfen. Einen Kredit für den Kredit, da wird man nie frei von der Schuldenspirale. Das Haus kam unter den Hammer. Das war sehr schwer für uns. Aber das Leben geht weiter.
Ich habe schon immer viel gelesen und mich sehr interessiert für Esoterik, Philosophie und Psychologie. Ich wollte mich weiter entwickeln und mehr entdecken von größeren Zusammenhängen der Welt.
Dann war ich auf einer Messe, wo ein Schamane einen Vortrag gehalten hat über Aura sehen und Aura-Fotografie, auch wie man die Aura messen kann und dass in der Aura alle Informationen des Menschen gespeichert sind. Ich dachte bis dahin, es wäre das Gehirn, aber das ist nur die Schaltzentrale. Ich habe nur so gestaunt über diese Informationen.
Auch als der Schamane mich ansprach. Ich suchte meine Frau, die plötzlich weg war. Auf einmal stand er mir gegenüber und hat gefragt: „Was suchst du Toric?". Wieso kannte er meinen Namen? Ich war perplex. Niemand hatte meinen Namen gerufen. Woher will der wissen wie ich heiße? Ich fragte ihn, woher er meinen Namen kennt. Und er antwortete: „Es gibt keine Zeit". Das habe ich nicht verstanden. Dann sagte er noch: „In vier Jahren sehen wir uns wieder." Dummes Gelaber habe ich gedacht und bin dann gegangen. Das Verrückte ist, dass es wirklich so gekommen ist.

Es passierte der Unfall. Heute weiß ich, dass ich ihn zwangsläufig bekommen habe vom Schicksal. Habe mich damals mit sehr alten Yoga Schriften von großen Meistern beschäftigt und es selber ausprobiert. Ich habe Stunden gesessen und ca. vier Stunden und länger meditiert. Da bin ich heute noch froh, dass meine Frau locker geblieben ist, bei anderen wäre ich vielleicht in die Klapse gekommen. Ich konnte dann schon oft Gedanken empfangen und aussprechen. Das war schon außergewöhnlich. Ich habe viel experimentiert, manches darf man als Uneingeweihter nicht tun. In dieser Zeit hatte ich den sogenannten Kundalini Effekt. Durch zu langes Meditieren kann das passieren. Mit einem Mal öffnen sich alle Kanäle, unkontrolliert. Man braucht einen bestimmten Zugang durch einen Meister, den hatte ich ja nicht. Habe mich in schwierige Situationen gebracht. Ich konnte auch Gedanken von anderen lesen. Die Leute haben Angst vor mir bekommen, weil ich ihnen alles gleich gesagt habe. Ich hätte es nicht aussprechen sollen, das war nicht gut und richtig von mir. Ich konnte schon die Zukunft voraussagen. Das darf man nicht und wenn man es macht, verliert man die Kraft. Man darf damit auch nie Geld verdienen. Das alles war der Grund für den Unfall. Ich hatte die Bodenhaftung verloren.

Als der Unfall passierte war ich 39 Jahre alt, es war ein Novembertag.

Ich bin mit dem Fahrrad gefahren auf der Landstraße, da hat mich ein Auto gestreift und mitgerissen. Ich weiß nichts mehr davon. Ein halbes Jahr vor und ein halbes Jahr nach dem Unfall fehlt mir jede Erinnerung. Ich war kurzzeitig klinisch tot und wurde dann ins Koma versetzt, weil ich mehrere Knochenbrüche und Rippenbrüche und viele innere Verletzungen hatte, auch ein Schädelhirntrauma.

In der kurzen Zeit meiner inneren Zeitlosigkeit stand ich vor einem strahlenden gelben Licht und ich konnte alle meine Leben, die ich schon mal hatte, sehen, alle. Jetzt kann ich mich nur noch an die letzten fünf Leben erinnern. Die letzten drei Leben erinnere ich sehr genau, da sie jetzt in diesem Leben noch eine Rolle spielen. Zum Beispiel war ich mit meiner jetzigen Frau schon mal zusammen.

Ich kann mich nicht richtig erinnern an den Moment als ich aus dem Koma erwachte. Meine erste Erinnerung nach dem Koma war, dass ich angeschnallt gewesen bin. Das habe ich nicht verstanden. Das wurde gemacht, weil ich sehr unruhig war. Dann bekam ich einen Bypass für den Abfluss im Gehirn und dann wurde alles nach und nach besser. Ich konnte ja meine Familie nicht erkennen und vor allem mich selbst nicht. Ich wusste nicht, wer da aus dem Spiegel mich ansah. Die Erinnerung kam dann auf eigenartige Weise zurück. Erst kam das Erinnern an die Kindheit, ich habe diese Zeit noch einmal nacherlebt. Die gesamte Rehabilitation mit Klinik und Rehaklinik dauerte zwei Jahre.

Ich war ganz dünn und schwach, trug eine Windelhose und musste alles neu erlernen. Ich war wie ein Baby. Durch den Unfall bin ich neu geboren worden. Alles musste ich neu lernen, sprechen, laufen und rechnen so was wie das Einmaleins. Ich habe alles wiederholt im Inneren, mein ganzes Leben von Kindheit an und so habe ich auch meine Fähigkeiten wieder neu entwickelt. Meine Frau hat mir gesagt, dass ich mich auch so benommen habe wie in den Zeiten damals.
Ich bin noch nicht ganz dort, wo ich vor dem Unfall war, aber viel fehlt nicht mehr. Orientierungen sind mir verloren gegangen, ich verlaufe mich manchmal. Daten und Orte und Termine vergesse ich bis heute, selbst meinen Geburtstag, auch den vergesse ich.
Ich hatte Kontakt zur geistigen Welt, den ich auch heute noch habe. Damals habe ich hinter den Schleier gesehen, habe Verstorbene gesehen und war dann ganz erstaunt, als meine Frau mir sagte, dass die schon lange nicht mehr leben, denn ich hatte sie ja gerade getroffen. Die Welten waren damals vermischt, aber für mich war alles reell, einfach alles. Hinter dem Schleier erkennt man, dass es nur Liebe gibt, sonst nichts. Das andere wird nicht beachtet und nicht bewertet. Damit bekommt die Liebe ihre Kraft.
Das ist schwer zu verstehen, glaube ich.
Meiner Familie bin ich sehr dankbar. Sie waren immer da, selbst mein Vater kam, zu dem ich ja selten Kontakt hatte. Das war sehr schön für mich.
Meine Frau war täglich da. Sie ist richtig mit mir durchgegangen. Ihr Glaube hat mir sehr geholfen, obwohl es sehr schwer war für sie. Denn vor dem Unfall hatten wir eine Krise. Damals wollte ich mich sogar trennen, weil ich mich nicht so weit gefühlt habe wie sie es war.
Nach dem Unfall war sie liebevoll für mich da, immer an meiner Seite. Ich habe mich sehr geliebt gefühlt. Die Kraft zwischen uns, dass wir uns ohne Worte verstehen, hat sich noch verstärkt. Aber es ist nicht einfach für sie mit mir.

Meine Achtung ist stark, ich achte und ehre diese Frau nicht nur als meine Frau, sondern auch als ein besonderer Mensch. Sie ist immer sie selber und ich bin glücklich, dass sie sich für mich entschieden hat. Und sie ist frei, jeden Tag sich neu zu entscheiden. Ich besitze sie doch nicht, auch wenn ich sage „meine Frau". Sie gehört sich nur selbst und ist ein Geschenk für mich.

Für die Kinder war es nicht sehr leicht, mich so zu erleben. Da mussten wir zusammen durch. Heute verstehen wir uns wieder ganz normal.

Meine rechte Seite blieb lange steif, konnte meinen Arm nicht heben. Und ich fuhr nach Berlin zu jenem Schamanen von der Messe, um mir helfen zu lassen. Er hatte mir voraus gesagt, dass wir uns in vier Jahren wiedersehen. Die vier Jahre waren wirklich um. Erst dort habe ich mich wieder erinnert, was er mir auf der Messe voraus gesagt hatte.

Er ist um mich herum gelaufen, hat mit seinen Armen und Händen ein paar Sekunden lang herumgefuchtelt und dann hat er gemeint, ich solle meinen Arm heben. Ich sagte ihm, dass ich deshalb gekommen bin, weil es nicht geht.

Er: Hebe deinen Arm! Ich gehorchte und es ging.

Das hat mich so sehr beeindruckt, dass ich ihn gefragt habe, ob ich das lernen könnte und er hat gesagt, dass er diese Frage erwartet habe. Er hätte es gewusst, dass ich das frage. Ich bin dann einmal im Monat eine Woche lang von früh um 10 Uhr bis abends um 10 Uhr bei ihm im Unterricht gewesen, insgesamt ca. 4 Jahre. Ich bin jetzt ein Geistheiler, Aura Berater oder Energietherapeut, so darf ich mich nennen.

Die Leute entscheiden was sie mir geben, von einem Euro ab ist alles möglich.

Ich habe jemand behandelt der hatte Hexenschuss, ein Skilehrer, der krumm zu mir kam und nicht mehr laufen konnte. Innerhalb weniger Augenblicke konnte er wieder aufrecht davongehen.

Ich mache Diagnose und fühle, taste oder verspüre es in der Aura, was ins Körperliche wandern will. Ausgebrochene Bakterielle Infektionen kann ich nicht behandeln, ich kann in dem Falle nur das Immunsystem stärken.

Man kann sich das System wie bei einem Ei vorstellen: Das Eigelb ist der Körper, das Eiweiß die Aura und die Eihaut ist die Aurahülle.

Ich meditiere so oft ich kann, um mich mit der geistigen Welt zu verbinden. Nicht immer bin ich diszipliniert genug. Aber ich bleibe dran.

Heute weiß ich, dass der Unfall wichtig war, damit ich lerne und tiefere Zusammenhänge erkenne. Außerdem habe ich mein Ego gelernt zu führen und zu lenken wie ein wildes Reitpferd. Heute gehorcht mir dieses Pferd., meistens jedenfalls. Ich weise es liebevoll in die Schranken, von Zeit zu Zeit.

Dann musste ich demütig werden und geduldig. Oh ja, Demut habe ich gelernt in dem ganzen Heilungsprozess.

In meiner Malerei musste ich links malen lernen, weil die rechte Seite noch länger gelähmt war. Ich bin aber ein umgelenkter Linkshänder und bin sozusagen wieder in meinen alten Zustand gekommen. Jetzt kann ich beidseitig malen.

Vor dem Tod habe ich gar keine Angst mehr, weil es den Tod nicht gibt. Es gibt kein Ende. Das ist mir als Erfahrung für immer geblieben.

Aber wenn es noch einen Wunsch gibt, möchte ich mein Leben nicht bloß verstreichen lassen. Ich will der Welt was geben und einen Sinn darin sehen. Das Leben hat keinen Sinn, meiner Meinung nach. Den Sinn muss man ihm selber geben. Und das ist der ganze Sinn des Lebens. Ich suche noch nach meinem wirklichen Sinn. Vielleicht ist es ein Teil davon, dass ich durch meine Ausbildung anderen Menschen helfen kann.

Jedenfalls möchte ich am Ende meines Lebens sagen: „Ich gehe, aber es war schön, dass ich da war.“ Meinen Kindern will ich sagen: „Sei du selbst!“

Kai

Kai ist Ende Dreißig und lebt in einer sächsischen Großstadt zusammen mit seiner Frau und drei Kindern, in einem Wohnungsprojekt. Gemeinsam mit anderen Familien haben sie ihren Lebensraum kreativ und alternativ gestaltet. Er ist selbständig als Künstler und Steinmetz und führt eine kleine Firma zum Thema „Stein und Wasser".

„Ich wünsche mir in meinem Leben noch viele magische Momente."

Wenn ich mich erinnere, sehe ich mich mit meiner Familie Pilze sammeln. Mutter, Vater, meine Schwester und ich. Wir sind immer an die selben Stellen gegangen, wo man dann immer die größten Pilze fand und wo wir jeden Grashalm kannten. Ich bin so sechs Jahre alt.
Ich sehe unser Haus, unsere Wohnung. Weihnachten, wo es Westpakete gab und ich schon lange vor Weihnachten an den Paketen gerochen und geschüttelt habe. Das ist auch die Zeit wo mein Vater ging. Wir sind in den Garten gegangen und meine Mutter hat gesagt, dass der Vater weg ist. Das habe ich nicht verstanden, dass der Vater weg ist. Dieser Verlust, dass was weg ist. Ich habe geheult, wir haben alle geheult.
Ich sehe meinen Vater nie richtig in meiner Kindheit. So schattenhaft mehr. Ich sehe ihn in der Küche stehen am Herd, Eier in die Pfanne klatschen, einen Brei machen...mehr Bilder habe ich nicht. Mein Vater hat nie was mit uns gemacht. Ein Bild von einem Vater habe ich nicht. Eher so, dass mein Vater mir peinlich war, weil er im Garten immer in der Gartenkneipe mit Kumpels getrunken hat und das war für mich schon als kleines Kind unangenehm. Mein Vater war ein Wilder. Geliebt habe ich ihn. Ich glaube als Kind ist das egal. Jedes Kind liebt seine Eltern und Vater ist Vater. Nach der Trennung gab es mal Aktionen oder mal in Urlaub fahren, aber ich wollte das nicht so gerne. Er hatte nicht so eine gute Art, mit uns Kindern umzugehen.
Meine Mutter jedenfalls hat meine Empfängnis geplant. Sie wollte unbedingt einen Sohn und war sehr glücklich als ich kam. Ich bin im November 1978 geboren. Meine Schwester war schon sieben Jahre alt. Mein Vater war überhaupt nicht glücklich über meine Ankunft, während meine Mutter sich riesig gefreut hat. So ist die Bindung an die Eltern geblieben. Zu meinem Vater ist sie einfach nicht so da wie zu meiner Mutter. Er konnte nichts mit mir anfangen. Darüber bin ich traurig. Ich kann das nicht immer spüren. Wenn ich ihn nicht sehe, vergesse ich es. Aber wenn ich ihm begegne, werde ich wütend, weil er kein Bedürfnis hat, mit mir einen Kontakt aufzubauen oder mal seine Enkel zu sehen.
Zur Zeit meiner Geburt waren beide Eltern als Künstler freiberuflich tätig.

Vater war Grafiker und Mutter auch. Sie hat für Verlage gearbeitet und hat gutes Geld verdient. In unserer Familie drehte sich alles um die Kunst. Ich war im Kindergarten. Da sehe ich mich malen. Ich war sehr stolz auf meine Eltern, weil sie Künstler waren. Das war zu DDR-Zeiten was Exotisches. Im Kindergarten ist mir eine schreckliche Situation in Erinnerung geblieben. Ich konnte mittags oft nicht schlafen. Einmal kam eine Kindertante und legte mir einen Beutel aufs Gesicht, weil ich die Augen nicht zumachte. Ich hatte Panik und lag wie gelähmt unter diesem Beutel. Ich konnte ihn nicht wegnehmen und steigerte mich rein, weil ich keine Luft mehr bekam. Schrecklich!

In meiner Kindergartenzeit wurde mir im Krankenhaus die Vorhaut abgeschnitten, das war ein furchtbares Erlebnis. Ich bekam eine Narkosemaske und ich hörte die Ärzte und Schwestern Scherze machen...mit mir hat keiner geredet, ich war so ausgeliefert. Alleine im Krankenhaus, ausgeliefert und an so einer Stelle beschnitten zu werden. Damals setzte bereits die Scham ein.

In meiner Familie gab es in der Hinsicht keine Offenheit. Wir waren eine prüde Familie. Toilettentüren wurden abgeschlossen und so. Als meine Schwester ihre Tage bekam und Blut in der Toilette war, habe ich ganz naiv gefragt und bekam nur ausweichende Antworten. Das ist schon schräg. Ich lebte ja als Junge mit zwei weiblichen Wesen...Ich fühlte mich immer einzeln. Habe mich gewundert, was ich in dieser Familie mache. Auch als meine Mutter mal einen Liebhaber hatte, wurde nicht geredet. Und küssen habe ich sie nie gesehen. Das ist auch eine Art Missbrauch in den Familien, weil man als Kind etwas Lebenswichtiges abspalten muss von sich selbst. Es fehlt etwas, was man sich später zurück holen muss und das ist nicht leicht.

Mein erster Samenerguss zum Beispiel war für mich die Katastrophe, weil ich mit niemand darüber reden konnte und ich war sehr erschrocken, was da so an und mit mir passiert. Ich wusste auch nicht ob das richtig war, was ich da mache...So was wie Sünde kam da schon durch...Ich war total verunsichert und blieb es auch lange, weil mich nichts mehr beschäftigt

hat als die Sexualität, während die Erwachsenen so tun als gäbe es das nicht. Da wird man als Kind und Jugendlicher meschucke im Kopf...
Eigentlich war ich ein wilder Junge und hatte in der Schule immer viele Einträge, war sehr interessiert an Mädchen. Habe so klassische Spiele mit den Mädchen gemacht, um was zu sehen und so. War der Anstifter für so was und habe mich selber gewundert über meine Aktivität auf dem Gebiet. Das waren die ersten Klassen. Irgendwann gab es einen Bruch, wo ich bis heute nicht weiß, was da passiert war. Aus dem wilden Jungen, wurde ein verschämtes Wesen, alles war peinlich. Ich wurde sehr zurückhaltend. Ich glaube ich war so 11 Jahre alt. Vollkommen skurril, dass ich mich plötzlich für einen Leberfleck am Arm geschämt habe. Das Gefühl nicht richtig zu sein, wurde in mir immer stärker.
Natürlich war ich bei den Pionieren. Das habe ich mit gemacht, obwohl meine Eltern gegen den Staat waren. Sie gingen nicht wählen. Was das damals bedeutete, war mir nicht klar.
Meine Eltern trafen sich immer mit anderen Künstlern und dann wurde diskutiert. Künstler hatten eine besondere Stellung in der DDR, denn sie waren ja die Intelligenz. Meine Mutter hat mir immer gesagt, dass ich nichts von dem was ich Zuhause höre, erzählen darf, weder in der Schule noch bei Freunden. Und das habe ich auch gemacht. Da hatte ich selber Angst. Eigentlich war das eine Riesenangst.
Trotzdem war meine Mutter oft in der Schule, weil ich mich daneben benommen habe. Bei einer diktatorischen Lehrerin habe ich mich widersetzt, ob das nun politisch oder nicht politisch war, das war mir egal.
Mit 12 sind wir in Urlaub gefahren auf einen Bauernhof, wo nur Künstler waren. Dort trafen sich die ganzen Kunstverständigen, um zu reden, zu schaffen und gemeinsam Urlaub zu machen. Das waren für mich immer sehr glückliche Zeiten. Da war eine Mutter mit zwei Töchtern und ich habe mich gleich in alle Drei verliebt. Es drehte sich alles in meinem Kopf. Ich fand sie alle so gut, dass ich zu ihnen ziehen wollte. Ich lernte eine andere Art von Leben kennen und das hat

mich fasziniert. Die Mutter war eine junge Frau, die mit den Männern flirtete, ganz offen und ehrlich. Das fand ich gut.
Auf diesen Hof sind wir einige Jahre gefahren, um Urlaub zu machen. Das war ein irrer Künstlerhaufen. Ich sehe noch wie heute vor mir, wie sie loszogen mit ihren Malblöcken unterm Arm und den Farben. Ich hatte nie das Gefühl, dass sie aus Lust so was machen, sondern mehr um ihr Künstlerdasein zu beweisen. Als Kind habe ich das sehr deutlich gespürt, komischerweise.
Wir waren nicht arm. Meine Mutter hat gut Geld verdient.
Dann kam die Wende und wir waren glücklich. Ich habe die Gespräche der Politiker aufgezeichnet mit meinem Tonband und wir sind zu den Demonstrationen gegangen...
Wir wollten damals alle keinen Westen, wir wollten einen neuen Sozialismus. Es war dann ein Schock wie sich alles entwickelte. Es war auch schön, dass es Bananen gab und das ganze Materielle, aber gewünscht hatten wir uns das nicht.
Mit 14/15 Jahren war ich ein Fahrrad Trail, ich machte Kunststücke mit dem Rad. Wir waren eine richtige Fahrradbande, fanatisch lasen wir jede Zeitung mit Fahrradteilen. Das wurde mein Leben, mehr brauchte ich nicht mehr. Von Treppen runter springen, Tischtennisplatten bezwingen - das waren so unsere Herausforderungen.
Ich war zu der Zeit in einer puren Jungsklasse, 29 an der Zahl. Das war nach der Wende, als die Schulen umgebaut wurden. Mittelschulen wurden zusammen gemixt, andere sind Gymnasien geworden. Uns wurde dann klar gemacht, dass wir bloß auf einer Mittelschule sind und sowieso kaum Chancen hätten im neuen System. Das sollte die Motivation sein, damit wir uns anstrengen und mitmachen. Wir waren eine richtige Horde und jeder einzelne von uns hatte Angst vor dieser Klasse, vor dieser Horde, obwohl jeder Teil der Horde war. Ich hatte richtig Panik vor dieser Klasse. Ich wusste gar nicht, was mir geschieht. Jemanden fertig machen, war die tägliche Devise. Einer hat alle angeführt und der hatte Macht. Da wurde zum Beispiel in Coladosen gespuckt und einer musste es trinken,

während ihm 28 Jungs grinsend , aber auch verängstigt, dabei zusahen. Es war eine Zeit von Angst und Schrecken und Leiden für mich in dieser Klasse. Selbst die Lehrer hatten Angst. Es war ja auch die Zeit der Haltlosigkeit auf allen Gebieten, kurz nach der Wende. Die Eltern waren alle durch den Wind und hatten mit sich zu tun. Es war sehr makaber, dass man in dieser Klasse „Kabale und Liebe" von Schiller behandelte. Das war so lächerlich. Die Lehrerin hat geheult, sie war auch verzweifelt.

Es gab einen stellvertretenden Direktor, einen coolen Typen, der wie ein Muskelprotz durch die Schule lief, der war sehr jung und für uns alle ein guter Typ. Der holte mich eines Tages zu sich ins Lehrerzimmer und wollte was von den Anführern wissen in meiner Klasse. Da war ich super glücklich, dass sich da endlich jemand für interessiert und das sieht. Und richtig befreit habe ich alles erzählt. Es ging dabei um den einen Jungen in meiner Klasse, vor dem alle Angst hatten, der alle unter seiner Kontrolle hatte, weil er einem Schlägertyp Geld gab, damit er jemanden dafür zusammenschlägt. Nachdem ich froh war, das los zu sein, hat der tolle Typ gesagt, ich brauch mir keine Sorgen machen, er holt die Polizei wenn die kommen. Da fiel die ganze Freude in mir zusammen. Das spüre ich heute noch in meinem Körper, wie mich das schmerzte. Und ich habe gesehen wie armselig das ist. Ich habe das Unvermögen von Erwachsenen gecheckt, dass sie nicht mitkriegen wie es in Jugendlichen aussieht, wie schwer sie es haben mit Gewalt und Ausgeliefertsein, dass an solchen Stellen die Polizei wahrlich nicht die Lösung ist. Sofort war das Vertrauen dahin. Man musste eben selber durch diese Scheiße durch.

Zuhause war auch alles zusammengebrochen durch die Wende. Meine Mutter hatte ihre Arbeit verloren als Künstlerin und das ganze gesparte Geld war auch dahin. Unsere Sicherheit. Aber noch schlimmer war für sie, dass sie nicht mehr gebraucht wurde. Grafikerin war ein Beruf, den es nur in der DDR gab. Sie hatte als Künstlerin keine Versicherung gehabt und fiel als Freiberuflerin durch das neue soziale Netz. Sie musste Sozialhilfe beantragen. Das war für sie, die eine sehr angesehene Person war, eine richtige tiefe Erschütterung. Das hat ihr das Genick gebrochen.

Es brach eine große Depression aus, meine Mutter wurde krank. Als ich einmal aus der Schule kam, fand ich sie neben dem Klo liegend, die Hose war noch runter gezogen, und das einzige was ich von ihr hörte war ein leises stöhnen „ich will nicht mehr, ich will nicht mehr leben“. Das war ein echter Schock für mich, da ich mit meiner Mutter alleine war. Meine Schwester hatte schon das Haus verlassen. Später diagnostizierte man bei ihr MS, multiple Sklerose.

Natürlich kommt es an der Stelle auf den Punkt, dass man keinen Selbstwert mehr hat, wenn man nichts schaffen kann. Besonders unter Künstlern ist das so und ich habe den Zwang auch noch in mir. Würde niemals Künstler sein wollen. Ich habe als Kind gemalt wie ich Lust hatte, das finde ich gut, und fertig. Aus Freiheit malen und nicht um einen Preis zu kriegen. Man macht und gestaltet einfach.

In dieser Zeit kam also alles zusammen. Ich hatte Stress in der Schule, Stress Zuhause und dann noch meine eigene Entwicklung, die in dem Alter nicht einfach ist. Und ich war mit allem alleine, ganz alleine. Mein Vater war nicht da, meine Mutter krank. Ich war überfordert, an mir selbst, meiner Mann Werdung und mit einer Mutter, die am Leben zerbricht. Natürlich hängt sich die kranke Mutter an den Sohn, der als einziger da ist.

Die vielen Freunde aus der DDR-Zeit gab es nicht mehr, weil alle mit sich selber zu tun hatten und der Zusammenhalt zerbrach. Viele Erwachsenen sagten, wie toll ich das mache. Aber da hatte ich das Gefühl, dass sie mich nicht verstehen. Man muss eben stark sein und ich muss es schaffen, das war für mich die Botschaft. Es war krass.

Es waren schöne Zeiten, wenn meine Mutter sechs Wochen zur Kur war. Endlich jemand, der sich um sie kümmert. Endlich frei sein und keine Sorgen haben. Ich habe meiner Mutter auch nicht gewagt zu sagen, wenn ich mal eine Freundin hatte. Ich habe es mir verboten. Ich glaube, ich hatte wie eine Beziehung mit meiner Mutter und es war wie Fremdgehen für mich. Vielleicht hat sie es nie so empfunden, aber für mich war es so. Mich hat dann gerettet meine Liebe zu den Fahrrädern. Es gab nach der

Wende riesige Haufen von Müll auf den Straßen, weil alle Leute sich neues Zeugs kauften und ich holte mir alle alten Fahrräder, die aus den Kellern raus geholt worden, und reparierte sie, machte sie neu. Das wurde meine Leidenschaft. Ich schraubte in unserem feuchten Kohlenkeller jeden Nachmittag und dachte nicht mehr an Schule, die war mir egal. Ich hatte nur noch Fahrräder im Kopf. Meine Termine wurden die Müllaktionen, um alte Fahrräder zu finden. Sogar am Tag meiner schulischen Jugendweihe radelte ich von Müllberg zu Müllberg. Alte Fahrräder haben wir auch in alten Häusern entdeckt, auf Böden, in Kellern. Ungefähr Zwanzig Fahrräder habe ich in dieser Zeit aufgebaut und dann an Studenten verkauft. Die schönsten habe ich behalten. Ganz sehr begeistert war ich, wenn ich alte Fahrräder fand die noch Holzfelgen oder alte Karbidlampen hatten. Damals schmissen die Leute ja wirklich alles weg, das war Wahnsinn.

Später kam dann der Radsport, Mountainbike und Rumspringen...

Ich war unglaublich froh , als die Schulzeit beendet war. Was ich werden wollte, wusste ich nicht, weil ich ja Fahrräder geschraubt habe, damit war ich glücklich, das war mein Leben. Warum sollte ich dann noch was werden? Die Frage stellte sich mir gar nicht. Meine Mutter und die Lehrer kamen dann mit dem Gedanken, dass ich „was“ werden soll. Meine Mutter hat auch die Lehrstelle für mich gesucht als Steinmetz.

Mit dieser Lehre ging wirklich was neues für mich los. Es war eine gute, bunte und lustige Truppe, in der Steinmetz Firma. Für mich war es auch schräg, plötzlich Grabsteine zu gravieren. Da steht man auf dem Friedhof oder in der Werkstatt und graviert Namen ein wie „Frieda“ oder „Margarethe“. Das ist ganz was anderes als in der Schule. Und das macht man dann einen Winter lang. Mit einem selbst hatte das auch nichts zu tun. Man lernt es und kommt rein.

Aber es hat mich genervt, tagelang diese Schriften hämmern. Da hätte ich manchmal heulen können. Es gab auch anderes und besseres, natürlich... Ich habe viel gelernt durch meine Kollegen, ältere Männer eben, vom Leben und übers Leben. Das hatte wirklich was vom Erwachsenwerden.

Man lernt auch was von Schicksalen. In der Schule erzählt kein Lehrer was von sich...

Ein Kollege kam aus der Ukraine, bei dem war ich viel Zuhause. Er hatte eine Frau und ein Kind. Mit seiner Frau bin ich viel ins Kino gegangen. Wir mochten uns und irgendwann wollte sie auch was von mir. Es war mein erster Kontakt zu einer Frau. Aber ich war noch sehr verklemmt, sie gab den Ton an. Dann fragte sie mich eines Tages, warum ich mich mit ihr treffe. Ich druckste und sie wollte, dass ich sie sofort küsse und das habe ich dann auch gemacht. Sie hat mich also in die Liebe eingeführt. Später wollte ich das dann nicht mehr, schon wegen meines Kollegen und dem Kind...Es war trotzdem wichtig gewesen, dass es diese Geschichte für mich gegeben hat.

Kaum war Schluss, da kam meine nächste Frau, wieder eine reife Frau. Es war die Sekretärin vom Chef und ich saß viel bei ihr im Büro, wenn der Chef weg war. Ich habe mich richtig in sie verknallt. Zur gleichen Zeit kam ein Lehrling, der auch bald mein Freund wurde und der es auch heute noch ist. Wir drei saßen also oft zusammen im Büro und rauchten und schwatzten.

Es war ein geiles Gefühl. Sie hatte auch einen Mann und drei Kinder und wir beiden gingen oft zusammen aus, während der Mann die Kinder hütete. Das ist dann so in den Familien, dass die Eltern nicht mehr zusammen ausgehen können. Sie war 32 Jahre alt und in ihren besten Jahren und ich war 19 Jahre alt. Sie kannte ihren Mann seit ihrem 17. Lebensjahr und hatte sonst keinen anderen. Ich habe lange über viele Monate um sie geworben, alles heimlich, das war besonders reizvoll. Für mich war wunderbar, dass ich mit ihr reden konnte, dass sie mich verstehen konnte mit meinen vielen Problemen. Und es passte mir gut, dass ich keinem was erzählen durfte, auch nicht meiner Mutter, denn meine Geliebte war eine verheiratete Frau.

Ich war richtig verknallt. Die Arbeit war mir egal, es ging nur noch um sie. Früh am Morgen habe ich schon auf sie gewartet. Das war ein tolles Gefühl. Meinem Freund konnte ich das alles erzählen. Er ist ein Mensch mit einem offenem Herzen, der alles verstehen kann. Das hat mir sehr geholfen, mich noch mehr an sie ran zumachen und mutiger zu sein. Sie hat mich dann richtig in die Liebe eingeführt...Es ging über längere Zeit. Aber die Heimlichkeiten und die Lügerei machten uns zu schaffen. Der Mann wusste nichts, hat es aber gespürt. Er war eifersüchtig. Sie hat immer abgewehrt und ihn als Spinner hingestellt. Das ist natürlich für den Mann zum Verrückt werden.

Irgendwann hat sie mir gesagt, dass sie ihr altes Leben Zuhause nur noch aushält, weil ich ihr neues Leben bin. Sofort war bei mir die Liebe weg, schlagartig. Das habe ich nicht verkraftet. Sie wollte wirklich was von mir und das war mir zu viel. Es war aus. Ich hatte auf einmal nicht mehr das Gefühl von einer reifen Frau, die vor mir steht. Sie schrumpfte und wurde winzig in meinem Gefühl. Ich schrieb ihr einen Abschiedsbrief. Dabei hatte ich das Gefühl, das Leben verstanden zu haben. Ich fühlte mich in Liebe, weil ich wahrnahm, dass ich sie nicht mehr lieben kann...

Dann plötzlich hatte ich totale Lust auf junge Frauen. Ich zog mit meinem Freund in eine gemeinsame Wohnung. Ich hatte das Gefühl von neugeboren werden. Ich hatte es schwer, meiner Mutter die Wahrheit zu sagen, aber ich habe es getan und mein Leben wurde bunt und total anders. Ich war endlich ein richtiger Jugendlicher.

Ich erinnere mich, einen Nervenzusammenbruch vor meiner Mutter gehabt zu haben und sie hat mich nicht verstanden. Sie hat nicht gefühlt wie sehr wir aneinander gekettet waren und sie wollte mich immer noch an sich binden. Doch ich musste raus. Und ich ging auch. Es gab einen richtigen Bruch.

Die Lehrzeit war also eine tolle Zeit. Ich bin zum Manne geworden in unserer Firma. Da waren Grabsteine und der Umgang mit dem Tod. Dahinter aber war das pure Leben: Frauen, Partys, Alkohol, Zigaretten. Ein bisschen wie bei Remarque im „Schwarzen Obelisk“...

Hier kam dann auch das Ende meiner Fahrradbauzeit und es ging nahtlos in die Zeit der Beschäftigung mit Fotografie. Ich war jetzt Fotograf. Das fand ich toll. Die Frauen fanden das auch toll. Ich mit meiner großen Ka-

mera. Ich war begeistert. Da war auch gleich der künstlerische Anspruch aus meiner Familie, und das war nicht leicht für mich.
Ich richtete mir ein Fotolabor ein in meiner neuen Wohnung, die ich mit meinem Freund teilte. Wir waren wie Brüder, immer zu zweit. Nach meiner Mutter war das meine nächste intensive Beziehung. Eine Freundschaft zwischen Männern, das war eine richtige Befreiung für mich und ein großes Glück. Weg von der ganzen Verbandelung zu den Frauen. Ich spürte, jetzt fange ich an zu leben.
Mein Freund war ein sehr freier Mensch, frei mit dem ganzen Körperlichen, total frei. Am Anfang hat mich das schockiert, wenn er auf das Klo ging, ohne die Türe abzuschließen. Ich dachte, dass der keine Sitten hat. Wie kann ein Mensch so frei und glücklich sein, der weiß ja nicht wie schwer das Leben ist. Solche Gefühle hatte ich zunächst. Aber etwas in mir fühlte, dass das gerade natürlich ist und dass das gut ist, nicht meine Verklemmung und nicht meine Scham. Die ganze Familie von ihm war gut drauf. Das hat mich sehr gewundert, wie man so froh im Leben sein kann. Mit ihm habe ich dann auch gelernt mit Frauen freier umzugehen. Es eröffnete sich eine sehr intensive Welt für mich. Mein Freund war naiv und weise zugleich. Verrückt! So was kannte ich bis dahin überhaupt nicht.
Die Familie meines Freundes wurde meine zweite Familie. Die lebten auf dem Lande auf einem Hof. Dort war ich viel. Ich hatte bis dahin nie erlebt, dass man darüber spricht, wie es einem im Herzen geht. Aber die haben darüber geredet, schon beim Frühstück. Vorher habe ich nie darüber geredet. Auch viel Philosophie und Lebensansichten, Politik und über andere Leben und Welten. Man unterhielt sich über alles. Als ich meinem Freund das erste Mal bei einer Arbeit auf dem Friedhof meine Probleme erzählte, war der nicht geschockt. Er blieb ganz ruhig und hat zugehört. Das war wunderbar. Probleme waren normal, er konnte damit umgehen, ohne Mitleidstour.
Unsere Wohnung wurde Treff für viele Leute. Es war nur Freiheit! Partys, Frauen, Musik, Gespräche, Konzerte...Wilde Jahre, das Leben feiern. Wir

haben uns ausprobiert auch besonders mit den Frauen. Es gibt dieses Zeitfenster von totaler Freiheit im Leben nur kurz. Es sind nur einige Jahre, kurz nach dem Verlassen des Elternhauses. Später sehnt man sich schon wieder nach Bindung, nämlich dann wenn man sich so richtig verliebt hat. Es sind so fünf, sechs Jahre, die Jahre der Freiheit.
Damals wollte ich mich noch nicht verlieben. Das war mir gleich zu eng. Manchmal hatte ich noch Schuldgefühle, wenn ich meine Lust gelebt hatte, einfach nur so, ohne Bindung. Mein Freund hat mir dann immer bestätigt, dass man das darf.
Wir kauften uns ein alten, mit Graffiti voll gesprühten Barkas, ein Kleinbus aus DDR Zeiten und machten Urlaub im Ausland, wo wir tolle Leute kennenlernten. Kräuterfrauen und Aussteiger. Das alles ging tief in mich rein, weil es ja das erste Mal war. Es war so gut zu erleben, dass man ganz anders leben kann. Das hat mir Hoffnung und Kraft gegeben.
Alles entwickelt sich, aber auch diese Zeit ging zu Ende. Mein Freund ging nach Berlin, er wollte was anderes ausprobieren. Die enge Bindung zu meinem Freund war beendet, auf der einen Seite traurig und gleichzeitig befreiend. Eine enge Bindung bindet auch immer Energie. Wir mussten beide zu uns selbst kommen.
Ich war irgendwann auf dem Hof seiner Familie und dachte, dass ich dort mit leben will. Ich wollte auf diesem Platz was Schönes bauen.
Ich war dann oft auf dem Lande und habe dort mit am Haus gebaut und mir eine schöne Wohnhütte. Es gab dort eine große Waldpflanzaktion und ich habe mitgemacht. Das Leben in der Natur war mit den Herausforderungen durch die Elemente eine ganz andere Erfahrung für mich. Das war auch eine intensive Zeit.
Der Zivildienst als Steinmetz, wo ich an einer Kirche mitgebaut habe, hatte mir gezeigt, dass ich kein Handwerkssteinmetz bin. Ich wollte unbedingt das Künstlerische mehr entwickeln und einbringen. Habe mich selbstständig gemacht und an verschiedenen Projekten mitgearbeitet.

Irgendwann kam die Sehnsucht, tiefer in „Frauen einzusteigen", will ich mal sagen. Übersetzt, eine Bindung einzugehen. Das liegt wohl an dem inneren Lebensgesetz oder an den Hormonen.
Ich lernte meine jetzige Frau auf einer Technoparty kennen. Ich kannte sie schon, aber dort sind wir uns näher gekommen. Mich faszinierte ihre offene energetische Art und ihre gleichzeitig dunkle Tiefe. Ihre dunkle Art hat mich angemacht, auch dass sie schon ein Kind hatte. Meine vorherige Freundin war dagegen leicht gewesen, so leicht, dass es für mich nichts zu entdecken gab.
Mit dieser Frau war ich gleich ganz aus dem Häuschen. Total verliebt und aufgeregt. Sie war eine Suchende und das hat mich auch fasziniert. Ich sehe mich selbst darin. Sie hat sehr widersprüchliche Energien, man bekommt diese Frau nicht in eine Form. Das ist nicht leicht, bleibt aber spannend. Sie hat ja auch eine Essstörung und tiefe Verletzungen.
Wir waren wie zwei Magnete und wir prallten aufeinander. Wir mussten was erschaffen mit so viel Liebe. Sie wurde schwanger. Es gab aber auch immer Dramen. Sie reagiert total empfindlich, ist halt sehr verletzt.
Es entstand ein Lebenskampf für mich. Die anstehende Vaterschaft und meine Wechselbäder mit der Freiberuflichkeit machten mir zu schaffen. Eine Familie ernähren zu müssen und gleichzeitig gibt es nichts Kontinuierliches in der Freiberuflichkeit. Das ist richtiger Stress und ein ständiger Kreislauf. Ich hatte Angst. Das hatte ich noch nie erlebt im Leben.
Die Schwangerschaft war schwer, weil meine Frau in die Essstörung kam. Ich als Mann völlig überfordert. Was macht „Mann" mit einer Frau, die so viel von mir will und ich sie nicht verstehen konnte.
Die Geburt unseres Sohnes war eine der tiefsten Einschnitte in meinem Leben. Zu sehen wie eine Frau durch die Hölle muss, damit das Kind, mein Kind, geboren werden kann, das hat mich umgehauen. Ich konnte nicht mehr verstehen wieso ein Mann noch stolz sein kann, wenn sein Kind geboren ist. Was hat ein Mann daran für einen Anteil? Man guckt blöd und hat nichts gemacht, nichts. Das Erlebnis der Geburt, hat mir Zweifel an meinem Mann-Sein gegeben. Ich wusste nicht mehr, was mein

Platz ist. Bei der Geburt unserer Tochter ging es mir schon anders. Da habe ich gefühlt, dass ich auch wichtig bin für die Frau und das Kind, aber eben anders. Das Geburtserlebnis hat mich jedes Mal aufgerissen. Es hat mir gezeigt wie unbegreiflich das Leben ist. Warum muss eine Frau mit so viel Schmerzen gebären? Warum? Heute weiß ich, ohne diesen Schmerz gibt es nichts Heiliges, es ist dann nur belanglos. So bleibt uns dieses Erlebnis ewig in Erinnerung. Es gäbe vielleicht auch keine Liebe ohne Schmerz, auch sie würde belanglos.
Bei einer Geburt ist alles gebündelt, da kommt man emotional nicht hinterher.
Dann ist man plötzlich Vater oder Eltern und man ist selber noch ein Kind und man versucht Kinder zu erziehen. Oh mein Gott. Die Welt wird anders. Die Beziehung verändert sich. Es gibt unendlich viel zu tun. Der Alltag ist ausgebucht bis in die letzte Minute, man weiß nicht mehr, wer man selber ist. Ich hatte richtig damit zu ackern, obwohl ich auch glücklich war über die Kinder.
Es gingen die Probleme los zwischen meiner Frau und mir. Was ist die Rolle von jedem? Vater kann nicht stillen, Mutter kann nicht ausgehen, bekommt Wut, weil es die Männer besser haben. Die Unterschiedlichkeit ist einfach auch da. Ich kann nicht stillen. Wir haben uns nur noch gequält im Alltag. Wir wollten uns trennen und meine Frau wurde wieder schwanger. Wir blieben zusammen und alles wurde schlimmer.
Ganz leicht schlichen sich in den Alltag die „Wundermittel" ein - Drogen. Meinem Freund war es auch nicht anders ergangen. Der hatte inzwischen auch eine Frau und zwei Kinder und er war in der selben Situation von Stagnation und Alltagsstress. Wir trafen uns und fingen an, Drogen zu nehmen. Ein paar leichte Stunden im Stress der Eintönigkeit und der ganzen Probleme. Ich weiß nicht mehr, was ich da empfunden habe. Ich weiß nur noch, dass es mich aus dem Loch raus zog, in dem ich war. Graues Scheißwetter wird eben tolles graues Wetter. Bis die Wirkung nachlässt.
Das war eine schäbige Zeit, jetzt fühle ich das richtig. Irgendwann braucht man nichts mehr, nur noch das Zeug. Es kann einen scheiße gehen, egal.

Hauptsache man hat das Zeug, man braucht keine Menschen mehr. Mich gruselt richtig beim Erzählen. Wir zogen dann mit schäbigen Gestalten rum, die waren wie Teufel. Wir haben uns alles gut geredet, die Drogen besser gemacht als sie waren. Das Heimliche hat uns als was Besonderes gemacht vor den anderen. Wenn ich dran denke: wir waren dicht und haben zu Hause Kinderprogramm gemacht, das war schlimm für uns und besonders für die Kinder. Unsere Frauen haben auch viel ertragen. Manchmal fing ich sogar an, es alleine zu nehmen, um mich aus dem Alltag raus zu beamen.

Irgendwann hatte ich plötzlich Angstzustände und Panik. Ich kam in die tiefste Krise mit mir und auch mit meinem Freund. Wir haben nicht mehr was Tolles erschaffen, wir waren zusammen abgestiegen. Ich hatte kein Vertrauen mehr zu mir selbst und nicht zu ihm. Ich habe mich dafür verachtet und alles in Frage gestellt, auch alle Menschen um mich herum. Irgendwann bin ich mit meiner Frau wandern gegangen und dann in die Sauna. Dort bekam ich einen Panikanfall. Ich habe alles erzählt und alles stürzte ein. Mein Selbstbild gab es nicht mehr. Ich kam mit nichts mehr klar. Es ist wie fallen, tiefer und tiefer.

Ich kann verstehen, dass manche Menschen nie wieder hoch kommen. Die Stoffe öffnen Türen, die man nicht kennt, mit denen man nicht klar kommt. Drogen nehmen heißt, sich mit dem Teufel einlassen. Es wird eine dunkle Seite frei gelegt. Aber es ist ein Umweg auf dem eigenen Weg, weil man sich eigentlich ausweicht und sich nicht wirklich mit sich auseinander setzt. So sehe ich das heute.

Meine Frau hat sich alles angehört. Das tat gut. Sie kennt die Sucht durch ihre Essstörung. Sie ist mir ein gutes Gegenüber, das hat mir geholfen. Ich hatte oft die Krise durch ihre Störung, jetzt hatte sie die Krise durch mich. Wir haben uns gerieben aneinander. Nur so kann man sich in der Liebe entwickeln, indem jeder die Krise durch den anderen erlebt.

Aber eigentlich war diese ganze Zeit eine Vater-Werdens-Krise. Vorher war ich frei und unbeschwert. Dann war plötzlich die Familie da, die Beziehung und die Kinder...

Was macht man damit? Wenn ich Verwandte gefragt habe, sagten die, dass es ihnen auch so ging und wir eben durch müssten. Aber wie durch? Es war eine Verunsicherung auf allen Ebenen.
Als unsere Tochter geboren wurde sind wir durch die Krise gebeutelt gewesen. Aus dieser Ehrlichkeit heraus haben wir eine gute Geburt hinbekommen zu Zweit im Geburtshaus. Wir waren ohne Illusion, das hat gerade Kraft gegeben. Ich war sicherer in meiner Position als Mann. Auch meine Frau war sicherer. Es war eine gute Geburt.
Trotzdem waren wir noch nicht aus der Krise raus. Wir kamen trotz der guten Geburt nicht weiter miteinander. Wir suchten uns Hilfe durch eine Familienberaterin. Das war die Rettung. Der Kampf hörte auf. Es war wie eine neue Zeitrechnung. Ich glaube, dass wir mehr solche Unterstützung brauchen als junge Paare mit Kindern. Wie soll man sonst klar kommen mit den ganzen Problemen?
Trotzdem haben wir uns getrennt. Jeder von uns kam durch die Beratung mehr zu sich selbst und wir wollten probieren wie das ist, alleine zu leben. Es war sofort eine riesige Befreiung, weil man dachte, dass man „Es" los ist. Der ganze Alltag mit seinem Stress und so weiter. Ich wollte raus aus dem Eheei.
Ich hatte bald eine neue Frau und die dazu gehörige Leichtigkeit. Auch Sex, der wieder klappte, das habe ich erst mal genossen.
Aber kurz danach kam die Vergangenheit hinterher, der Schmerz der Kinder, die Zerrissenheit von uns allen, auch die alte Liebe, die noch längst nicht getrennt war. Wie trennt man sich?
Wir konnten uns nicht richtig trennen und auch nicht zusammen sein. In der Beratung machten wir eine Trennungsaufarbeitung. Dort merkten wir, dass wir uns kein bisschen getrennt hatten. Wir waren nur sehr enttäuscht voneinander und vom Leben zu zweit.
Wir hatten das Thema Verletzung. Wenn man zusammen lebt, verletzt man sich. Es geht um Verzeihen und dass man was tun muss für den anderen, wenn man ihn verletzt hat. Da hört die Schuld auf und das tut gut, denn es gibt kein Leben ohne Verletzung.

Es kam die Zeit, in der auch in meiner neuen Liebe der Alltag einzog und wir hatten die gleichen Probleme. Das zu merken war krass.
Irgendwann merkten meine Frau und ich bei unseren Zusammenkünften wie gut es tat, gemeinsam für die Kinder zu sorgen, Essen machen, heizen, gemeinsam die Kinder ins Bett bringen. Wir konnten plötzlich die kleinen Dinge des Alltags wieder schätzen und hörten auf, die großen Gefühle zu erwarten.
Irgendwie sind wir wieder zusammen gekommen. Aber wir wagen es nicht, das der Welt zu sagen. Selbst vor uns geben wir es noch nicht richtig zu. Alles ist noch zu neu.
Es gibt eine große Sehnsucht in mir. Ich wünsche mir in meinem Leben noch viele magische Momente mit mir selbst, in denen ich mit Leidenschaft etwas erschaffe, ohne Absicht, nur weil ich es aus mir heraus tun muss. Das sind die Augenblicke, wo mir alles egal wird um mich herum. Egal was andere sagen oder denken. Ich bin mit mir eins. Das ist wie ein Rausch. Es ist die eigentliche Lebensdroge.

Eric

Eric lerne ich kennen kurz vor seiner Ausreise nach Kanada, wo er in der Wildnis in einem Blockhaus leben will. Er ist 1985 geboren und hatte von frühester Kindheit an Diagnosen wie Autismus und Hyperaktivität. Damit ist er nie gesellschaftsfähig geworden, wie er von sich sagt. Unsere Interviews führen wir am Telefon zwischen Kanada und Deutschland.
Die Fotos von Erics Händen konnten wir leider nicht mehr machen.

„Ich möchte meine Wurzeln finden, die mit dem einfachen Leben und mit Mutter Natur verbunden sind. Ich will endlich glücklich sein!"

Ich bin einen Tag vor Heilig Abend 1985 geboren. Man sollte meinen im Zeichen von Weihnachten, aber über meiner Wiege leuchtete kein guter Stern, nicht in dem Jahr.
Ich bin das xte Kind meiner Eltern und das Einzige. Vor mir verlor meine Mutter jedes Kind, ich glaube, es waren noch drei. Wir haben nie darüber gesprochen. Und fragen konnte ich nicht, es war ein Tabu, ich glaube sogar ein Makel.
Meine Eltern waren also mehr als glücklich und stolz auf mich. Mein Fluch, glaube ich! Aber das weiß ich erst heute. Sie waren auch schon fast 40 Jahre alt bei meiner Geburt.
Geboren bin ich in Berlin und auch dort aufgewachsen, auf der Ostseite. Beide Eltern waren in der Partei und hoch angebunden in der Leitung einer Klinik. Sie waren Wissenschaftler und Forscher. Ihr Zuhause war das Labor und die Sitzungssäle der Partei. Mein Kinderwagen hat wohl oft dort gestanden bis ich in eine Kinderkrippe gegeben wurde.

Wir funktionierten nach den normalen Regeln einer sozialistischen Familie. Meine Eltern hatten viel, mit hoch angebundenen DDR Funktionären zu tun. Wenn sie zu den Partys kamen, wo es dann Sekt gab und begehrte Dinge aus dem Intershop, fühlte ich mich unglaublich schlecht. Ich zog mich zurück in mein Zimmer, nachdem ich vorgestellt wurde. Das sind frühe Erinnerungen, auch dieses Unwohlsein in meinem Körper, das Lachen von Leuten und die Geräusche im Nebenzimmer. Ich hatte Angst.
Ich weiß im Nachhinein, dass die friedliche Revolution schwere Risse in die Struktur und Sicherheit meiner Eltern machte. Damals war ich gerade vier Jahre alt und kann mich wenig erinnern. Es ging um Stasi Mitarbeit und vieles mehr. Sie verloren die Arbeit in der Klinik. Aus unserem Haus mussten wir raus, weil es den früheren Besitzern zurück gegeben wurde. Die kamen aus dem Westen und übernahmen prompt.
Es war eine sehr schwere Zeit für meine Eltern, was mir erst heute klar ist. Es gab Untersuchungen und die beiden hatten Angst, wie sie erzählten. Doch Genaueres habe ich auch da nie erfahren. Das Schweigen war typisch in meiner Familie. Alles wurde unter den Teppich gekehrt.
Mit meinen Großeltern väterlicherseits gab es keinen Kontakt. Die waren gegen den Sozialismus gewesen und haben meinem Vater ständig seine Parteizugehörigkeit und die Karriere darin vorgehalten. Er hätte die Familie verraten.
Großvater war ein Handwerker, durch und durch, ein Tischler mit Herz und Seele. Sein Geschäft fiel der Enteignung zum Opfer und er musste als Angestellter in einer PGH arbeiten. Er hasste die Partei und die ganze DDR.
Gleich nach der Wende war er wieder privat, bis er starb. Das Verhältnis zu meinen Eltern wurde nicht besser. Mein Großvater konnte keinem Familienverräter verzeihen. Ich habe die Großeltern, als ich alt genug war, heimlich besucht.
Meine Mutter ist bei ihren Großeltern aufgewachsen, weil ihre Mutter kurz nach der Geburt starb. Der Vater war ein polnischer Zwangsarbeiter, der gleich nach dem Krieg zurück musste. Später hat Mutter nach ihrem

Vater geforscht, aber ohne Erfolg. Die Urgroßeltern lebten bei meiner Geburt nicht mehr.
Meine Eltern kannten sich schon während der Kindheit, sie wuchsen gemeinsam in einem kleinen mecklenburgischen Dorf auf, gingen zusammen zum Studium nach Berlin und heirateten sehr schnell.
Andere frühe Erinnerungen beginnen im Kindergarten. „Nein meine Suppe esse ich nicht!!"
Ich habe dort oft das Essen verweigert, weil ich mich nicht wohl gefühlt habe. Ich hatte Angst vor den Kindertanten. Damals ging diese Unruhe in mir los.

Ich war der Stolz meiner Eltern, vielleicht auch ein Anker. Jedenfalls in meiner frühen Kindheit.
Sie hatten dann irgendwann wieder Arbeit in der Industrie, auch als Forscher, und materiell fehlte es uns an nichts. Ich bekam alles, was ich wollte, doch ich konnte nicht damit spielen. Das tolle Spielzeug interessierte mich nicht. Ich war immer nur im Garten, ein kleines Stück Grün hinter dem Haus. Dort verträumte ich den ganzen Tag, wenn ich zu Hause war. Und im Grünen wurde ich ruhig. Ich erinnere mich an den Kirschbaum, in dem saß ich oft. Seine Zweige versteckten mich vor den Augen der Menschen, auch vor den Augen meiner Mutter.
Wenn ich an sie denke, dann sehe ich ihren umsorgenden und ängstlichen Blick. Sie war ständig um mich herum und darauf bedacht, dass es mir gut geht. Jedenfalls die Zeit, die wir zu Hause verbrachten. Nach der Wende lebten wir im Westteil von Berlin, auch in einer schönen Wohnung. Die Angst meiner Mutter legte sich um mich wie ein schwerer Schleier aus Blei.
Der Kindergarten war für mich von sieben bis siebzehn Uhr mein Zuhause in der Woche. Viele Stunden Angst und Unwohlsein. Früh weinte ich immer. Ich konnte auch da nicht mitspielen und ich stand ständig vor der Türe als Störenfried.

Mit der Zeit wurde ich immer unruhiger, auch auffällig. Man nannte mich Zappelphilipp.

Meine Eltern versuchten, mich zu erziehen, bestraften mich, erklärten und beschäftigten sich ständig damit, dass aus mir noch was Ordentliches wird. Mein Vater wollte aus mir einen richtigen Jungen machen, mit Fußballspielen und so, aber das ging schief. Ich war ein Weichling. Sein Ehrgeiz ängstigte mich nur noch mehr und die Angst meiner Mutter nahm mir die Luft.

Ich weiß, dass meine Eltern mich liebten, doch ihre Art der Liebe war anders als ich sie gebraucht hätte.

Es ging mir nur in der Natur gut. Das Wohnen in der Stadt, der Kindergarten, der keine grüne Umgebung hatte, und der Rhythmus von früh aufstehen und bis abends im Kindergarten sein, hat meine Kinderseele gepeinigt. Das weiß ich heute. Ich bin ein Träumer und ich brauche Zeit. Selten gingen wir in den Wald. Meine Eltern mussten manchmal auch am Wochenende zum Dienst, um ihre Forschungsprojekte zu beobachten. Dann wurde ich mitgenommen.

Wenn ich im Wald war, hatte ich ein gutes Gefühl, zwischen den Bäumen und Sträuchern, auf den Wiesen mit Blumen und Tieren, die im Gras herum krochen. Mein angespannter unruhiger Körper ließ dann immer los und ich beruhigte mich.

Doch schon bei der Schuluntersuchung bekam ich die Diagnose: Hyperaktivität.

Ich konnte einfach nicht still sitzen in der Schulbank. Mein Körper zappelte von alleine. Damals waren die Schulfensterscheiben bis zur Hälfte Milchglas. Man konnte nicht zum Fenster hinaus sehen. Das war für mich schlimm, weil ich mich nicht beruhigen konnte, indem ich den Wolken nachsah oder in die Zweige eines Baumes schaute.

Ich störte den Unterricht, rannte durch den Klassenraum und machte Quatsch.

Ich glaube, es gab keine Stunde, wo ich nicht vor der Klassenzimmertüre stand.

Alle lachten über mich. Ich hatte nie Freunde. Ich glaube, das lag an mir. Ich war zu ängstlich.
Dazu kam, dass ich weder lesen, schreiben noch rechnen lernte. Ich konnte nicht erkennen, wie die Buchstaben aneinander gereiht wurden, damit ein Wort entsteht und ich hatte kein Gefühl für die Zahlen. Ich schrieb sie sogar verkehrt herum.
Die Sorgen meiner Eltern waren groß und ich fühlte, dass sie sich wegen mir mächtig schämten. Vor allem, wenn wir Gäste hatten und jeder über seine tollen Kinder redete.
Doch je mehr sie mit mir veranstalteten, desto schlimmer wurde alles. Kinderpsychologe, Verhaltenstherapie, Ergotherapie...Ritalin-Tabletten, die ich ausspuckte und meiner Mutter regelmäßig in die Hand biss. Ich fühlte das Gift in der Tablette. Das klingt komisch, wenn ich das erzähle, aber ich fühlte das Gift in meinem Körper, vor allem im Kopf. Das war so als lege sich eine Zange um mein Gehirn und ich bekam Panik.
Das aller aller schlimmste war für mich, mit meinen Eltern Lesen üben und schreiben. Ich blockierte völlig.
Dann endlich Schulwechsel in eine Schule für Lese-Rechtschreib-Schwäche und andere Sonderfälle. Da kam ich in die vierte Klasse. Die sind mehr auf mich eingegangen, aber es änderte sich wenig in meinem Leben. Wenn ich heute zurück denke, wollte ich damals schon oft nicht mehr leben, weil ich mich nie „richtig" gefühlt habe. Ich hatte nur noch Angst, vor den Menschen am meisten, auch vor meinen Eltern.
Einmal kam meine Großmutter zu Besuch. Ich hörte wie sie mit Vater stritt. Dann sah sie mich und machte ihre Arme weit. Ich lief in diese Arme hinein wie in ein Schutzschild. Ich fühlte eine bedingungslose Liebe. Ich begann laut zu schluchzen und weinte erbärmlich. An diesen Moment erinnere ich mich bis heute sehr genau. Ich weiß nicht warum, aber die alte Frau strahlte Güte aus und Geborgenheit. Sie hat sich über mich unendlich gefreut, was ich von niemand kannte. Ich war für alle um mich herum ein „Fall" oder Sorgenkind. Doch die Großmutter kam nicht wieder.

Irgendwann war ich in der Psychiatrie. Daran habe ich nur die Erinnerung wie ich auf meinem Bett sitze, vor mich hin stiere und warte. Permanentes Unwohlsein in meinem ganzen Körper – das hörte nie auf. Ich war glücklich, wenn wir in den Garten der Klinik durften. Ich begann mit dem Gras zu sprechen, mit Käfern, Blumen und Wolken. Und sie antworteten mir. In mir liefen Dialoge ab, die aber keiner von außen hörte. Mit Menschen redete ich nicht mehr, mit niemand.
Bei den Besuchen weinte meine Mutter, mein Vater schwieg. Sie hatten aufgegeben. Ich war halt ein behinderter Sohn. Und sie waren den Ärzten hörig.

In der Pubertät kam ich gar nicht mehr mit mir klar. Ich wollte einfach nur tot sein und ich lief eines Tages weg.
Es gibt viel Landschaft um Berlin. Irgendwie landete ich im Wald mit Seen. Kaum war ich für einige Zeit dort, schon nach Stunden, beruhigte sich alles in mir. Die Unruhe ging weg, auch die Angst. Das war für mich wie eine Erkenntnis, die in mein Bewusstsein trat. Das Gefühl wurde mir bewusst. Das ist wirklich ein wichtiger Moment in meinem Leben gewesen.
Es war Sommer und ich baute mir eine Bude aus Ästen und Zweigen. Meine erste Nacht unter dem freien, weiten Himmel, die Sterne, der Halbmond. Für mich öffnete sich eine Welt, in der ich mich gut fühlte. Meine Brust war frei ! Es war eine irre Entdeckung für mich. Es gibt also Plätze auf dieser Erde, wo es mir gut geht...
Am nächsten Tag fand man mich. Die Wälder um Berlin sind voller Menschen und die Polizei hatte nach mir gefahndet.
Dennoch war alles anders. Diese Entdeckung gab mir neuen Lebensmut. Inzwischen war ich in der Sonderschule in die neunte Klasse gekommen. Ich hatte eine zweite Diagnose erhalten: Autismus. Damit ließ man mich in Ruhe.
Kaum hat die Welt ihre Schubladen geöffnet und man passt hinein, beruhigt sie sich. Auch meine Eltern hatten sich irgendwie damit abgefunden.

Nach der neunten Klasse, holten mich meine alten Großeltern zu sich. Sie waren bereits an die Achtzig, doch Großvater arbeitete noch in der Tischlerei. Ich glaube, dass sich meine Großmutter durchgesetzt hat gegen ihren sturen Mann und ihren bockigen Sohn, meinen Vater.
Ich hatte durch die Diagnose einen Sonderstatus erhalten und brauchte nicht mehr zur Schule nach der neunten Klasse. Und meine Eltern gaben auch auf! Endlich!
Es begann ein ganz neues Leben für mich mit meinen alten Großeltern, im Heimatdorf meiner Eltern. Landleben um mich herum, die pure Natur, blühende Wiesen, ein See hinter dem Dorf, Wald. Keine Schule mehr. Großvater lehrte mich die Tischlerei und es stellte sich heraus, dass ich goldene Hände habe. Die ganze Rechnerei mit den Zahlen und dem Abmessen fiel mir total leicht.
Ich war selbst erstaunt.
Wir hatten Schafe, Hühner und Katzen. Die Tiere hörten auf mich und liefen mir hinterher.
Der Oma half ich im Garten. Und es zeigte sich noch eine neue Begabung: ich hatte den grünen Daumen. Ich redete mit den Pflanzen und Samen und alles gedieh prächtig. Ich fühlte intuitiv, welche Pflanzen beieinander leben und wachsen wollten. Als würden sie mit mir sprechen.
Ich weiß heute, dass das Perma-Kultur heißt, was ich da machte, aber davon wusste ich damals nichts.
Großmutter ließ sich darauf ein und gab ihre strenge Beet Ordnung auf. Wir hatten herrliche Ernten in den fünf Jahren, die wir zusammen lebten. Sie kannte sich mit Kräutern aus und wir machten verschiedene Kräutertees.
Abends spielten wir gemeinsam Brett- oder Kartenspiele. Großvater brachte mir Schach bei. Und ich begann sogar mit Menschen zu sprechen: mit meinen alten Großeltern unterhielt ich mich ganz normal.
Eine andere Zwiesprache hielt ich mit der Natur. So oft ich Zeit hatte, lag ich am See im grünen Gras. Auch dort redete alles mit mir und ich verstand, was sie sagten. Ich begann zu malen. Es war wunderbar für

mich, lange zu betrachten, um es dann zu Papier zu bringen und weiter zu schauen, tiefer und immer tiefer in Kontakt zu treten.
Oma meinte, ich hätte das „Gesicht“. Ich wäre hellsichtig. Was ich glaube, weil ich drei Nächte vor Großvaters Tod geträumt habe, dass er stirbt. Auch andere Sachen sehe ich voraus.
Was soll ich sagen, in den Jahren mit meinen Großeltern in der ländlichen Umgebung, heilte etwas in meiner gekränkten Kinderseele und ich entdeckte Fähigkeiten, die ganz andere waren als das, was in der Schule von mir gefordert wurde.
Sicher bin ich bis heute ein Eigenbrötler und kann schwer in der normalen Welt leben, aber ich bin nicht mehr verzweifelt. Was ist auch die normale Welt? Die, aus der ich komme oder die, in der ich mich wohl fühle? Ich liebe die Natur mehr als die Menschen und kann gut mit mir alleine sein. Ich bin nicht alleine. Ich bin immer in Kontakt. Das klingt für die meisten Leute geisteskrank. Das musste ich kapieren. Selbst für meine Eltern bleibe ich ein fremdes Wesen und ein bisschen ga ga im Kopf.
Trotzdem kamen meine Eltern dann ab und an zu Besuch. Der Frieden war einigermaßen hergestellt.
Großvater blieb ein Dickschädel, aber er liebte mich und ich war ein Weichling, der dem Dickschädel nachgeben konnte. Das machte mir nichts aus. Ich lernte viel von ihm und seinem Handwerk. In Kanada werde ich es gut gebrauchen können. Ich werde mir als erstes eine Blockhütte bauen.
Großmutter hatte die pure Liebe für ihren einzigen Enkel. Es war ihr vollkommen gleichgültig, welche Störungen und Diagnosen ich hatte, ob ich rechnen und schreiben konnte oder nicht. Sie liebte mich und das tat mir unendlich gut!!!
Fünf Jahre lebten wir miteinander. Fünf Jahre gaben mir alles das, was ich in meinen Kinderjahren gebraucht hätte...Fünf Jahre war ich glücklich. Meine Unruhe und die Störungen kamen immer dann, wenn es Stress gab oder jemand was von mir wollte, was ich nicht konnte und damit Druck machte. Ohne Druck konnte ich lesen und schreiben. Mit Druck ging nichts. Einmal wusste ich nicht mehr wie mein Name geschrieben wird,

als ich bei einem unangenehmen Banker wegen eines Kontos unterschreiben sollte. Seine ganze Person strahlte Autorität und Strenge aus und ich bekam die Panik.
Bei meinen Großeltern bin ich zwar nicht gesellschaftsfähig geworden, aber einigermaßen lebensfähig.
In der Nacht als Großvater starb, war ich untröstlich. Da ist plötzlich ein geliebter Mensch weg für immer. Er hatte einen Schlaganfall und war gleich tot. So wollte er es, das erzählte er mir ständig. Nur kein Krankenlager. So ist es auch gekommen!
Grußmutter lebte noch zwei Jahre und ich habe sie die letzten drei Monate gepflegt als sie bettlägerig war. Das habe ich sehr gerne gemacht. Ich war dabei als sie starb. Das ist ein wunderbares Erlebnis gewesen für mich. Wir haben uns unsere ganze Liebe gesagt. Dann hat sie ausgeatmet und ist gegangen. Im Raum war ein milchweißes Licht.
Ich war krank vor Schmerz. Tagelang habe ich im Garten gelegen und in die Wolken gestarrt, dann geweint, dann wieder nur gestarrt und so weiter. Bis das Schlimmste durch war. Es hat lange gedauert.
Ich hörte wieder auf, mit Menschen zu reden. Wenn ich heute davon erzähle, tut es immer noch weh. Aber ich glaube, meine Großmutter ist immer um mich herum.
Ach den Tod will ich nicht verstehen! Ich werde wütend, wenn ich an den Tod denke!

Es gab dann eine Begegnung mit einem Neffen von Großmutter. Der kam zur Beerdigung aus Kanada, wo er schon sehr lange lebt, um die Heimat zu sehen. Er lud mich ein und ich reiste bald in dieses Land.
Ich hatte Angst vor der fremden Sprache und kam unter Druck. Ich habe nie Englisch gelernt.
Eine Zeit lang war ich bei meinem Onkel und seiner Familie. Sie leben in Quebec, einer Großstadt, was ich nicht lange ausgehalten habe. Da war wieder die Stadt, der Lärm, die vielen Menschen und die Familie, die mir bald mein Anderssein klar machte.

Vier Jahre bin ich dann durch Kanada gereist. Ich fand über „Work and travel“ einige Farmen, wo ich mitarbeiten konnte. Es ging immer nur ein Jahr, dann musste ich nach Deutschland zurück, wegen der Reisegenehmigung. Doch ich bin bald darauf wieder los.
Mit meinen Eltern halte ich es nicht lange aus. Ich habe keine Beziehung zu ihnen. Alles ist mechanisch. Wir reden kaum. In ihrer Nähe geht es mir schlecht. Immer wieder werde ich zu einem Behinderten, der im Leben nicht klar kommt.
Nach und nach habe ich wie ein Kind die englische Sprache gelernt, ohne Vokabeln zu bimsen.
Ich lauschte den Menschen wie ich der Natur lausche. Und es war wie ein Wunder, ich verlor meine Angst vor ihnen, weil ich sie gefühlt habe durch ihre Sprache hindurch. So lernte ich dann auch die Worte, mehr mit dem Gefühl, eben wie ein Kind.
Ein Fremder in einem fremden Land. Die Menschen wussten nichts von mir und ich nichts von ihnen. Das war meine Chance. Ich habe viele Menschen kennengelernt und mit allen hatte ich eine neue Möglichkeit. Natürlich habe ich mich oft nach der Arbeit zurück gezogen, alleine sein brauche ich immer wieder.

In Deutschland habe ich keine Zukunft. Ich weiß, dass ich inmitten der Natur leben will und muss. Doch in Deutschland findest du keine Wildnis mehr.
Ich will gerne leben.
Kaum komme ich in Deutschland an, überkommt mich eine innere Schwere und der gleiche Zustand von Unruhe, den ich in meiner Kindheit hatte. Hier bin ich wieder Autist und hyperaktiv.
Aber inzwischen merke ich, dass das ganze moderne Leben auch viele andere Menschen krank macht. Vielleicht sind meine normalen Eltern kranker als ich?
Vielleicht ist ihre Wissenschaft krank, der sie so hörig sind…?

Und die ganze Technik! Die Menschen sind schon selber wie Maschinen und wie Sklaven. Wer ist wirklich noch glücklich in den übervollen Städten?
Nein, vielleicht bin ich normaler als alle die sogenannten Normalen!
Aber ich pfeife drauf inzwischen, was alle von mir sagen!
Nach Deutschland komme ich nie zurück.
Nein hier habe ich kein gutes Gefühl mehr.

Die Tischlerei von meinen Großeltern ist verkauft und ein guter Meister führt sie weiter mit seiner Familie. Aber ich war alleiniger Erbe des Geldes, was ich für Kanada nutzen konnte und auch jetzt hilft es mir. Es ist viel Geld. Inzwischen habe ich mir dort Land gekauft und weil ich genug Geld mitbringe, kann ich mich in Kanada ansiedeln, in der Region Novo Scotia, ganz im Osten des Landes.
Ich werde mir in der Nähe eines Dorfes, in dem hauptsächlich Indianer leben und was mitten in der Wildnis liegt, eine Blockhütte bauen. Ich kenne viele von den First Nation aus den Dörfern und ich kann gut mit denen. Irgendwie sind sie genau so aus der Gesellschaft ausgestoßen gewesen wie ich.
Auch sie hatten eine Diagnose: „Die Wilden“ und nicht ganz dicht im Kopf, wenn man mit Tieren und Pflanzen redet.
Sie beginnen gerade nach der langen Depression, sich wieder an ihre Wurzeln zu erinnern.
Und ich will es auch: Meine Wurzeln finden, die im einfachen Leben und mit Mutter Natur verbunden sind. Ich will einfach glücklich sein!
Ich habe einen heimlichen Traum. Ich wünsche mir, so weit zu kommen in mir, dass ich sogar eine Beziehung zu einer Frau haben kann. Und vielleicht auch eine richtige Familie?
Aber kann das ein Autist? Ist das eine Krankheit, die man nie richtig verliert? Ist es eine Krankheit oder nur eine Schublade? Oder habe ich mich inzwischen selber in diese Schublade gesteckt und es gibt solche Diagnosen nicht wirklich, nur in unseren Köpfen?

Ach Scheiße! Das alles macht mich wütend!
Diese elende Fragerei!
Diese ewigen Gedanken, die mich quälen. Ich will halt auch dazu gehören, zu den normalen Menschen...
Ja! Ja! Ja!
Ach vergiss es!

Racer

Racer ist fast 18 Jahre alt. Er lebt mit seiner Mutter in einer sächsischen Kleinstadt und hat bis vor kurzem das Gymnasium besucht. Mit 16 Jahren hat er begonnen, regelmäßig Drogen zu nehmen. Seit drei Wochen ist er ausgestiegen und erzählt jetzt über seine Erfahrungen aus dieser Zeit.

„Ich brauche unbedingt einen tieferen Sinn zu leben."

Ich bin mir nicht sicher, wie weit ich mich erinnern kann. Ich weiß noch was vom Kindergarten, das war eine gute Zeit für mich. Ich bin gerne in den Kindergarten gegangen. Ich hatte viele Freunde dort, wir haben gespielt und viel herum getobt. Es gab ein riesiges Holzschiff, auf dem haben wir Pirat gespielt. Ich war sehr gerne Pirat und habe mich auch oft so verkleidet. Einmal habe ich einen Stein ins Auge bekommen und musste ins Krankenhaus, das war mein erstes Mal dort.
Mein Körper hat den Stein sehr geschickt abgeblockt, sonst hätte ich heute ein fehlendes Auge.
Ich bin Zuhause geboren, das wollten meine Eltern so, im Dezember 1999. Ich habe bis heute ein starkes Zugehörigkeitsgefühl zu beiden Eltern, obwohl sie sich trennten als ich drei Jahre alt war.
Ich bin so aufgewachsen, dass ich hauptsächlich bei Mama gewohnt habe und dann am Wochenende, und auch manchmal unter der Woche, zu Papa gegangen bin. Das war immer toll, weil Papa anders lebte. Der Wechsel hat mir gut getan, das war einfach anders. Wir haben viel Sport gemacht, Fußball und Tischtennis gespielt, und auch Sportsendungen angeguckt im Fernsehen. Das war das Ritual bei Papa. Er hat verstanden, mich dafür zu begeistern.
Mit Mama bin ich oft in den Tierpark gegangen fast jeden Tag regelmäßig, das war unser Ritual. Wir waren viel draußen in der Natur. Das sind wichtige Erfahrungen für mich gewesen.
Zum Beispiel gab es einen kleinen Bach, wo ich mit meinen Freunden Frösche gefangen habe. Meine Eltern haben sich noch verstanden, trotz der Trennung. Ich habe sehr spät realisiert, dass mein Leben nicht die Norm ist. Erst als ich mal bei einem Freund übernachtet habe, wurde mir klar, dass da Eltern zusammen leben, und dass das eigentlich das Normale ist.
Für mich war es in Ordnung so. Ich habe die zwei verschiedenen Welten kennengelernt und das waren unterschiedliche Lebensarten, die mich auch geprägt haben. Ich habe nicht unter der Trennung gelitten, es war eher eine Bereicherung. Einen Wochenwechsel mal da, mal da, hätte ich nicht gewollt. Es war wichtig für mich, ein Zuhause zu haben.

Meine Mutter ist Lehrerin, mein Vater war Theologe, dann Yogalehrer. Ich habe noch vier ältere Schwestern, zwei von Mama und zwei von Papa. Mit denen von Mama habe ich zusammen gelebt bis sie aus dem Haus gingen. Die eine Schwester vor mir ist sieben Jahre älter. Bei ihr habe ich erlebt wie Jugendliche so drauf sind, vor allem das mit der Musik. Aus den Zimmern meiner Schwestern klang häufig laute Musik.
Mit Papa bin ich ab und zu ins Vogtland gefahren zu seinen Eltern. Meinen Opa habe ich sehr geliebt, mit dem habe ich oft Spiele gemacht. Wir beiden haben an einem Tag Geburtstag. Er lebte in einem großen schönen Haus. Es ist traurig für mich, dass Opa jetzt nicht mehr kann, weil er alt ist.
Meine anderen Großeltern habe ich auch besucht in der Nähe von Magdeburg. Die lebten in einer kleinen Neubauwohnung, also auch wieder eine andere Welt. Opa war Schulleiter an einer großen Schule gewesen, er war sehr intelligent und liebevoll zu mir. Oma war Sekretärin an der Schule. Sie ist nach dem Tod von Opa in unsere Nähe gezogen und wir besuchen sie oft mal zum Kaffeetrinken, was mir gefällt.

Mich hat als Kind ausgemacht, dass ich aufgeweckt war und extrem neugierig. Alles habe ich in mich eingesaugt und mich viel bewegt. Von da an, wo ich lesen konnte, wurden Bücher für mich die Faszination. In andere Welten abtauchen liebe ich sehr. Das ist bis heute geblieben.
Ich war mit Jungs und Mädchen befreundet. Wenn ich so zurück denke, ist dies eine Zeit, die mit Freude und Lust am Verrückten durchzogen gewesen ist. Streit konnte ich nicht leiden, wenn sich meine Schwestern mit Mama gestritten haben, bin ich manchmal dazwischen gegangen.
Ich war in der Grundschulzeit in einer Schule mit Montessori Profil, das hat mir gut getan, weil sie keinen Druck aufbaute.
Dann wechselte ich aufs Gymnasium ab der fünften Klasse. Das war dann Frontalunterricht und mehr Struktur. Aber Schule fiel mir leicht, ich habe im Unterricht aufgepasst, damit ich nicht nacharbeiten muss.

Alles fing dann in der 10. Klasse an, dass ich keinen Bock mehr auf Schule hatte und die ersten Fragen kamen nach dem Sinn des Lebens. Auch Angst, was das alles soll.
In der Zeit starb mein Opa und ich wurde mit dem Tod konfrontiert. Was ist der Tod? Warum verschwindet ein Mensch und kommt nie wieder? Und was mache ich damit? Ich spürte eine Sinnlosigkeit. Warum wird da in der Schule nichts dazu gesagt? Man lernt und lernt sinnlose Dinge, sie haben nichts mit mir zu tun.
Mein Leben drehte sich um 180 Grad. Alles veränderte sich in dieser Zeit. Mir wurde klar, dass ich kaum Selbstbewusstsein hatte. Mit dem Gefühl war ich sehr alleine. Zum Beispiel liebte ich das Fach Englisch, doch die neue Lehrerin hat mich vor der gesamten Klasse herunter gemacht, wenn ich mal was nicht brachte. Statt mich zu stärken und mir Mut zu machen, wurde ich von ihr gedemütigt. Ich habe mich als Mensch entwertet gefühlt und verlor die Freude an dem Fach.
Ab der 11. Klasse kam extremer Leistungsdruck dazu. Alles kotzte mich an. Ich fühlte mich verloren in dem ganzen System. Die Lehrer machten mich oft runter, wenn ich mal abwesend war. Ich hatte das Gefühl, dass es so gut wie keine soziale Beziehung zwischen Lehrer und Schüler gab.
Ich lernte in der Zeit interessante Menschen kennen, doch fast alle nahmen Drogen.
Mein erster Versuch war Alkohol, der gab mir ein cooles Gefühl. Und warum nicht machen? Die anderen machen es auch. Dann habe ich Gras geraucht. Alles war für mich total neu beim ersten Versuch.
Es waren fast alles Leute aus meiner Klassenstufe, die sich so gut wie jedes Wochenende betrinken und auch andere Drogen nehmen. Das machen Jungs und Mädchen.
Das Feiern gehen, das Abfeiern, hat auch erst mal extrem Spaß gemacht. Als dann mal die Klassenstufe was zusammen gemacht hat, war das ein wunderschönes Gefühl von Zusammenhalt. Aber es ging nur mit Drogen. Wir waren alle gleich drauf, nur wenige konnten der Faszination des gemeinsamen Drogennehmens widerstehen. Ich hatte ein starkes Gefühl,

dass ich gebraucht werde und gemocht, dass wir verbunden sind. Fast jeden Tag habe ich was mit Freunden gemacht, ich war happy. Es war das essenziellste Erleben bisher für mich gewesen. Ich kam in eine Hochphase, hatte das Gefühl zu fliegen.
Eine tolle Zeit! Ich erinnere mich gerne daran und wünsche sie mir auch manchmal zurück.

Dann lernte ich Leute kennen, die regelmäßig kifften. Die feste Gruppe waren ca. 30 Leute aus meiner Klassenstufe, von 100 Schülern. Jeden Freitag haben wir uns getroffen. Es waren die herrlichsten Partys, die ich je gefeiert habe. Damals war ich nur euphorisch. Dachte, Gras ist meine Droge. Es war eine Bombenstimmung. Wir haben Gras geraucht und Alkohol getrunken, diesen Mischkonsum. Das ist eine der stärksten Möglichkeiten, sich weg zu beamen. Zu der Zeit habe ich mir überhaupt keine Gedanken gemacht. Ich war nur glücklich. Dass das mal in eine falsche Richtung gehen kann, daran denkt man überhaupt nicht und das will man auch nicht von anderen hören.
Den Stoff haben wir von zwei Leuten bekommen, die ein bisschen älter waren als wir. Sie bestellten es im Internet, ganz einfach war das. Es war nicht schwierig, wir mussten uns oft noch nicht mal bewegen. Ein Gramm Gras kostet 10 Euro, das sind ungefähr 3 Joints.
Dann haben wir Bong geraucht. Wir sind nach Dresden gefahren und haben uns Bongs gekauft. Es gibt da eine Kette, die heißt „Chillhouse", da kann man offiziell alles kaufen was mit dem Kiffen zu tun hat, außer den Stoff selbst. Die fragen noch nicht mal nach dem Ausweis. Sogar Dreizehnjährige kaufen dort ein.
Man raucht eine Mischung aus Tabak und Gras oder Marihuana, es blubbert in der Wasserpfeife und der Rauch wird dadurch gekühlt. Wenn der Rauch die Bong füllt, zieht man alles in sich ein und das gibt einen irren Kick. Erst mal wirkt der Tabak und 10-15 Minuten später kommt die volle Graswirkung. Die Wirkung ist saustark und hat ein großes Suchtpotential.

Gras gibt einen ein wohliges Gefühl im Brustraum, welches beim Bong rauchen besonders stark ist.
Alles wird intensiver. Es wirkt nicht lange, ein bis drei Stunden. Deshalb raucht man das öfter.
Ich habe dann begonnen, gleich nach der Schule zu rauchen, fast täglich, um zu entspannen. Das gibt einem genau das, was man nach der Schule braucht, um den ganzen Druck und Stress zu vergessen. Man fühlt sich einfach besser. An den Wochenenden haben wir pro Abend ca. 10 bis 20 Hüte geraucht, so heißt das. Es wurde immer mehr mit der Zeit. Das ist das Schlimme. Es braucht eine Steigerung. Man sieht Farben intensiver, alles schmeckt besser, Musik hört man, als würden die Wellen durch den Körper gehen. Ich habe meinen Körper gefühlt und mich wohl gefühlt mit mir. Und jeglicher Schmerz, ob körperlich oder seelisch, war sofort weg. Ich hatte das Gefühl, das Leben ist toll. Lange hatte ich unter Gras keine negative Wirkung. Ich liebte diese Entspannung. Ein dreiviertel Jahr ging es mir gut mit dieser Droge und dem täglichen Konsum.
Die Lehrer haben nichts gemerkt oder nichts gesagt. Einmal hat ein Mathelehrer mir gesagt, dass sich mein Gesicht verändert hat, im Vergleich zum letzten Jahr. So wie „runter gekommen". Er hat es gesehen, weil er selber ein Süchtiger ist, er trinkt Alkohol. Doch ich wollte nicht aufhören zu der Zeit.
Dann wurde mein Vater sehr krank, es hat mich belastet, doch ich bekam schon nicht mehr alles mit, weil ich wie im Nebel gelebt habe. Alle Gefühle sind abgeschwächt, dadurch kam ich nicht in den Schmerz.
Mit den Leuten meiner Gruppe habe ich tiefe Verbindungen aufgebaut. Wir haben uns ja täglich gesehen und über alles geredet, worauf man Bock hatte. Es hat sehr lange Spaß gemacht. Die vielen Leute waren neu und interessant.
Die Drogen haben uns auf die gleiche Ebene gebracht und das verbindet und vereint auf eine Art wie das im normalen Leben nicht

möglich ist. Man weiß ja genau wie der Andere sich fühlt und das verbindet unendlich! Wir sind gemeinsam auf Reisen. Eine lange Zeit fühlt man deshalb nicht, dass man sich schadet.
Zum Bong Rauchen trafen wir uns eine Zeit lang in einem Lagerraum oder bei jemandem zuhause. Erst hat es gefetzt, doch auch das hat sich verändert. Wir saßen dann immer öfter nur noch rum und warteten auf die Wirkung, die wir schon tausend mal gehabt hatten. Wir wurden träger und alles hat dann keinen richtigen Spaß mehr gemacht.
Das Zusammensein hat sich total verändert. Das Reden wurde immer oberflächlicher und sinnloser, weil man nur noch im eigenen Kopf war. Es fehlte die Tiefgründigkeit in den Gesprächen, da es vielen, trotz der Drogen, schwer fiel, sich zu öffnen.

Dann haben wir andere Sachen probiert. Zusammen mit zwei Freunden habe ich Pilze genommen.
Das war Pulver in einer Kapsel, es war der Wirkstoff Psylocibin. Es war eine extrem tief gehende Erfahrung und auch eine meiner schönsten Drogenerfahrungen überhaupt. Ich habe noch nie so viel gelacht in meinem Leben, gemeinsam mit den Anderen. Ich war in einer völlig anderen Welt und meine Freunde auch. Das hat uns für lange Zeit zusammen geschweißt. Ich erinnere mich sehr gerne daran zurück. Es war eine psychedelische Erfahrung, die Welt tanzte um mich herum in verschiedenen Farben und Formen. Die beste Szene war, als wir draußen standen unter freiem Nachthimmel, um uns herum Bäume und wir fühlten uns wie in einem Zauberwald. Ich sagte zu den beiden: „Wir sind doch in einer ganz anderen Welt, merkt ihr das!“
Es war zauberhaft schön und man kann es nicht in Worte fassen.
Manchmal habe ich Pausen gemacht, damit die Wirkung des Marihuana wieder stärker wird, da man über die Zeit eine Toleranz aufbaut, also die Wirkung nicht mehr so intensiv ist, da sich der Körper mit der Zeit daran gewöhnt.
Lange wollte ich keine chemischen Drogen nehmen. Doch dann wur-

de es langweilig. Wir wollten also mehr ausprobieren. Insgesamt habe ich drei Mal Pilze genommen, es war immer anders.
Auch Ecstasy habe ich ausprobiert. Das ist die Liebesdroge. Das war eine starke Erfahrung in der Gruppe. Es ist eine kleine Tablette, die man schluckt. Nach ungefähr einer halben Stunde fühlt man sich extrem geladen, voller Kraft und Selbstvertrauen. Man will sich bewegen, was unter der Wirkung Spaß macht und sich gut anfühlt. Der Kopf ist sehr klar, alles ist ausgeblendet. Der klare Kopf, das macht Laune. Man ist sehr wach und leistungsfähig. Und dann versprüht man Liebe. Man fühlt sich zu den Menschen hingezogen, verliert jede Scheu und mancher bekommt einen „Laberflash“. Sie reden ohne Unterbrechung und bekommen es selber gar nicht richtig mit. Alles ist im Fluss. Das Tollste ist die starke Zuneigung und Liebe. Wenn man sich auf Ecstasy umarmt, ist es wie die Welt umarmen. Man fühlt, dass man zusammen gehört und fühlt sich verbunden. Ich kann es eigentlich nicht beschreiben. Es öffnet extrem. Ich liebe und werde geliebt. Wenn es aufhört, fährt alles auf Null. Man ist leer und ausgelaugt und fühlt sich sehr schlecht. Die Serotonin Ausschüttung unter Ecstasy ist sehr hoch, um so fertiger fühlt man sich danach. Beim ersten Mal Ecstasy ist die Wirkung am stärksten, diese fällt aber bei den nächsten Malen relativ schnell ab, weswegen man dann mehr nimmt. Jedenfalls die meisten. Ich habe immer lange Pausen gemacht, weil ich Respekt vor der Chemie hatte.
Gefährlich ist, dass Ecstasy chemisch gemixt wird und man nie wirklich genau weiß, was drin ist. Es hat ein extrem hohes Suchtpotential, deshalb hatte ich diesen Respekt. Wir haben dann reines MDMA genommen, das sind Kristalle, die man zu Pulver verarbeitet, was man durch die Nase zieht oder trinkt. Das hat eine noch klarere Wirkung, was mir mehr gefallen hat. Das Glück, was ich in dem Rausch gefühlt habe, das hat mir im Leben dann gefehlt. Deshalb fühlt man sich einfach schrecklich in der Realität. Und das ist das Schlimme. Man kommt zwischen den Welten nicht mehr richtig zurecht.
Ich habe später noch anderes genommen, was nicht so bekannt ist. 2CB

wird auch genannt „Kiffer-Ecstasy“, das ist noch stärker im Wohlgefühl. So ein tolles Gefühl hatte ich noch nie in meinem Körper. Außerdem ist der Rausch begleitet von optischen Verzerrungen und Mustern, die ich noch nie zuvor gesehen hatte.
Das Zeug haben wir immer von demselben Typen bekommen, der alles hatte und es im Internet bestellt hat. Aber jetzt ist er selber fast am Ende und hat sich komplett verändert.
Manchmal haben wir Medikamente genommen, ein Schmerzmittel, Tillidin, ein Opiat. Das habe ich drei Mal genommen. Das hatte eine andere Wirkung. Wir wurden total schmerzfrei. Wir haben uns in den Arm gezwickt, aber wir haben null Gefühl gehabt.
Jede Droge hat ihre Faszination.
Dann haben wir ein Medikament genommen gegen ADHS, Elvaanse. Das haben zwei Freunde zu Hause rumliegen. Das ist wie Speed. Die nehmen es schon seit 10 Jahren und wird von Ärzten verordnet, einmal täglich, damit sie in der Schule mitkommen und sich „normaler“ verhalten. Das ist der reine Wahnsinn!!
Es steigert die Leistung im Kopf. Ich kenne Leute, die haben Elvaanse in kleinen Dosen zu ihrer Abizeit genommen und haben darauf gelernt, damit sie durch die Prüfungen kommen. Ich glaube, nur durch das Medikament haben sie das Abi geschafft.
Ein bisschen mehr davon und es wirkt wie eine krasse Droge.

Es ist schon so, dass man steigern muss, wenn man erst mal angefangen hat.
An Gras kann man sehr viel konsumieren, ohne große Nachwirkungen. Aber schlimm ist, dass man keine Lust mehr hat auf irgendwas. Man fällt in eine No-Bock Stimmung und will nur noch kiffen. Man denkt nur noch daran. Man denkt nur noch an Drogen und redet auch nur noch davon. Ich habe mir Dokus über Drogen im Internet angesehen, es gibt nur noch das eine Thema. Im Kopf ist wie eine Zange. Man hat das Gefühl von verrückt werden.

Ich hatte keinen Bezug mehr zum realen Leben. Früh bin ich in die Schule gegangen, wozu ich keinen Bock hatte, dann habe ich nachmittags oft eine Zeit lang geschlafen, weil ich immer so müde war. Manchmal habe ich Hausaufgaben gemacht, dann bin ich abends fast täglich kiffen gegangen. Zum Glück musste ich unter der Woche 22 Uhr zu Hause sein, das hat mir Struktur gegeben.

Meine Mutter hat schon bemerkt, dass sich was an mir verändert hat, doch sie wusste nicht woher es kam. Sie sagte oft, dass ich so abwesend wäre und keinen Sport mehr mache. Sie hat häufig gefragt, was los ist und auch, ob ich kiffe. Doch ich habe gelogen, weil meine Junkieseele nicht aufhören wollte. Das Lügen gehört dazu. Es fällt einem leicht und man macht es die ganze Zeit.

Das erste Mal habe ich grundlegend über mein Leben nachgedacht und wie es sich verändert hat, als ich einen Song von einem Rapper gehört habe.

„Nur du selbst bist der Rettungsschirm,
wenn du willst musst du handeln.
Wenn du jetzt etwas ändern willst,
spreiz die Flügel, um zu landen.“ usw..

In dem Song geht es um Drogenmissbrauch und das innere Wirr-Warr. Mit diesen Texten habe ich angefangen den Drogenkonsum zu hinterfragen.

Es deutete sich mit der Zeit an, dass sich alles in mir einfach nur noch scheiße anfühlte. Ich war wie gefangen in meinen negativen Gedanken. Ich dachte über alles nach und kam nur noch auf Negativität. Es war ein Zwang. Dann habe ich es gehasst an mir, zu nichts mehr Lust zu haben, ohne Antrieb rumzuhängen, keinen Sport mehr machen zu wollen, dünner bin ich auch geworden.

Dann hat mich meine Mutter intensiver gefragt und sie ist dran geblieben. Das war der Moment, wo alles aus mir herausbrach und ich alles erzählt habe. Alle Gefühle kamen hoch, die ich anderthalb Jahre unterdrückt hatte. Ich habe nur noch geweint, zusammen mit Mama.
Ein riesiger Krampf löste sich in meiner Brust. Es war unendlich befreiend, dass ich das alles einem Menschen erzählen konnte.
Jetzt war klar, ich muss aufhören und ich wollte es auch.
Im Nachhinein weiß ich, dass ich mir alle eigenen Gefühle abgetötet hatte: Freude und Lust, aber auch Traurigkeit und Schmerz. Das ganze Innere wird überlagert.
Jetzt bin ich fast drei Wochen ohne Stoff und es fühlt sich für mich schön an. Ich nehme das Leben sehr auf. Ich kann fühlen und werde zu einem anderen Menschen.
Unter den Drogen, das war nicht ich. Es war wie eine große schwarze Klaue in meinem Kopf, die mich immer wieder dahin getrieben hat. Es war ein Zwang, eine fremde Kraft. Sie hat mich im Kopf zerstört.
Ich bin unendlich froh, dass Mama mir hilft. Alleine hätte ich es nicht geschafft. Sie ermöglicht mir, dass ich ehrlich sein kann, ohne Vorwürfe. Ich möchte nie wieder zurück. Ich will es unbedingt schaffen, unbedingt. Trotzdem ist es eine Lebensphase, die ich gebraucht habe. Es gab so viele Eindrücke und Entwicklungen in mir. Hätte ich diese Erfahrung nicht gemacht, würde ich mich jetzt nicht so wohl fühlen. Ich habe diese anderen Welten gebraucht für Wahrnehmungen, die jetzt wichtig für mich sind, auch für Gruppengemeinschaften und mein Selbstwertgefühl. Mit all diesen Eindrücken kann ich in meinem weiteren Leben an viele Dinge offener und anders heran gehen, das denke ich zumindest.
Mir fehlen die anderen schon. Doch wie die Drogen uns früher zusammen gehalten haben, so trennen sie uns jetzt. Ich brauche den Abstand zu ihnen. Es ist nicht einfach für mich. Doch die ersten Rückmeldungen waren positiv. Sie fanden den Schritt sehr mutig und wollen mich unterstützen. Die meisten kriegen es nicht hin, das mit dem Aussteigen. Man denkt immer, dass man es niemand erzählen kann. Einem Freund geht

es so wie mir. Seine Eltern spüren die Veränderung, doch er erzählt es ihnen nicht.
Ich will einen anderen Weg einschlagen und muss mich neu orientieren. Aber ich will nicht einfach nur zu Hause sitzen. Ich mache jetzt wieder viel Sport und gehe mit einem Freund ins Fitnessstudio. Es macht jetzt Freude, dass wir gemeinsam was anderes machen.
Zweimal die Woche gehe ich jetzt zu einer Laufgruppe, darin sind Deutsche und Ausländer und wir rennen gemeinsam durch den Wald, meistens über 10 km. Das macht total Bock. Ich laufe gerne und das in der Gruppe, es hilft mir sehr. Es tut mir gut, neue Leute kennen zu lernen.
Ich wünsche mir echte und gute Freundschaften, die ehrlich sind und ohne Drogen ein Zusammengehörigkeitsgefühl auslösen.
Ich habe noch Schwierigkeiten beim Lesen. Kann mich noch nicht konzentrieren.
Langsam fange ich auch an, nachts wieder zu träumen. Das erschreckt mich im Moment noch, weil man unter Drogen nie träumt. Mein erster Traum handelte von Drogen. Das zeigt, dass der Körper und der Geist noch nicht davon weg sind, dass alles noch ganz nah ist. Ich schlafe gut, aber anders als unter Drogen. Irgendwie unruhiger. Manchmal erwache ich im Schweiß gebadet. Aber ich nehme alles wieder wahr: mein Herz, meine Gefühle, die Seele, meinen Körper. Jeden Tag erwache ich ein bisschen mehr aus dem Nebel, in dem ich sehr lange gewesen bin. Ich habe mehr Energie und Kraft und das freut mich sehr.
Bis jetzt bin ich stolz auf mich! Und ich schäme mich auch nicht dafür, dass ich es mal gemacht habe.
Ich gehe nicht mehr zur Schule, ich arbeite mal da und mal dort. Eine Art Praktikum. Das Abitur werde ich später nachholen.
Ich brauche unbedingt einen tieferen Sinn zu leben. Den will ich heraus finden und in mir suchen.

Anhang:

In der Auseinandersetzung mit sich selbst, schrieb Racer an seine Schule einen Brief, der folgenden Inhalt hatte.

Innerhalb der letzten anderthalb Jahre hat sich meine Einstellung zur Schule komplett geändert. Vor der 11. Klasse hatte ich mir nie Gedanken darüber gemacht, wie Schule sein sollte. Ich war mit allem einverstanden und hatte keine Probleme. Mit dem Beginn des neuen Systems zu Anfang der 11. Klasse kam es zu einem extremen Niveau Anstieg von Seiten der Schule. Zu den Lehrern gab es so gut wie kein Vertrauen von meiner Seite. Ich hatte das Gefühl, dass fast keiner der Lehrer auch nur im Ansatz versuchte, eine soziale Beziehung zu den Schülern aufzubauen. Im Mittelpunkt standen immer nur das fachliche Wissen und eine möglichst hohe Leistung. In vielen Fächern bestand das Lernen nur aus Auswendiglernen, um für eine Arbeit bereit zu sein und es danach wieder zu vergessen. Es schien mir praktisch unmöglich, alles was ich lernte, im Kopf zu behalten, da jedes Fach von einem extrem viel verlangte. Die Freude, die ich vorher in manchen Fächern hatte, war völlig verflogen. Es fehlte oft völlig der Bezug zum jetzigen und späteren Leben sowie das Erlernen praktischer Fähigkeiten und Werte. So stellte sich mir die Frage, wofür ich in der Schule bin und wofür ich lerne.

In einem speziellen Fall fühlte ich mich besonders unwohl. Dies betraf das Fach Englisch, meinen Leistungskurs. Meine Leistungen in den Jahren vorher waren sehr gut und ich hatte Freude an dem Fach. Der Niveau Anstieg aber war nirgendwo so hoch wie dort, da die Lehrerin in den Jahren zuvor wesentlich weniger forderte und ich somit annahm, ich sei für den Leistungskurs bereit. Ich wurde jedoch eines Anderen belehrt. Durch militärische Disziplin und extreme Leistungsforderungen von Seiten der Leistungskurslehrerin verlor ich sofort die Freude an der Sprache und hatte teilweise sogar Angst vor dem Unterricht. Ich hatte den Eindruck, dass

Schüler mit weniger guter Leistung, immer größere Probleme bekamen. So habe ich mich beispielsweise oft für meine fachlich ungenügenden Leistungen vor der gesamten Klasse bloß gestellt gefühlt. Ich hätte mir in vielen Situationen gewünscht, eine Hilfestellung dafür zu bekommen, meine Leistungen verbessern zu können und Kritik nicht vor der ganzen Klasse, sondern in einem persönlichen Gespräch zu erhalten. Durch die scharfe Kritik und den hohen Anspruch habe ich mich als Mensch entwertet und nicht wahr genommen gefühlt. Dadurch war ich beim Lernen wie blockiert, obwohl ich mich nach Kräften anstrengte und fehlte aus Angst und Anspannung manchmal mit falschen Entschuldigungen beim Unterricht.

Teilweise kompensierte ich Druck, Angst und das Gefühl von Sinnlosigkeit mit Cannabis. Dieses Thema wurde in den letzten Jahren in der Schule nie besprochen. Es geht nicht um Dealen mit oder Konsumieren von Drogen im Schulgelände. Es geht darum, sich in der Schule damit auseinander zu setzen, warum Schüler Drogen konsumieren und wie diese Schule durch Druck und Stress sowie eine unpersönliche Beziehung zwischen Lehrern und Schülern dazu beiträgt.

Durch all die oben genannten Faktoren verlor ich immer mehr den Halt im Leben sowie ein Gefühl, für etwas zu leben. Ich beschloss die Schule zu verlassen, da sie meine negativen Gedanken maßgebend geprägt hat.

Carlos

Carlos ist fast 18 Jahre alt und lebt in Dresden im Haus seiner Eltern. Er steht kurz vor dem Abitur, hat einen Gospelchor mit fünfzehn Jahren gegründet und setzt sich sehr aktiv mit den Themen der Zeit auseinander. Er hat Träume und Visionen für die Erde, die ansteckend sind.

„Wenn ich kein Geld verdienen müsste mit meiner Arbeit, würde ich Aktivist werden oder Musiker oder noch besser: Musikalischer Aktivist!“

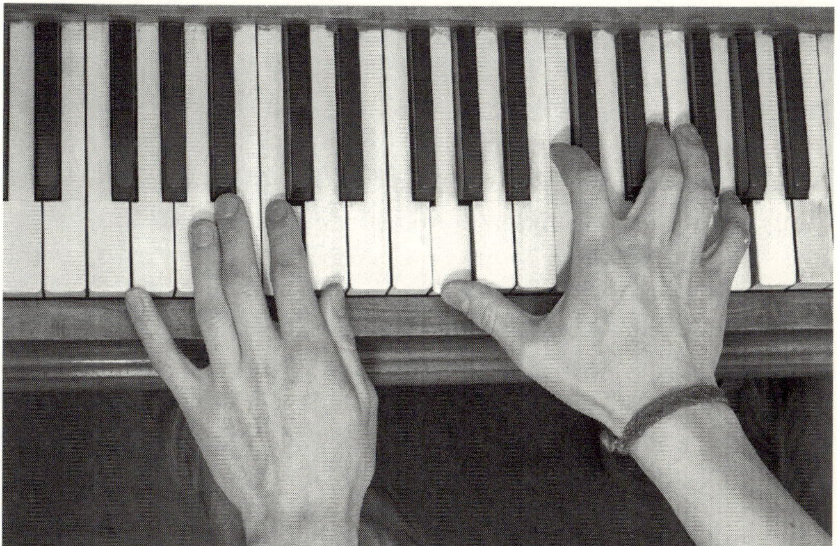

Ich bin am 20. April 2000 geboren, ein Millennium Kind sozusagen. Den Tag konnten sich die Eltern aussuchen. Ich bin um Mitternacht geboren zwischen dem 19. und 20. April und auch noch eine Nacht vor Vollmond. Ich bin ein Kind zwischen den Welten, irgendwie ist das spannend.

Ich bin das zweite Kind von dreien. Meine Schwester ist drei Jahre älter, mein Bruder 7 Jahre jünger.

Ich liebe das Haus meiner frühen Kindheit bis heute, denn ich habe 10 Jahre dort gelebt. Es ist ein altes Haus, Anfang des letzten Jahrhunderts ist es gebaut. Es ist ganz verwinkelt, hat einen herrlichen Dachboden und einen Keller, gut geeignet für Kinder. Die Wohnung unter uns war nicht bewohnt. Manchmal war da eine Türe offen und wir Kinder sind da rein gestürmt und sind drin herum gerannt. Wir durften es nicht, um so mehr hat es uns Spaß gemacht. Es war ein Haus aus jüdischem Besitz, das von den Nazis enteignet wurde. Dann haben es Leute gekauft und deren Kinder zahlten noch an dem Kredit ab, da ist es an die Erben der enteigneten Juden gegangen.

Zu der Zeit lebten wir in dem Haus. Die Erben haben das Haus gleich weiter verkauft. Meine Eltern wollten sich beteiligen, aber es war Denkmal geschützt und sehr teuer. Natürlich war es sehr begehrt, weil es ein wunderschönes Haus ist. So mussten wir das herrliche Haus verlassen. Aber meine Kindheit und viele Erinnerungen haben mit diesem Haus zu tun.

Die Geige hat auch sehr viel mit mir und frühen Kinderjahren zu tun. Mit sechs habe ich angefangen Geige zu spielen und es war toll für mich. Vielleicht war ich manchmal bisschen nervig, wenn ich herum gefiedelt habe. Ich wollte schon sehr früh Geige spielen, wie meine Eltern mir sagten. Meine Tante ist Geigerin, vielleicht hat es auch damit zu tun.

Der Kindergarten ist auch eine Erinnerung, die gleich kommt. Da war so eine Erzieherin, kurz vor der Rente. Es gab Nudeln mit Tomatensoße, die ich nicht aß. Ich sagte, dass ich keine Tomatensoße will. Sie antwortete, dass man nicht sagt „ich will nicht“, sondern „ich möchte nicht“. Dann gab es wieder mal Tomatensoße und ich stand da und habe die ganze Zeit überlegt, wie dieses verflixte Wort heißt. Doch das Wort fiel mir nicht ein. Ich sagte also wieder: „Ich will nicht“. Die Erzieherin regte sich tierisch auf und zur Strafe musste ich mich hinten anstellen, weil ich das falsche Wort gesagt habe.

Im Kindergarten waren meine Freunde und das war gut. Doch vor den Erzieherinnen hatte ich oft Angst. Alle Freunde lebten in der Nähe und wir trafen uns auch außerhalb des Kindergartens. Wir rannten auf die Felder und tobten gerne herum.

Meine Eltern kommen beide aus Karl Marx Stadt und sind im Sozialen tätig. Der Vater von meiner Mutter stammt aus Schlesien. Er war ungefähr fünf Jahre alt auf der Flucht und kann sich nicht erinnern, aus Schutz denke ich.

Ich war sehr gerne bei meinen Großeltern. Da gab es einen Fernseher, den wir zu Hause nicht hatten.

Bei den Großeltern väterlicherseits gab es immer Hefeklöße als Highlight.

Kindliche Erinnerungen gibt es auch an Lieblingsspeisen, so was wie Lieblingsbrot, das war ein bestimmtes Mischbrot von einem bestimmten Bäcker und Lieblingssoße, das war Zucchini Sahne Soße. Und Käse mit Löchern, Emmentaler. Ein gutes Essen war für mich immer eine Freude.

Meine Mutter war sehr wichtig für mich. Wenn sie nicht da war, hatte ich Heimweh nach ihr. Ich habe mich bei ihr sehr geborgen gefühlt und auch geliebt.

Mit Vater haben meine Schwester und ich gerne gekämpelt. Es war eine schöne Bindung zu ihm. Er kam oft abends zu mir mit ins Bett. Dann habe ich ihn gebeten, dass er mir was erzählen soll. Und er hat oft was von seinem Arbeitsalltag erzählt. Das war sehr schön für mich. Es gab dabei immer einen Ablauf: ein Lied, dann wurde was erzählt und dann gab es eine Rückenmassage. Auch wenn Mama mich ins Bett brachte. Manchmal brachten mich auch beide ins Bett.

Einmal war es schon zu spät und das Ritual sollte ausfallen. Das war sehr schlimm für mich und ich habe geheult und Papa kam und hat mich doch noch ins Bett gebracht.
Das Tollste war bei meinen Eltern, dass sie mir immer entgegen gekommen sind, bei jedem Streit. Sie kamen stets mit einem Gesprächsangebot, obwohl ich sie oft aus Sturheit abgewiesen habe.
Es gab Zeiten, da habe ich mich in mein Zimmer eingeschlossen. Sie blieben an mir dran, obwohl ich nicht geöffnet habe. Damals wollte ich nur meine Ruhe haben, doch heute finde ich es stark von ihnen, dass sie das getan haben. Dass sie da geblieben sind.
Meine Eltern leben noch zusammen. Es beeindruckt mich, wie sie sich mit ihrer Partnerschaft auseinander setzen. Ich finde regelmäßig Bücher herumliegen, in denen es um Beziehung geht.
Meine Schwester war immer ein Vorbild für mich. Doch sie wollte es nicht, dass ich sie zu meinem Vorbild gemacht hatte. Sie war oft abweisend, wenn sie es merkte. Das nimmt mich bis heute mit. Sie studiert gerade in Brüssel. Wir können uns jetzt reflektiert unterhalten. Ich liebe an ihr, dass sie eine klare Meinung und Einstellung hat und so toll singen kann. Sie engagiert sich für vieles und ist am Leben interessiert.

Als ich in die Schule kam, war ich sehr stolz. Die Feier und die Zuckertüte, das war herrlich. Die Freude an der Zuckertüte vergesse ich nicht. Ich habe alle Dinge schön geordnet, um lange was davon zu haben.
Als ich sieben war, kam mein kleiner Bruder auf die Welt und ich war voll stolz, einen kleinen Bruder zu haben. Ich habe sehr gerne was mit ihm gemacht und wünsche mir, mehr mit ihm zu machen, weil ich sein Vorbild bin und ihn ein wenig unterstützen kann.
Ich war in einer Grundschule mit freiem Konzept. Ich musste schnell selbständig sein, was für mich nicht einfach gewesen ist. In der dritten Klasse bekamen wir ein Patenkind, womit ich mich überfordert fühlte. Obwohl ich dann doch alles gut gemacht habe, hat es mich geängstigt.

Ich glaube, ich war mehr ein Träumer. Vor mich hin zu träumen war für mich schöner als sich Aufgaben zu suchen.
Ich habe immer gelesen. In der Arbeitszeit habe ich gelesen, doch das durfte ich dann nicht mehr, weil ich viel zu viel gelesen habe. Bücher gehörten immer zu meiner Welt.
Der Wechsel zum Gymnasium fiel mir leicht. Eine Struktur zu haben ist für mich einfacher.

Was mich besonders ausmacht ist die Musik, das bin ich wirklich. Ich habe einen Chor gegründet vor zwei Jahren, einen Gospelchor. Die erste Probe habe ich zwei Tage nach meinem fünfzehnten Geburtstag angesetzt. Ich geige nicht mehr. Ich spiele Klavier und habe den Gesang noch ausgebaut. Das sind meine zwei Hauptrichtungen.
Ich fürchte, dass ich meine Leidenschaft nicht zum Beruf machen kann, weil es in der Musik sehr hohe Ansprüche gibt. Damit Geld verdienen ist schwer. Eine Anstellung bekommt man kaum und freiberuflich damit leben ist aussichtslos. Da muss ich noch mehr drauf haben.
Ich finde meinen Chor echt gut, muss ich trotzdem sagen. Ich kann nicht mehr machen als die Leute bereit sind zu geben. Auch sie haben ein anderes Leben, verdienen ihr Geld an anderen Stellen und können nicht immer zur Probe kommen.
Wir singen hauptsächlich in den Gemeinden. Das macht uns Freude.
Ich hatte lange Zweifel an meinem christlichen Glauben. Ich kann „Das Vater unser" nicht beten, oder oft nicht.
Ich glaube, dass Gott die Liebe ist. Ich will gerne den Chor offen lassen für alle Menschen, auch für die, ohne den christlichen Glauben.
Wir haben in unserer Familie einen Mitbewohner, einen Palästinenser, der ist Muslim. Der wollte in unserem Chor mitsingen. Das finde ich stark. Er ist ungefähr 20 Jahre alt und ein Flüchtling. Er lebt seit einem halben Jahr bei uns in der Familie, in einem freien Zimmer unter dem Dach.

Mein Bruder ist vor kurzem getauft worden. Für die Taufe hat er sich syrisches Essen gewünscht. Ein Freund von unserem Mitbewohner und seine Mutter, die aus Syrien kommen, haben für uns gekocht. Es gab also syrisches Essen und alle waren mit in der Kirche.
Ich glaube, dass alle Religionen gleichberechtigt sind und sein müssen, denn das ist so.
Es ist schwer in den kleinen Gemeinden neues zu schaffen, vor allem für die Jugend. Dort müssen neue Formate entstehen. Keiner von uns Jugendlichen hat Lust auf die normalen Gottesdienste. Es ist einfach oft langweilig und die Liturgie ist schwer zu verstehen.
Wir haben eine gute Gemeinde und einen guten Pfarrer. Es gibt halbjährlich einen Jugendgottesdienst von uns gestaltet. Es bringt doch nichts, wenn nur die alten Leute was von der Kirche haben. Da muss sich noch viel tun. Vielleicht muss was ganz neues her. Unsere Kirchen sind zu christlich, aber es muss Räume geben, wo alle Religionen sein können, wo Begegnungen geschaffen werden können zwischen allen Menschen und Glaubensrichtungen.
Hier in Dresden soll eine Jugendkirche gegründet werden, was vielleicht noch dauern wird. Da bin ich eingeladen zur Denkwerkstatt.
In Leipzig gibt es schon eine Jugendkirche. Dort gibt es andere Möglichkeiten, die Räume zu gestalten, eine Bar und es gibt auch eine Band.
Das Projekt in Berlin, wo man eine Kirche, eine Moschee und eine Synagoge in ein Haus bauen will und in der Mitte eine Begegnungsstätte, das finde ich richtig gut. So muss es sein. Doch sie brauchen noch Geld und es wird dafür gesammelt.

Ich lebe in einer Beziehung seit eineinhalb Jahren. Bei vielen halten die Beziehungen weniger als einen Monat. Die Leute experimentieren mehr. Auch die Homosexualität ist normal geworden, das wird akzeptiert. Ich war einmal mit einem Mädchen befreundet, der jetzt ein Junge ist. Das war ganz normal für uns alle, so weit ich das mitbekommen habe.
Mit 12/13 war ich das erste Mal verliebt. Mit meiner jetzige Freundin

führe ich eine richtige Beziehung. Es ist mehr als nur ausprobieren. Wir haben einen offenen Umgang miteinander, auch in der Sexualität. Es ist nicht immer leicht, eine Verständigung zu finden. Aber wir können reden.

Eine Zeit lang war ich ziemlich destruktiv eingestellt. Das hatte mit dem Schulwechsel zu tun von dem einen Gymnasium zum anderen. Auf der neuen Schule hatte ich es erst einmal schwer. Ich fand nicht so leicht gute Leute für mich.

Meine Freundin war sehr wichtig in dieser Zeit. Sie hat mich hinterfragt. Sie ist einfach sehr froh und hat viel Energie, was Verrücktes zu machen. Sie will nicht wirklich erwachsen werden, ich meine so wie die meisten Erwachsenen sind. Sie findet die meisten alten Leute komisch.

Es gibt viele Leute in meiner Klassenstufe, die sich regelmäßig am Wochenende betrinken oder kiffen. Ich denke es liegt daran, dass die Schule zu viel Druck macht. Mit dem Trinken suchen sie Spaß, sonst geht nichts ab. Und dann denken manche auch noch, dass sie dahin müssen, um mit zu halten. Es ist auch eine Art Gruppenzwang.

Es ist schon eine Kompensation, weil zu viel abverlangt wird. Der Leistungsdruck eben. Und dann gibt es noch die Reizüberflutung, mit der man zurecht kommen muss. Alles ist immer zu viel, eigentlich. Die meisten kommen nicht mehr runter. Das ist das Schwere für unsere Generation.

Ich selber habe es bei mir festgestellt, dass ich wie befreit bin, wenn ich mal mein Handy vergessen habe und an der Haltestelle stehe und die Welt wieder wahrnehme um mich herum.

Man muss lernen, mit den Möglichkeiten im Netz umzugehen. Es ist unendlich viel und wenn man nicht raus kommt oder lernt, das Netz abzustellen, kann man sich verlieren, man vergisst die Welt um sich herum. Wenn man es einzugrenzen weiß, dann sind die Internet Möglichkeiten auch hilfreich und eine Erweiterung für die Menschheit.

Da habe ich auch noch viel zu lernen, wenn ich ehrlich bin.

Drogen und Alkohol interessieren mich nicht.

Viele in meiner Generation wünschen sich Neues auf der Erde. Wie sich das anfühlt...?
Das ist mehr eine Hoffnung, sage ich mal so.
Dota Kehr singt in einem Lied, dass sie einen Pass will, wo Erdenbewohner drin steht. So was ist das, glaube ich.
Ich fände das ganz toll, ein Patriot zu sein, aber als Erdenbürger. Ein patriotischer Erdenbürger eben. Alles soll sich darauf richten, unsere Erde zu schützen. Es ist wichtig zu fühlen, dass wir alle gleich viel wert sind. Wir alle haben doch das Recht auf ein würdevolles Leben.
Das mit dem bedingungslosen Grundeinkommen wäre schon mal einen Versuch wert. Es gibt noch keine Erfahrungen, aber ausprobieren könnte man es.
Ich glaube, irgendwie, dass jeder Mensch von Natur aus vernünftig ist. Wenn man vernünftig diskutiert, kann man Lösungen finden. Aber es braucht eine neue Art der Streitkultur von Zuhören und Reden lassen. Das fehlt im Moment total.
Ich habe ein großes Vorbild, das ist Bodo Wartke, ein Kabarettist und Liedermacher. Früher hatte er lustige und leichte humorvolle Liedtexte. Seine Lieder haben jetzt richtig Tiefgang, er ist älter und reifer geworden und vielleicht will er seiner Verantwortung als Künstler gerecht werden. Zum Beispiel gibt es ein Lied: „Das Land, in dem ich leben will". Das liebe ich und es ist sehr eindrücklich für mich, weil seine Träume und Visionen darin sind.
Wenn ich kein Geld verdienen müsste mit meiner Arbeit würde ich Musiker werden oder Aktivist oder besser noch Musikalischer Aktivist.
Ich will eine Familie haben, eine Frau und Kinder. Und weil ich sie ernähren muss, dann werde ich was Soziales studieren oder Gesellschafts-Wissenschaften.

Ich freue mich auf meine Zukunft und habe auch Lust zu leben. Ich verfolge die Nachrichten sehr intensiv und vielleicht bin ich naiv, weil

ich hoffe es wird gut ausgehen, das alles mit den Kriegen und Auseinandersetzungen, die Kämpfe um Macht und Geld.
Ich bin auch politischer Vegetarier aus Solidarität mit den Tieren oder auch aus Protest wie sie gehalten werden. Ich bin ein politischer Mensch und wir alle sollten politisch sein und uns für das Zeitgeschehen interessieren. Wir dürfen die Demokratie nicht aufgeben, aber gleichzeitig sie nicht verklären, weil man dann enttäuscht wird.
Ich glaube Pegida und AfD sind aus Enttäuschung entstanden, weil die meisten nach der Wende glaubten, dass alles perfekt wird, was ja unmöglich ist. Die Euphorie schlug um in Enttäuschung. Demokratie ist anstrengend und braucht viel Arbeit. Die AfD steht halt hinter den Leuten, die sich abgelehnt und enttäuscht fühlen.
Zur DDR habe ich weniger Verbindung, obwohl meine Eltern noch viel von der DDR erlebt haben.
Wenn jemand von der DDR erzählt, bekomme ich ein Gefühl von grau oder schwarz-weiß in mir.
Ich bin froh, dass es das Land nicht mehr gibt und stolz, in einer Demokratie zu leben. Wir müssen dafür kämpfen, sie zu erhalten. Jeder sollte dafür kämpfen. Es gibt für mich keinen Unterschied mehr zwischen Ost und West. Man redet davon, aber ich kann es nicht spüren.
Über den Tod habe ich manchmal schon nachgedacht. Ich habe ihn durch tote Tiere erlebt. Eine tote Katze wegtragen und in das Loch legen, kostete mich Überwindung. Ich habe ein Lied gesungen, um den Stress damit abzubauen.
Was mich betrifft, bin ich auch ein bisschen neugierig, was nach dem Tod so kommen wird. Ich bin wirklich gespannt, denn irgendwas muss ja kommen...
Ich denke, ich mache erst mal das, was hier so ansteht und dann das, was drüben zu machen ist, wenn es so weit ist.

Miriam Gudrun Sieber

In den Fünfziger Jahren auf einem Bauernhof aufgewachsen. Nach dem Abitur Krankenschwester, Mutter von drei Söhnen und inzwischen Großmutter. Seit 1994 freiberuflich tätig als Lebensbegleiterin und Projektleiterin für „Kreatürliche Lebensprozesse“ in Verbindung mit der Natur, Ritualen, Tanz und kreativen Medien auf einem Berghof im Erzgebirge.

„Je länger ich der Vielschichtigkeit des Lebens und der menschlichen Natur in anderen und mir zuhöre, desto stärker offenbaren sich Zwischenwelten, die Räume hinter den Worten und Dingen. Sie leuchten unter den Rissen hervor, die das Leben uns zufügt und sind die verborgenen Geheimnisse und der Zauber unserer Existenz. Es ist eine Schönheit, die allen Wesen und Dingen eigen ist. Sie erweckt meine Phantasie und meinen Entdeckergeist auf kreative Weise.“

Weitere Bücher

Miriam Gudrun Sieber
Sonnenblumenland
- Von der Kraft gelebten Lebens -
Biografien von Frauen
aus dem Ostteil Deutschlands

ISBN: 978-3941139-46-6
Softcover, 186 Seiten
Preis: 15,00 Euro

In diesem Buch sind 13 Lebenswege von Frauen der Jahrgänge 1923 bis 1992 beschrieben.Sie erzählen von ihrem Leben und ihren Erfahrungen in der ehemaligen DDR sowie aus den Zeiten davor und danach. Die Autorin hat Interviews geführt.Die Frauen beschreiben ihr Schicksal, ihren ureigensten Weg. Sie sprechen sehr offen über ihre Erlebnisse, Gefühle und Empfindungen in allen Lebensbereichen.Jede Biografie steht für sich. Was alle gemeinsam haben, ist das Zuhausesein in einem Land, das ebenso wie sie sein Schicksal hatte und das heute noch als der Osten Deutschlands beschrieben werden kann.

Miriam Gudrun Sieber
Wildes Gras - Erinnerungsroman

ISBN: 978-3-95915-028-6
Softcover, 170 Seiten
Preis: 11,90 Euro

Miriam Gudrun Sieber
Sieben Farben Liebe

ISBN: 978-3941139-64-0
Softcover, 134 Seiten
Preis: 12,00 Euro

Miriam Gudrun Sieber
Die Tänzerin auf den Straßen
– mein Jakobsweg

ISBN: 978-3-95915-011-8
Softcover, 186 Seiten
Preis: 15,00 Euro

Miriam Gudrun Sieber
Roter Mohn, willst du dich mir schenken?

ISBN: 978-3935202-47-3
Softcover, 110 Seiten
Preis: 11,80 Euro

Julius Claußnitzer

- *Jahrgang 1962*
- *seit frühester Jugend Beschäftigung mit künstlerischen Ausdrucksformen wie Musik, Fotografie und Malerei*
- *1988 Diplom für Elektronik-Technologie, Mitwirkung bei der Entwicklung eines Computersystems für Landmaschinen*
- *ab 1991 freiberufliche Tätigkeit als Elektronik-Ingenieur und Baubiologe sowie Mitarbeit in unterschiedlichsten technischen, kutlurellen und künstlerischen Projekten*

Die Fotografie ist für mich nicht nur ein Mittel, die eigene innere Befindlichkeit zu spiegeln, sondern auch eine wunderbare Möglichkeit, die Begegnung mit anderen Menschen zu erleichtern. Dafür bin ich sehr dankbar, dass ich durch dieses Buchprojekt ein Stückchen in das Leben anderer Menschen schauen durfte.

Alex Nickmann

Alex Nickmann, 1976 in Dresden geboren, kam zunächst von der Musik zum Tanz und studierte an der Rotterdams Dance Academy modernen Tanz. Nach mehreren Jahren internationaler Tätigkeit als zeitgenössischer Tänzer widmete er sich wieder der Musik und studierte an der UdK Berlin Sound Studies. Seither ist er als freischaffender Musiker in Berlin tätig.
Die Musikstücke auf der CD, sind zusammen getragene Stücke der vergangenen Fünfzehn Jahre. Ein kleiner biographischer Auszug in Tönen.

www.hoerfelder.com